U0934476

普通高等教育机电类规划教材

汽车市场营销学

徐向阳　编著

程志超　主审

机 械 工 业 出 版 社

本书借鉴了国内外大量的汽车市场营销资料和相关教材，结合中国汽车市场的特点，系统阐述了汽车市场营销的基本理论，并结合作者对中国汽车市场、汽车市场营销的研究成果，通过大量的案例，真实地反映了中国汽车市场营销的最新发展，使读者既能够学到汽车市场营销的基本理论，又能够理论联系实际地对中国汽车市场营销有系统而全面的了解，从而掌握汽车市场营销的精髓。

本书共分十三章，包括汽车市场营销概述、汽车企业的战略规划和营销管理、汽车市场营销环境分析、汽车市场购买行为分析、汽车市场调研与预测、汽车市场竞争战略与目标市场营销、汽车营销的4P策略、汽车服务与客户满意战略、汽车营销实务以及二手车贸易等相关内容。

本书的“电子教案”位于机械工业出版社教材服务网（www.cmpedu.com）上，向本书授课教师免费提供，请需要者填写书末的“信息反馈表”寄回出版社进行索取。

本书为高等院校车辆工程专业和汽车服务工程专业本科教材。高等职业技术学院的学生可以有选择地学习，也可以供相关专业的研究生参考。对于汽车市场营销第一线的管理人员和其他工作人员同样具有很高的参考价值。

图书在版编目（CIP）数据

汽车市场营销学/徐向阳编著.—北京：机械工业出版社，2007.2（2024.9重印）
普通高等教育机电类规划教材
ISBN 978-7-111-20766-5

Ⅰ.汽… Ⅱ.徐… Ⅲ.汽车-市场营销学-高等学校-教材 Ⅳ.F766

中国版本图书馆CIP数据核字（2007）第025394号

机械工业出版社（北京市百万庄大街22号 邮政编码100037）
责任编辑：赵爱宁 版式设计：张世琴 责任校对：李秋荣
封面设计：王伟光 责任印制：张 博
北京雁林吉兆印刷有限公司印刷
2024年9月第1版第13次印刷
184mm×260mm · 14印张 · 341千字
标准书号：ISBN 978-7-111-20766-5
定价：39.00元

电话服务
客服电话：010-88361066
010-88379833
010-68326294

网络服务
机 工 官 网：www.cmpbook.com
机 工 官 博：weibo.com/cmp1952
金 书 网：www.golden-book.com
机工教育服务网：www.cmpedu.com

前　言

1886 年 1 月 29 日，德国人卡尔·本茨获得了注册号为 37435 的德意志帝国专利，而被公认为汽车发明人，而这一天被确认为世界汽车的诞生日，汽车工业从此诞生。1887 年，卡尔·本茨将他的第一辆汽车卖给了法国人埃米尔·罗杰斯，这是世界上第一辆现代汽车的销售。因此，就世界而言，汽车市场营销从汽车诞生之日起，就伴随着汽车工业的发展而发展。

1953 年 7 月 15 日，中国第一汽车制造厂正式奠基，这是中国汽车工业的诞生日。然而，中国汽车工业诞生后的几十年里，中国一直处于计划经济时代，汽车，尤其是轿车作为身份、地位和权利的象征，一直实行的是计划调拨，基本谈不上什么汽车市场营销。我国真正的汽车市场营销是在改革开放之后，伴随着市场经济的发展才逐渐发展起来的。因此，与国外不同，我国的汽车市场营销从开始就落后于汽车工业的发展，汽车市场营销教学与科研也同样落后于汽车设计与制造等的教学与科研。

随着中国经济的快速增长和居民收入的迅速提高，中国汽车市场从 2000 年开始进入了快速发展时期。2004 年下半年，中国汽车市场正式进入买方市场，私人购车消费成为了中国汽车市场的消费主体。目前，中国已经成为世界第三大汽车制造国和仅次于美国的第二大汽车市场。中国汽车市场被称为世界汽车市场最后一个最大的、也是发展最快的汽车市场。伴随着中国汽车市场的迅速壮大和汽车市场买方市场的到来，汽车市场营销越来越受到各方面的重视，许多高校也都开始开设“汽车市场营销学”等相关课程。然而，目前国内有关汽车市场营销的教材，大多是普通市场营销教材的简单翻版，难以完全满足教学的需要。

本教材借鉴了国内外大量的汽车市场营销资料和相关教材，结合中国汽车市场的特点，系统阐述了汽车市场营销的基本理论，并结合作者对中国汽车市场、汽车市场营销的研究成果，通过大量的案例，真实地反映了中国汽车市场营销的最新发展，使读者既能够学到汽车市场营销的基本理论，又能够理论联系实际地对中国汽车市场营销有系统而全面的了解，从而掌握汽车市场营销的精髓。

本教材由北京航空航天大学徐向阳教授编著，由北京航空航天大学经济管理学院程志超教授主审，他为教材的完善和提高提出了许多宝贵的意见，在此表示真诚的感谢。

作者在编写过程中参阅了大量的国内外文献，在此，对这些文献的作者表示感谢。在编写过程中，作者的硕士研究生王丽东、李鑫、张志明和余弦等做了大量的前期资料准备工作，并帮助整理了许多案例，在此深表感谢。

本书的“电子教案”位于机械工业出版社教材服务网（www. cmpedu. com）上，向本书授课教师免费提供，请需要者填写书末的“信息反馈表”寄回出版社进行索取。

由于汽车市场营销学在国内还是一门新兴学科，也是一门实践性非常强的学科，而且发展速度很快，加上作者水平所限，不当之处在所难免，欢迎广大读者指正。

作　者

目　录

第一章　汽车市场营销概述

第一节　汽车市场营销的概念

一、市场营销概念

（一）市场营销的基本内涵

关于市场营销的定义，国内外营销学者和专家有许多不同的解释和定义，其中最具代表性的定义有三种：

1）美国市场营销学会（American Marketing Association，简称 AMA）定义委员会将市场营销定义为：“引导商品与劳务从生产者流向消费者或使用者的一切商业活动过程”。

2）美国市场营销学专家理查德·黑斯（R. J. Hise）等人的定义是：“市场营销是确定需求并使提供的产品和服务能满足这些需求”。

3）美国著名市场营销学专家菲利普·科特勒（Philip Kotler）所作的定义是：“市场营销是个人和群众通过创造产品和价值并同他人进行交换以获得所需和所求的一种社会和管理过程”。

上述三种定义具有以下五个方面的共同特点与丰富的内涵：

1）强调任何现代化市场所进行的市场营销活动必须以“顾客和市场”为导向。

2）市场营销活动以最大限度地满足消费者的各种需求和欲望为目的，而非以赚取最大利润为目的，赚取利润仅仅是满足消费者的副产品，而非营销活动的惟一目的。

3）强调通过组织内外的协调，并以营销活动实现其目的，即市场营销活动不仅是企业中营销部门的职责，还是整个组织内上下一致的自觉行为。企业在向消费者进行促销活动之前，必须首先做好企业内部的营销工作，以雇佣和培训员工为顾客提供优质服务。

4）强调交换是市场营销的核心，只有通过交换才能实现双方的目的。

5）强调市场营销不仅仅局限于营利性组织的经营管理活动，也包括非营利性组织的管理活动，诸如政府机构与医院等。

他们的不同点在于前两种定义是把市场营销仅仅局限在流通领域，从而容易产生市场营销与推销的混淆；而菲利普·科特勒的定义则把市场营销贯穿于生产与消费的全过程，突出了市场营销的真正内涵。

综上所述，将市场营销的定义归纳为：市场营销是一种从市场需要出发的管理过程。其核心思想是交换，是一种买卖双方互利的交换，即卖方按买方的需要提供产品或劳务，使买方得到满足；而买方则付出相应的报酬，使卖方也得到回报和实现企业目标，双方各得其所。

（二）市场营销的核心概念

市场营销的核心概念包括：需要、欲望与需求；产品，交换、交易与关系；效用、价值和满意；市场，市场营销者和顾客等。图 1-1 显示了它们之间的关系。

1. 需要、欲望与需求

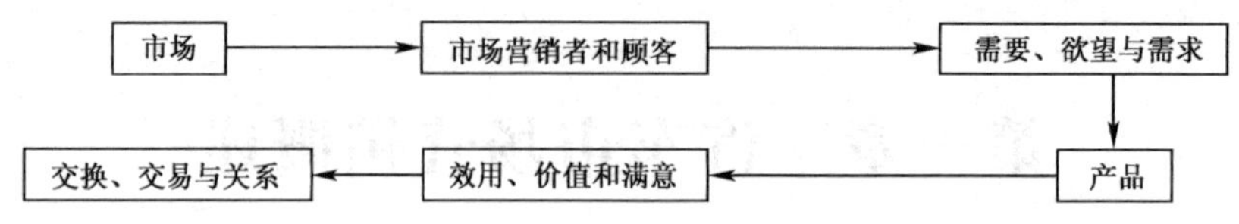

图 1-1　市场营销的核心概念

需要、欲望与需求都有“想得到”的意思，但三者又有一定的区别。

人类的需要与欲望是市场营销活动的出发点。需要是没有得到某些基本满足的感受状态，欲望是想得到能满足基本需要的具体满足物的愿望。马斯洛将人类的需要概括为生理的需要、安全的需要、归属的需要、被尊重的需要和自我实现的需要。需要具有稳定、有限的特点，而欲望却是丰富的，它与无数的产品相联系。行为学家认为，人们感受到的最匮乏的需要，一般就是产生其行为的根本原因。因此，研究人们的需要与欲望，并设法通过恰当的产品满足这种需要与欲望，对市场营销是非常重要的。

对于企业或其他组织形式的市场主体，需要与欲望的含义对于个人稍有差别。这时的需要与欲望带有一种集合的含义，它表示组织整体的或占有主导的需要与欲望。组织需要与个人需要的内容有所不同。如汽车销售企业有获得的需要，有低价购进零部件产品降低成本的欲望。组织需要与欲望的形式，主要受到组织的环境、组织文化和组织主要领导人的影响。研究组织需要与欲望，也是市场营销的起点，但对组织需要与欲望的研究要从更广泛的角度入手。忽视组织需要与欲望的研究，或将组织需要与欲望等同于个人需要与欲望，是不恰当的。

需求是经济学的概念，是指有支付能力和愿意购买某种物品的欲望。可见，消费者的欲望在有购买力做基础时就变成为需求。许多人想购买奥迪牌轿车，但只有具有支付能力的人才能购买。因此，市场营销者不仅要了解有多少消费者欲求其产品，还要了解他们是否有能力购买。只有当人们对某种产品有欲望并有支付能力时，才称之为有需求；仅有欲望而没有购买能力或者反之，则称之为没有需求。但应注意的是，现在没有需求并不等于将来没有需求。在市场营销中，通常将暂时没有购买力或购买欲望不强的情况，称为潜在需求。

需要是没有得到某些基本满足的感受状态，欲望是想得到能满足基本需要的具体满足物的愿望，而需求是对于有能力购买并且愿意购买的某个具体产品的欲望。人们为了出行方便、快捷，可以买车也可以乘坐公交车或出租车，出行需要可用不同方式来满足。需要是有限的，但其欲望却很多。当具有购买能力时，欲望便转化为需求。市场营销者并不创造需要，需要早就存在于市场营销活动出现之前；市场营销者，连同社会上的其他因素，只是影响了人们的欲望，并试图向人们指出何种特定产品可以满足其特定需要，进而通过使产品富有吸引力、适应消费者的支付能力且使之容易得到来影响需求。

2. 产品

产品是指能够用以满足人类某种需要或欲望的任何有形与无形的东西。

产品包括有形与无形的、可触摸和不可触摸的。有形产品是为顾客提供服务的载体，无形产品或服务是通过其他载体，诸如人、地、活动、组织和观念等来提供的，如汽车维修服务就是由汽车修理厂（组织）提供的。实体产品的重要性不在于拥有它们，而在于使用它们来满足人们的欲望。人们购买汽车不是为了观赏，而是因为它可以提供交通方便。因此，实体产品实际上是传递服务的工具。市场营销者的任务，是向市场展示产品实体中所包含的利益或服务，而不能仅限于描述产品的形貌。否则，企业将导致“市场营销近视”，即在市场营销管理中缺乏远见，只看见自己的产品质量好，看不见市场需求在变化，最终使企业经营陷入困境。

3. 效用、价值和满意

效用和价值为消费者选择产品提供标准和依据。效用是消费者对满足其需要的产品的全部效能的估价，是指产品满足人们欲望的能力。效用实际上是一个人的自我心理感受，它来自人的主观评价。

例如，消费者在购买汽车时，可以选择奔驰、宝马等高档豪华车，也可以选择捷达、普桑等中低档车，这些可供选择的产品构成了产品的选择组合。但不同消费者又有不同的需求，即速度、安全、舒适及成本，这些构成了消费者的需求组合。每一位消费者都会从中选择出最接近自己理想产品的产品，它对顾客效用最大，于是不同的消费者作出了不同的选择。

顾客选择所需的产品时，除效用因素外，产品价格高低亦是因素之一。如果消费者追求效用最大化，他就不会简单地只看产品表面价格的高低，而会看每 1 元钱所能产生的最大效用，这就涉及到价值的概念。

顾客价值是指顾客期望从某一特定产品或服务中获取的一系列利益构成的总价值。顾客让渡价值则是指顾客总价值与其为获得这些价值所付出的顾客总成本之间的差额。如图 1-2 所示，当顾客总价值大于顾客总成本时，顾客便会感觉“物有所值”；反之，顾客便会觉得不“划算”。

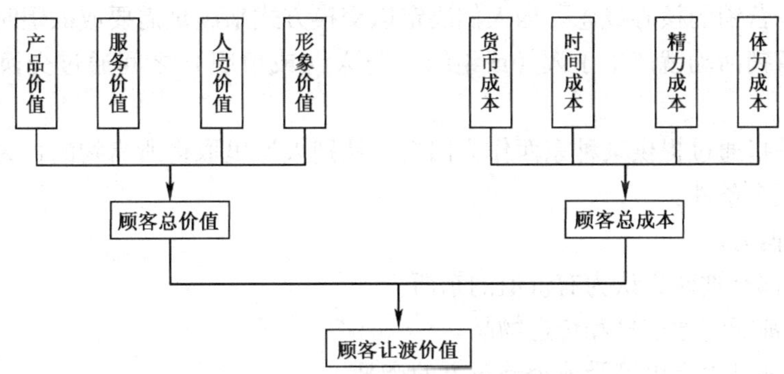

图 1-2　顾客价值与顾客让渡价值

顾客价值包含四个方面的价值，即产品价值、服务价值、人员价值和形象价值。

1）产品价值指产品自身的功能、可靠性和耐用性等方面。

2）服务价值指顾客购买产品时所获得的培训、安装和维修等方面的服务。

3）人员价值指顾客购买产品时与营销人员建立良好的合作关系，并能够及时获得营销人员的帮助。

4）形象价值指顾客购买产品后，受到他人的尊敬与赞美，从而提高自己的社会地位。

为获得上述价值所支付的顾客成本则包括货币成本、时间成本、精力成本和体力成本。

1）货币成本指顾客为获得产品或服务而支付的价款。

2）时间成本指顾客在选购产品之后学习使用产品所要花费的时间，或是为了等候服务而耗费的时间。

3）精力成本指顾客为学习使用或安全维护产品所付出的精力。

4）体力成本指顾客为使用、维护产品所付出的体力。

顾客价值观念认为，顾客购买产品所获得的不仅仅是产品的功能和质量，而顾客购买时所付出的也不仅仅是购买价款。顾客购买产品时的选择过程是顾客追求最大让渡价值的过程，企业只有能够提供比竞争对手更大的顾客让渡价值，才能够吸引并留住顾客。因此，营销人员应尽力通过增加顾客价值或减少顾客成本来提高顾客的让渡价值。

顾客满意取决于产品的效用与期望值进行的比较。效用低于顾客期望的产品，不会使顾客感到满意；效用符合期望的产品才能使顾客感到满意；当效用超过期望时，顾客会感到十分惊喜。精明的企业为了取悦顾客，先对产品提供的效用作出承诺，然后再提供多于承诺的效用。

一项研究表明，75%的丰田汽车购买者感到极为满意，其中约75%的顾客说他们还会买丰田车。因此，顾客的满意形成了产品或服务的一条感情链，而不仅仅是一种理性的偏好，从而会形成高度的顾客忠诚。顾客若感到极为满意，便会多次购买该产品，对价格也较少注意，继续光顾的时间会更长些，并且会向其他人称赞该公司及产品。

尽管以顾客为中心的公司寻求高于竞争者的满意度，但这并不意味着使顾客的满意度最大化。企业在通过降低价格和增加服务来提高顾客满意度的同时，也会导致利润率的降低。市场营销的目的是可赢利地创造顾客价值，因此经销商必须非常细致地处理两者的平衡关系。

4. 交换、交易与关系

交换是市场营销的核心概念。当人们决定以交换方式来满足需要或欲望时，就存在市场营销了。市场营销活动就产生于人（或组织）与人（或组织）之间通过交换获得产品或服务的方式中。

所谓交换是指通过提供某种东西作为回报，从别人那里取得所需物的行为。交换的发生必须具备以下五个条件：

1）至少有两方。

2）每一方都有被对方认为有价值的东西。

3）每一方都能沟通信息和传送物品。

4）每一方都可以自由接受或拒绝对方的产品。

5）每一方都认为与另一方进行交换是适当的或称心如意的。

总之，如果存在上述条件，交换就有可能发生。

在市场营销中，通常把交换看作是甲方寻找乙方、交换信息和协议磋商等活动组成的一个过程。如果达成协议，则称之为达成了一笔“交易”，它是交换的一个组成部分。

一项交易至少要涉及以下内容：至少两件以上有价值的标的（包括货币），双方同意的条件、时间和地点以及其必须的法律条款。企业应妥善保管发生的每项交易的记录，并按不同的项目予以分类，它们是市场营销信息的基本内容，也是客户管理的重要内容。

关系是交换过程中形成的社会和经济的联系，它包括市场营销者与顾客、分销商、零售商、供应商甚至竞争者等之间的关系。关系市场营销的概念最先由巴巴拉·本德·杰克逊于1985年提出，她认为：关系市场营销将使企业获得较之其在交易市场营销中所得到的更多。市场营销者只有以公平的价格、优质的产品、良好的服务进行交易，才能与其顾客、分销商、经销商、供应商等建立起长期的互信互利关系。同时，双方的成员之间还需加强经济、技术及社会等各方面的联系与交往。双方越是增进信任和了解，便越有利于互相帮助。企业与顾客之间的长期关系是关系市场营销的核心概念，企业可以通过保持并发展与顾客的长期关系获得长远利益。例如，北京现代汽车 4S 店经常召开新老客户座谈会，以及组织企业员工与新老客户之间的高尔夫球公开赛等，这些都是关系营销策略的具体表现。

5. 市场

市场是商品交换关系的总和，是有着某种特定的需要和欲望并愿意和能够通过交换来满足的全体现实或潜在消费者。因此，市场的大小取决于有着某种需要和特定资源，并且愿意通过交换来满足其需要的消费者人数。

市场营销学认为，销售者的集合构成行业，购买者的集合构成市场。行业与市场的关系如图 1-3 所示。

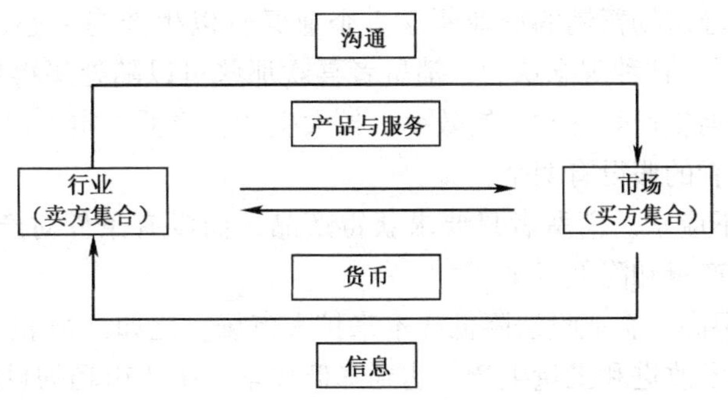

图 1-3　行业与市场的关系

图 1-3 中圈内代表货币与产品、服务的交换，圈外代表信息的交换。行业与市场之间的交换包含资金流、物流和信息流三方面内容。

市场包含三个主要因素，即有某种需要的人、为满足这种需要的购买力和购买欲望。用公式来表示就是

$$市场 = 人 + 购买力 + 购买欲望$$

市场的这三个因素是相互制约、缺一不可的，只有三者结合起来才能构成现实的市场，才能决定市场的规模和容量。例如，就汽车产品而言，我国西部地区人口众多，但收入很低，购买力有限，则不能构成容量很大的市场。沿海地区购买力虽然很大，但毕竟人口有限，也不能成为很大的市场。只有人口多而购买力又强，才能成为一个有潜力的大市场。此外，如果提供的汽车产品不能满足实际需要，就不能引起人们的购买欲望，也就仍然不能成为现实的市场。

6. 市场营销者和顾客

通过上述分析，可将市场营销理解为与市场有关的人类活动，即以满足人类各种需要和欲望为目的，通过市场把潜在交换变为现实交换的活动。在交换双方中，如果一方比另一方更主动、更积极地寻求交换，则前者称为市场营销者，后者称为现实或潜在顾客。市场营销者可以是卖主，也可以是买主。假如有几个人或组织同时想买正在市场上出售的某品牌奇缺的汽车产品，每个准备购买的人或组织都会尽力使自己被卖主选中，这些购买者就都在进行市场营销活动。在另一种场合，买卖双方都在积极寻求交换，那么双方都是市场营销者，这

种情况称为相互市场营销。

二、汽车营销理念的演变

(一) 汽车营销理念的演变过程

汽车营销是一门综合了汽车原理与应用技术、经济学、行为学、消费心理学、社会学、管理学等多种学科的研究成果而形成的一门边缘性应用学科。

汽车营销理念是汽车营销人员对于汽车市场的根本态度和看法，是一切汽车经营活动的出发点。营销理念的核心问题是以什么为中心开展汽车企业的生产经营活动，因此营销理念正确与否，对汽车企业和汽车营销企业的兴衰起决定性作用。汽车营销理念随汽车市场的形成而产生，并不断演变，大致经历了以下五个阶段。

1. 生产中心观念

生产中心观念（production concept）是一种最早的营销观念，产生于20世纪20年代以前，是一种重生产、轻市场营销的商业哲学。企业经营以生产为中心，其主要表现是“我生产什么，就卖什么”。这种观念认为，消费者喜欢那些可以随处买得到而且价格低廉的产品，企业应致力于提高生产效率和分销效率，扩大生产，降低成本，以扩展市场。

这种观念对消费者的假设有两个：

1）产品市场供不应求。消费者只要求获得产品，而没有条件对产品提出更高的要求。生产企业只关心扩大产量和降低成本。

2）产品的成本很高，企业设法降低成本来扩大市场。比如，20世纪初福特汽车公司的营销观念就是通过技术改进和批量生产，达到降低成本、扩张市场的目的。汽车大王亨利·福特曾傲慢地宣称：“不管顾客需要什么颜色的汽车，我只提供黑色的”。这个策略使得福特公司当时在汽车市场成功地占据统治地位。

2. 产品中心观念

产品中心观念（product concept）认为，消费者欢迎那些质量优、性能好、特色多的产品。因此，企业应致力于改进产品性能，提高产品质量。

这种观念产生的背景是：市场已开始由卖方市场向买方市场转化，消费者已不仅仅满足于产品的基本功能，而开始追求产品在功能、质量和特点等方面的差异性。20世纪20～30年代，美国福特汽车公司一枝独秀，取得了市场的绝对统治地位，一些中小型汽车公司纷纷倒闭破产。这时的市场结构已经悄悄地发生变化，但老福特固执已见，坚持奉行单品种、大批量、低成本的生产观念。当时已是福特公司总裁的老福特的儿子向他提出对产品进行差别化改进的时候，他甚至暴跳如雷地说道：“我只要T型车，而且只要一个颜色——黑色”。而此时，通用汽车公司的斯隆看到了市场的微妙变化，提出了与福特公司针锋相对的产品差别化策略，组织了包括雪佛兰（低档）、别克（中档）和凯迪拉克（高档）等不同产品组合的生产经营体系。由于把握了正确的营销观念，不仅使通用汽车公司起死回生，而且市场地位也远远地超过了福特公司。

由此可见，在产品中心观念下，企业不关心消费者的真正需求，脱离市场实际生产产品的做法是行不通的。即使产品确实能够满足市场的需求，如果没有很好的推广策划，消费者也很难认识到产品的优良性能。“酒香不怕巷子深”的观念已经不能适应现代市场经济的要求了。因此，如何能为消费者提供比竞争对手更优质的产品就成了企业战略的重中之重。

3. 推销中心观念

推销中心观念（或称销售中心观念）（selling concept/sales concept）产生于20世纪20年代末至50年代，表现为“我卖什么，顾客就买什么”。这种观念认为，消费者通常表现出一种购买惰性或抗衡心理，一般不会足量购买某一企业的产品。因此，企业必须将经营中心从生产向销售转移，大力开展推销和促销工作，激发顾客的购买欲望，努力扩大销售。推销观念在现代市场条件下被汽车销售企业用于推销那些消费者一般不会想到要去购买的产品或服务，如汽车美容、装饰服务及各种特殊车险。

推销中心观念通常假定，被引诱购买了某产品的顾客也会喜欢上该产品。因此，简单的推销中心观念蕴涵着很大的经营风险。假如消费者被哄骗购买了他们其实并不喜欢的产品，他们必将苛刻地批评或者向消费者协会投诉，不再购买该企业的产品。据统计，顾客往往会将其不满传达给10个以上的熟人，正可谓“坏事传千里”。

4. 市场营销观念

市场营销观念（marketing concept）产生于20世纪50年代中期至90年代，是一种新型的企业经营哲学。它是以满足顾客需求为出发点的，即“顾客需要什么，就生产什么”。市场营销观念较之传统的营销观念是一次质的飞跃。在思想认识上，顾客导向的市场营销观念将思考问题的出发点由“企业自身”转向“目标市场”；将工作中心由企业“产品”转向“发现顾客需求”；将企业目标达成方式由“扩大销售量来获得利润”转向“通过满足顾客需要来获得利润”；在方式方法上，强调协调的营销，要在市场研究的基础上，确定目标市场，并通过产品（Product）、定价（Price）、促销（Promotion）和分销渠道（Place）组合（简称4P）来满足目标市场的需要。对企业内部，要建立顾客导向和顾客满意的企业文化，使各部门管理者和员工都能自觉地把顾客导向作为行动方针。同时，要在企业内部建立以顾客导向为核心，以市场营销为统领，以人事、生产、财务、研究与开发等职能为辅助的企业经营管理新机制。推销观念与营销观念的对比如图1-4所示。

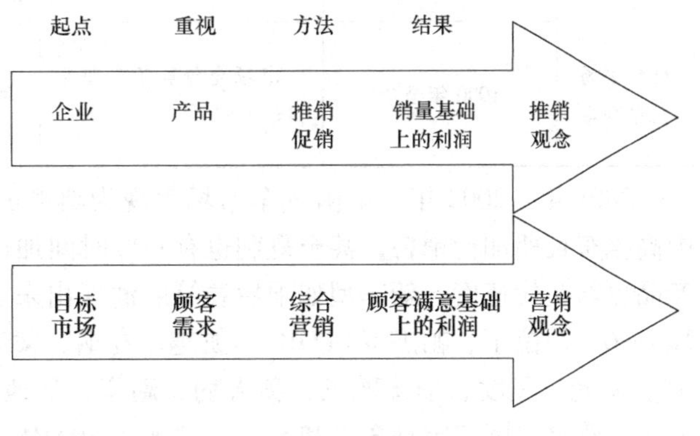

图1-4　推销观念与营销观念的比较

许多优秀的企业都是奉行市场营销观念的。如日本本田汽车公司要在美国推出雅阁牌新车，在设计新车前，他们派出工程技术人员专程到洛杉矶地区考察高速公路的情况，实地丈量路长、路宽，采集高速公路的柏油，拍摄进出口道路的设计。回到日本后，他们专门修了一条9mile长的高速公路，就连路标和告示牌都与美国公路上的一模一样。在设计行李箱时，设计人员意见有分歧，他们就到停车场看了一个下午，看人们如何放取行李。这样一来，意见马上统一起来。结果本田公司的雅阁牌汽车一到美国就倍受欢迎，被称为是全世界都能接受的好车。

5. 社会市场营销观念

社会市场营销观念（social marketing concept）产生于20世纪90年代。社会市场营销观念认为，企业的任务是确定各个目标市场的需要、欲望和利益，并以保护或提高消费者和社会福利的方式，比竞争者更有效、更有利地向目标市场提供能够满足其需要、欲望和利益的物品或服务。社会市场营销观念要求市场营销者在制定市场营销策略时，要统筹兼顾三方面的利益，即企业利润、消费者需要的满足和社会利益。人类观念（human concept)、理性消费观念（intelligence consumption concept)、生态消费观念（ecological consumption concept）等，都属于注重社会公众利益的社会营销观念。从社会营销的角度看，汽车公司在制定营销决策时，应更多地考虑社会利益。汽车替代能源的研究开发以及小排量汽车的推广，都是现代汽车企业注重社会利益的表现。5 种营销观念的产生时间、市场特点和基本观念总结见表 1-1。

表 1-1　汽车营销理念的转变过程

理念	时间	市场特点	基本观念
生产中心观念	1920 年以前	卖方市场	营销重心：大量生产，解决供需，降低成本，低价扩张，不重视消费者需求和欲望
产品中心观念	1920 年～1930 年	供求缓和，产品有了选择	有选择的市场，消费者会选择质量最好、性能最优和特点最多的产品。营销重心：提供优质产品
推销中心观念	1930 年～1955 年	产量质量提高，买方市场形成	要取胜就必须卖掉产品，要卖产品就必须吸引消费者兴趣和欲望，因而就必须大力推销
市场营销观念	1955 年～1990 年	生产相对过剩，竞争激烈	注意研究消费者需求与欲望，研究购买行为。营销重心：消费者。顾客是中心，竞争是基础，协调是手段，利润是结果
社会市场营销观念	1990 年至今	市场充分竞争，理性价值回归	企业是社会公民。营销决策：用户需求，用户利益，企业利益和社会利益。把企业长期利益和竞争战略与用户利益和社会利益结合起来

2001 年～2002 年，中国汽车市场表现为典型的生产中心观念，广州本田、奥迪 A6 等中高档车长期加价销售，甚至夏利也有一段时间加价 2000 元。2003 年，各大汽车企业加快产品更新换代速度，新车型如雨后春笋般涌现出来。据粗略统计，共有别克君威、新雅阁、Mazda6、帕拉丁、帕杰罗 SPORT、凯越、赛纳、蒙迪欧、三厢 POLO、高尔、高尔夫、奥迪 A4、阳光、飞度、华普飚风、美人豹、霸道、陆地巡洋舰、黑金刚、猎豹飞腾、特锐、爱迪尔、路宝、国产宝马 3 系和 5 系、雪佛兰 SPARK 等近 30 款全新车型在中国市场亮相，再加上部分企业推出的几十款改款或升级车型，几乎每个星期都有一款以上的新车推出，这是产品中心观念的典型表现。2004 年，中国汽车市场的总体增长速度与 2003 年相比有了较大幅度的下降，整体市场增长从 2003 年的 33.4% 降到了 2004 年的 16.91%，其中增长速度下降最快的是轿车市场，从 2003 年的 75.28% 骤降到 2004 年的 16.9%。与此同时，各大汽车厂商之间的价格大战愈演愈烈，纷纷推出新的措施进行促销，中国汽车市场进入买方市场时代，这时中国汽车市场营销观念转变为推销观念。2004 年惨烈的价格大战使各大汽车厂商头脑冷静了，他们开始重新审视中国汽车市场，制定新的策略。于是，在 2005 年的中国汽车市场中，市场营销观念和社会营销观念已被各大汽车厂商普遍接受和认同。如大众汽车集团推出 2008 奥运会计划，届时将为北京 2008 年奥运会、北京 2008 年残疾人奥运会、北京奥组委、中国奥委会、2006 年冬奥会和 2008 年奥运会的中国体育代表团在资金、车辆及相关服务方面提供支持。一汽丰田普瑞斯公司也制定了环保节约型可持续发展战略，运用丰田

公司新的国际化产品与一汽集团共同打造东北老工业基地。这样，中国汽车市场用5年的时间完成了市场营销观念由生产中心观念向社会营销观念的快速转变。

（二）当代营销理念的创新

营销理念的创新就是现代企业根据新的营销环境的客观变化来改变企业的经营指导思想。现代市场环境千变万化，随之诞生了一些新的营销理念，主要有：顾客满意、绿色营销、整合营销、关系营销、顾客关系营销和网络营销。

1. 顾客满意营销理念

顾客满意是一种心理活动，是顾客对产品的感知与期望相比较后所形成的感觉状态。企业欲在竞争中战胜对手，吸引更多的潜在顾客，就必须向顾客提供价值更高、成本更低的产品（即“顾客让渡价值”最大的产品），这就是顾客满意营销理念的核心思想。这种营销理念在实践中的表现通常有以下几点：

1）让顾客用最低的价格买到自己所喜欢的产品。

2）按顾客喜欢的营销模式来满足顾客的需要——方便顾客购买。

3）顾客只需下订单，接下来的事由企业来做——顾客省心又省力。

4）在顾客满意之前，企业永远不会满意。

5）顾客需要什么，就给顾客提供什么。

6）想顾客所想，把顾客的利益放在第一位。

通过上述表现可以看出，顾客满意营销理念比传统的市场营销理念更能突出“顾客”的核心地位，更加充分体现了“顾客是上帝”的中心思想。这种营销理念是市场营销发展的必然趋势，它更适合作为顾客大宗购买的小商品的销售策略。汽车企业可以借鉴这种营销理念，作为企业经营的整体指导思想，并对其适合的产品或服务采用这种营销策略。

2. 绿色营销理念

绿色营销的概念产生于世纪之交。英国威尔斯大学肯·毕提（Ken Peattie）教授在其所著的《绿色营销——化危机为商机的经营趋势》一书中指出：“绿色营销是一种能辨识、预期及符合消费的社会需求，并且可带来利润及永续经营的管理过程。”我国学者也指出：“所谓绿色营销，是指企业在营销中要重视保护地球资源环境，防治污染以保护生态，充分利用并回收再生资源以造福后代。”从这些界定中可知，绿色营销是以满足消费者和经营者的共同利益为目的的社会需求管理，以保护生态环境为宗旨的市场营销方式，它比传统的社会营销从更长远的生态环保角度来考虑社会的可持续发展，带有更强烈的绿色色彩。

摒弃传统的发展模式，减少、消除不能持续发展的生产行为和消费行为，是21世纪企业营销面临的最大、最深刻的环境变化因素，也是新世纪一个不可逆转的全球性潮流；可持续发展是我国今后相当长的一段时间内，社会经济发展政策的基本取向。随着汽车能源危机和全球环境污染的日益加剧，汽车销售也很快加入了绿色营销的行列。日本横滨本田汽车大王——青木勤社长在每天外出和上下班的途中发现，汽车在飞跑过程中排出大量废气直接污染了城市的环境，不但乌烟瘴气，而且还造成了街道绿化树的枯萎，他为此感到非常焦虑和不安。显然，如果能够在销售汽车的同时不加剧环境的恶化，将会使汽车销量大大增加。经过苦苦思索，青木勤制定了这样一条经营方针：今后每卖一辆车，就要在街道两侧种一棵纪念树；然后公司再将卖车所得利润的一部分转化为种树的费用，以减轻越来越多的排气对城市环境的污染。这一方针实施后，汽车一辆辆地开出厂门，街上的树木也一棵棵地栽上，绿化地也随之一块块铺开。消费者心中自然而然地产生一种强烈的需求愿望：同样是购买汽车，为什么不买绿化街道，造福人类的汽车呢？于是，本田汽车的销售量开始连续上升。

绿色营销不仅要求汽车企业对人、财、物、信息以及形象等有形和无形的资源进行优化配置，从而产生经济效益，而且还要求企业将社会效益和生态效益放到重要位置，使经济效益、社会效益和生态效益这三者有机地结合，从而产生绿色效益。

现代汽车企业只有树立起一种全新的可持续发展的营销经营理念，努力开展绿色营销，开发绿色产品，进行绿色生产，才能使企业的经济效益、社会效益和环境效益相统一，才能和可持续发展潮流相适应。此外，绿色营销理念可以帮助人们确立生态文明道德观和绿色发展道德观，因此汽车企业在进行绿色营销的同时还会增强消费者的绿色消费理念，创造出更大的社会效益。

3. 整合营销理念

整合营销理念是对传统营销理念的创新和重新构架，其核心是它的整体性。整合营销理念打破了传统营销理念把营销只作为企业一项管理功能的框架，它要求企业和相关利益主体的所有活动都整合和协调起来，以使企业按照既定战略向着预期目标运行。在整合营销理念指导下的企业中，所有部门都在一起努力为相关利益主体的利益而服务，企业的营销活动成为企业各部门的工作。

整合营销在汽车企业中的实施与应用分为以下几个层面：

1）整合营销是一种管理思想和管理理念，是汽车企业发展战略和经营战略的重要部分。通过整合企业内、外部的各种资源和要素，实现企业真正从以生产为核心向以营销为核心的方向转变。

2）整合营销是一种管理体制和管理手段。作为一种管理体制，就是将整合从市场营销部门的行为提高到整个汽车企业的行为，使其成为企业经营战略的基础。确定企业经营战略的核心就是通过合理有效的机制，整合企业的内、外部资源，使企业对内、对外的沟通与传播机制完全建立在整合营销的思想之上，实现企业内部管理信息的整合和企业对外传播信息渠道的整合。它要求企业的信息传递要具有一致性，即纵向一致和横向一致。纵向一致是要求企业的经营战略、策略、价值观及大众传媒所传递的信息，在相当长时期内要协调一致；横向一致是指企业在同一时间内通过各种渠道所传递的信息要一致。作为一种管理手段，就是要通过建立相应的组织机构和管理渠道，使企业与所有利害关系者都能够进行有效沟通，即与顾客、企业员工、投资者、竞争对手等直接利害关系者和社区、大众媒体、政府及各种社会团体等间接利害关系者进行密切有机的传播活动，了解他们的需求，并通过合理的渠道和恰当的方式，将其快速反映到企业的经营战略中，持续一贯地提出对策。

3）整合营销是一种新的营销理念和营销模式。它是在产品同质化和市场营销手段相互模仿、市场趋于饱和、顾客难以分辨优劣的背景下，企业实现差异化和赢得更多顾客的营销理念和营销模式。作为营销理念，其中心思想就是企业通过与消费者进行有效的沟通，以满足消费者需要的价值为取向，确定企业统一的促销策略，同时协调使用不同的传播手段，发挥不同传播工具的优势，以较低的成本形成强大的宣传攻势和促销高潮。

汽车企业以整合营销为基础，通过重整企业的营销和整体管理战略，可以使企业每个部门的每个成员和每个职能部门都担负起沟通的责任，使企业发出的所有信息都起到加强企业形象的作用，并最终实现塑造独特的企业形象，创造最大的品牌价值的目标。

4. 关系营销理念

市场营销学者研究发现，吸引一位新的消费者所花的费用是保留一位老顾客的 5 倍以上，顾客再次购买率提高 5%，利润就增加 25%。在现代市场营销中，以顾客的满意与忠诚度为标志的市场份额的质量迅速取代市场份额的规模而成为决定利润的主要因素，关系营销应运而生。它突破了传统的 4P 组合策略，强调充分利用现有的各种资源，采取各种有效的方法和手段，使企业与其利益相关者如顾客、分销商、供应商、政府等建立长期的、彼此信任的、互利的、牢固的合作伙伴关系，其中最主要的是企业与顾客的关系。关系营销更注重与顾客的交流和沟通，强调通过对顾客的服务来满足、方便顾客，以提高顾客的满意度与忠诚度，达到提高市场份额的目的。

对于现代汽车企业，营销是企业永恒的主题。营销的本质是交换，而交换中的各种关系至关重要，其中最主要的是企业与顾客的关系；企业与竞争者、与供应商、与政府的关系；以及企业内部的上下级关系、同事关系等内部关系。这些关系的建立、维持与推进都会影响企业的营销能否成功，也会产生不同的企业营销效益。只有认识到这个问题，企业才能“知己知彼”，进而在市场竞争中“百战不殆”，争取一席之地。

5. 顾客关系营销理念

由顾客满意进一步发展到顾客十分满意是企业营销的重点。仅仅是顾客满意还不够，当出现更好的产品供应商时，顾客就会更换供应商。而高度的满意能对品牌忠诚乃至对企业产生情感吸引，顾客满意便上升为顾客忠诚。忠诚的顾客能给企业带来诸多的利益。与此相反，不满意的顾客将带来相反的结果。北京美兰德信公司曾经做过的一项抽样调查显示：对于日本三菱帕杰罗汽车歧视性服务事件，有 76% 的人对日本公司事后的态度及采取的措施表示不满意或非常不满意，而有 60% 的顾客认为这会影响到他们对三菱汽车的购买意愿。可见，创造顾客满意是非常重要的。而在这一过程中，顾客关系营销思想的重要性便凸现了出来。

企业与顾客的关系可以分为五种不同的水平：

（1）基本关系　这种关系是指企业销售人员在产品销售后不再与顾客接触。

（2）被动关系　企业的销售人员在销售产品的同时，还鼓励消费者在购买产品后，如果发现产品有问题或不满时及时向企业反映，如通过打电话联系。

（3）负责式关系　企业的销售人员在产品售后不久，就应通过各种方式了解产品是否能达到消费者的预期，并且收集顾客有关改进产品的建议，以及对产品的特殊要求，并把得到的信息及时反馈给企业，以便不断地改进产品。

（4）主动式关系　企业的销售人员经常与顾客沟通，不时地打电话与消费者联系，向他们提出改进产品使用中的建议，或者提出有关新产品的信息，促进新产品的销售。

（5）伙伴式关系　企业与顾客持续地合作，使顾客能更有效地使用产品。而由于汽车产品的复杂性，往往需要企业提供更多、更好的售后服务，这也要求企业在产品售出后与顾客保持接触。顾客关系营销的本质特征在于创造或提升顾客关系营销的价值。汽车企业实施顾客关系营销战略，可以分为三步进行：发现顾客需求；满足顾客需求并保证顾客满意；营造顾客忠诚。

6. 网络营销理念

网络营销以现代营销理论为基础，通过 Internet 营销替代了传统的报刊、邮件、电话、电视等中介媒体，利用 Internet 对产品的售前、售中和售后各环节进行跟踪服务，自始至终贯穿于企业经营全过程，寻找新客户，服务老客户，最大限度地满足客户需求，以实现开拓市场、增加盈利为目标的经营过程。它是直接市场营销的最新形式。网络营销不单纯是网络技术，而是市场营销；网络营销不单纯是网上销售，而是企业现有营销体系的有利补充；网络营销是4C（整合营销）营销理论的必然产物。

网络营销的基本职能表现在八个方面：网络品牌、网站推广、信息发布、销售促进、销售渠道、顾客服务、顾客关系和网上调研。网络营销的职能比较简洁地概括了网络营销的核心内容，有助于改变对网络营销的片面认识，同时也明确了企业网络营销工作的基本任务。网络营销的职能是通过各种网络营销方法来实现的，同一个职能可能需要多种网络营销方法的共同作用，而同一种网络营销方法也可能适用于多个网络营销职能。

一个完整的网络营销信息传递系统，包括信息源、信息播载体和传播渠道、信息接收渠道、信息接收者、噪声和屏障等基本要素。与一般信息传递系统不同的是，网络营销中的信息传递是双向的，即网络营销的交互性，其实质在于“企业更容易向用户传递信息，同时用户也可以更方便地获取有效的信息”。网络营销信息传递的一般原则为：网络营销有效的基础是提供详尽的信息源，建立有效的信息传播渠道，为促成信息的双向传递创造条件。

网络营销的外部环境和内部环境构成了网络营销的基本环境。网络营销的外部环境为开展网络营销提供了潜在用户，以及向用户传递营销信息的各种手段和渠道，而内部环境为有效地营造网上经营环境奠定了基础。网络营销的开展需要内部环境与外部环境的相互作用和相互协调，内外环境相协调包含两个方面的含义：对于外部环境的适应和选择；对于内部环境的创造和利用。

汽车企业应将网络营销作为企业整体营销战略的一个重要组成部分。它是为实现企业总体经营目标所进行的，以互联网为基本手段营造网上经营环境的各种活动。汽车企业可以通过综合利用各种网络营销手段、方法和条件并协调其间的相互关系，有效地实现企业的营销目标。

第二节　汽车市场营销的作用和职能

一、汽车市场营销的作用

汽车市场营销的基本作用，就是解决汽车生产与消费的矛盾，满足汽车产品消费的需要。

汽车的生产与消费之间存在着多方面的矛盾。概括起来有：

1）空间上的分离。

2）时间上的分离。

3）汽车产品价格上的矛盾，即汽车企业按成本费用和竞争价格来估价，消费者按经济效用和支付能力来估价。

4）汽车产品数量上的矛盾，表现为供大于求或供不应求。

5）信息上的分离，即汽车企业不了解消费者的需求，而消费者对汽车企业的汽车产品或服务状况也所知不多。

6）汽车产品占有权的分离与对立等。

汽车市场营销的根本任务，就是通过努力解决汽车生产与消费的各种分离、差异和矛盾，使得汽车企业与各种不同的供给与消费者或用户各种不同的需要与欲望相适应，最终实现汽车生产与消费的统一。

汽车市场营销的功能分为四类：交换功能、物流功能、便利功能和示向功能。

（1）交换功能　包括购买和销售两个方面。两者都要实现产品所有权的转移，此外购买的功能还包括购买什么、向谁购买、购买多少以及何时购买的决策；销售的功能还包括寻找市场、销售促进和售后服务等决策。购买和销售都离不开价格，因此，定价也属于交换功能。

（2）物流功能　或称实体分配功能，包括汽车产品的运输与储存等。运输是为了实现汽车产品在空间位置上的转移，储存是为了保存汽车产品的使用价值，并调节汽车产品的供求矛盾。物流功能的发挥是实现交换功能的必要条件。

（3）便利功能　是指便利交换、便利物流的功能，包括资金融通、风险承担、信息沟通等。借助资金融通和商业信用，可以控制或改变汽车产品的流向和流量，在一定条件下能够给买卖双方带来交易上的方便和利益。风险承担，是指在汽车产品交易和汽车产品储运中，必然要承担的某些财务损失。例如，若汽车产品出现积压，则汽车经销商不得不增加大量的仓储费用。市场信息的收集、加工与传递，对于生产者、中间商、消费者或用户都是重要的，没有信息的沟通，交换功能、物流功能都难以实现。

（4）示向功能　是指通过对市场的调查、研究和分析，描绘出消费需求对汽车产品的预期，以及市场上的供求态势、竞争状况等，从而对企业因时、因地制宜地推出适销对路的汽车产品发挥示向作用。

执行上述市场营销功能，可以创造出产品的时间效用、地点效用和占有效用，并有助于创造产品的形态效用。

形态效用是指汽车产品可供满足人们某种需要的使用价值，这是由直接生产过程来创造的。但直接生产过程结束时创造出的产品形态效用还只是潜在效用，并不能现实地满足消费者需要而发挥出实际效用。只有当广大消费者或用户在适当的时间、适当的地点，以适当的价格购买到适当的产品，亦即只有通过市场营销活动创造出时间效用、地点效用和占有效用，产品的形态效用才会由潜在效用转化为实际效用。例如，汽车产品下线后都要通过储存活动才能供应市场，这就创造出了时间效用；汽车产品的生产与消费之间总是存在着空间的分离，而运输活动使之由产地向销地运动，这就创造出了地点效用；汽车生产企业往往不将汽车产品直接卖给消费者，而要通过中间商进行销售，这就发生了产品所有权的转移与让渡，创造出了占有效用，经过这些过程以后汽车产品才能最终进入消费。

此外，汽车市场营销的信息沟通功能把市场需求具体地反馈给汽车企业，有助于汽车企业生产出适销对路的汽车产品，从而对汽车产品形态效用的创造也发挥着不可或缺的重要作用。

二、汽车市场营销的职能与意义

1. 汽车市场营销的职能

汽车市场营销作为汽车企业的一项经营管理活动，有如下四项基本功能：

（1）发现和了解顾客需求　现代市场营销观念强调市场营销应以顾客为中心，汽车企业也只有通过不断满足顾客的需求，才能实现企业的最终目标。因此，发现和了解消费者的需求是市场营销的首要功能。

（2）指导企业制定战略决策　企业战略决策正确与否是企业成败的关键，企业要谋得生存和发展，必须制定成功的经营决策。企业通过市场营销活动，分析外部环境的动向，了解消费者的需求和欲望，了解竞争者的现状和发展趋势，结合自身的资源条件，指导企业在产品、定价、分销、促销和服务等方面作出相应的、科学的决策。

（3）开拓市场　企业市场营销活动的另一个功能就是通过对消费者现在需求和潜在需求的调查、了解与分析，充分把握和捕捉市场机会，积极开发产品，建立更多的分销渠道及采用更多的促销形式开拓市场，增加销售。

（4）满足顾客需求　满足顾客的需要与欲望是企业市场营销的出发点和中心，也是市场营销的基本功能。企业通过市场营销活动，从顾客需求出发，并根据不同目标市场的顾客，采取不同的市场营销策略，合理地组织企业的人力、财力和物力等资源，为顾客提供适销对路的产品，搞好产品售后的各种服务，让顾客获得最大的满意。

2. 汽车市场营销的意义

开展汽车市场营销对我国汽车企业有重要意义，主要表现在以下三个方面：

（1）开展汽车市场营销是市场经济体制运行机制的要求　市场经济下的运行机制是资源优化配置的一种形式，在这种运行机制下体现的是优胜劣汰。汽车企业如果不能顺应环境的变化，只会造车而不会卖车，最终必然会在现代汽车市场的激烈竞争中被淘汰。汽车企业只有运用现代市场营销理念来指导汽车生产与销售，才能在与国内外汽车企业的激烈角逐中获胜，最终在市场上占有一席之地。

（2）汽车市场营销是提高企业效益、促进企业发展的主要动力　汽车市场营销的功能决定了在世界汽车技术和成本日益接近的形势下，只有积极营销才是提高汽车企业效益的最好途径。

（3）汽车市场营销是我国汽车企业走向世界的需求　在经济全球化愈演愈烈，市场经济发展模式获得普遍认同的今天，我国汽车企业走市场营销之路是与国际汽车市场接轨的必然。中国汽车企业要想在世界汽车工业中占有一席之地，除努力提高汽车制造技术外，还应不断运用汽车市场营销理论指导实践，惟此才能达到跻身世界汽车工业前列之目的。

第三节　中国汽车市场的现状与发展

一、汽车工业的现状与发展

汽车工业是产业关联度高、规模效益明显、资金和技术密集的重要产业，目前在我国正处于高速发展时期。国家高度重视汽车工业的发展。

（一）世界汽车工业的现状与发展趋势

世界汽车工业基本形成了“6 +3”的格局，其现状和发展趋势呈现以下三个特点：

1）总量过剩，产业集中度高。目前全球汽车产能已达7000万辆，与市场需求相比能力过剩25%左右。20世纪90年代以来，全球汽车工业加快产业结构调整步伐，形成了“6 + 3”的格局（通用、福特、戴姆勒—克莱斯勒、丰田、大众、雷诺—日产6大汽车集团以及宝马、标致—雪铁龙、本田3家公司），这9家跨国公司的汽车产量达全球汽车总产量的95%。

2）汽车销售市场中心逐渐东移，发达国家汽车工业向新兴市场产业转移。目前，西欧、北美和日本等发达国家的汽车市场已趋于饱和，中国、印度、俄罗斯及东南亚等国家正成为世界汽车厂商争夺的主要地区。世界著名汽车公司在亚洲尤其是我国采取投资设厂、增资等方式争夺市场，并开始借助他方人才、成本、市场的优势建立开发机构或分部，发展合作研究开发。

3）零部件采购国际化、系统化、模块化，产品向多样化、个性化发展。主机厂实行最佳化跨国采购，零部件商也随生产点转移，在配套地建厂，实行就地生产，系统化、模块化供货。产品开发周期缩短，产品换型、改型加快，不断推出多功能车、休闲车以及运动型多用途车，以及融合了不同车种特色的交融式车型等新车型。

（二）中国汽车工业的现状与发展趋势

1. 中国汽车工业发展道路的回顾

中国汽车工业发展道路可分为两个阶段：

第一阶段（1953 年~1984 年）

1953 年 7 月 15 日，中国第一汽车制造厂破土动工，中国汽车工业从这里起步。在第一阶段中，除建设一汽时得到苏联技术援助外，中国汽车工业以后几乎再没有系统地引进过外国技术，而一汽也成为技术转移的主要源泉。在 20 世纪 50 年代末到 60 年代初的开发浪潮之后，老厂援建或包建新厂成为技术扩散的主要方式。

尽管存在着各种制约和缺点，但中国汽车工业在前 30 年的历史中却是以自主开发为主，形成了红旗轿车和上海轿车两个自主研发的轿车平台和轿车民族品牌，具备了以轻、中、重型货车为代表的载货汽车研发能力和自主品牌。

第二阶段（1984 年至今）

1984 年北京汽车工业集团与 AMC 合资成立北京吉普，自此我国汽车工业开始进行合资实践，至今已历经 20 年。这 20 年历史可分为两个阶段：20 世纪 80 年代以引进国外先进技术为重点的第一阶段；90 年代至今利用合资形式“以市场换技术”的第二阶段。合资政策限制的主要依据是原《汽车产业发展政策》第 32 条：“生产汽车、摩托车整车和发动机产品的中外合资、合作企业的中方所占股份比例不得低于 50%”。

20 年的合资方式提升了我国汽车工业的整体实力，引进了国外资金、技术和管理经验，开发了国内市场，扩大了汽车工业规模。我国汽车年产量成为继美、日之后的世界第 3 汽车生产大国，但又存在着如下突出问题：

1）联盟结构不合理。我国汽车合资主要集中于整车和低附加值零部件制造领域，而关键的整车设计、动力系统研发以及零部件互购和 OEM 供应则很少涉及。具体表现为：与国外企业联盟多，与国内企业联盟少；整车与整车联盟、零部件与零部件联盟多，整车与零部件联盟少。

2）联盟代价高昂。不可否认的是，在“以市场换技术”的中外合资联盟中，我们失去了市场，却没有换来真正的技术。以轿车为例，国外各大汽车公司都在我国建立了合资企业，国内生产和销售的轿车几乎是清一色的外方品牌，而设计和生产的核心技术还牢牢地掌握在外方手中，我方自主开发能力依然较弱。

加入 WTO 后，民营及非主流汽车企业进入轿车生产领域并从抄袭仿制开始走向自主研发道路，民族品牌终于在 20 年后，在汽车工业（特别是轿车工业）中又占有一席之地，但目前生存环境依然艰难。上海品牌轿车彻底消失，红旗品牌被边缘化，主流汽车企业热衷于合资和产品引进，放弃了自主开发、自主创新及自主品牌，非主流汽车企业成为自主研发、自主创新、自主品牌的生力军。

2. 中国汽车工业的现状与发展

目前，中国汽车工业已经成为全球化汽车工业重要的组成部分。基本形成了跨国汽车公司“6+3”和国内汽车企业“3+6”的格局，跨国汽车公司在中国的布局已经基本完成，中国已经成为汽车巨头全球竞争重要的一环。20年的合资和国产化培育了中国的零部件配套体系、装备制造业以及管理、技术、市场人才。

中国汽车工业国际化进程在加快。据OICA（国际汽车制造商协会）统计，2002年我国汽车产量为325万辆，世界排名为第5名。2003年汽车产量超过400万辆，成为仅次于美国、日本和德国的世界第4大汽车生产国。我国汽车年产销达到100万辆历时近40年，从100万辆增至200万辆历时8年，增至300万辆仅用了2年，而突破400万辆则只用了1年时间。这表明我国汽车工业正处于超高速增长阶段，增速之快为世界各国汽车工业发展过程所罕见。

中国汽车工业加速国际化进程的主要表现为：

1）国内汽车业的发展在很大程度上已成为跨国公司全球战略的一部分，这意味着国内汽车企业与跨国公司的合作与融合将进一步升级。

2）跨国公司加大对中国的投资力度。目前，世界主要跨国汽车公司均已经进入中国，其生产布局已经基本完成。面对快速发展的中国市场，几乎所有的跨国公司都在考虑增资扩产，如德国大众汽车公司决定未来5年对中国的投资将增加60亿欧元，占其亚太投资总额的87%。

3）跨国公司正全方位介入中国市场，竞争将进一步加剧。除了汽车生产外，竞争还将在汽车销售、汽车金融服务、维修服务和汽车租赁等方面全方位展开。改革开放20多年来，几乎所有的汽车跨国公司都已经进入了中国。目前，跨国公司通过其国内合资合作企业已经占据了90%以上的中国轿车市场。种种迹象表明，国际汽车巨头与中国本土企业的合作，已经达到了很高的档次和很广的范围，并且中国汽车工业已经开始步入国际化阶段。

中国汽车工业的快速发展暂时掩盖了加入WTO给国内汽车市场带来的冲击，一些问题很快显露出来。

首先，汽车业热度过高，供给有投资泡沫。目前，全国有27个省市开始开发及生产汽车，有21个省市生产轿车，共有2443个汽车企业，其中整车厂115个、改装厂551个、摩托车厂154个、发动机制造厂56个、汽车摩托车配件厂1567个、相关配套行业168个。预计2007年总生产能力1500多万辆，全国整车生产能力将大大超过市场需求。

其次，开发能力弱，引进模仿多，自主知识产权少，对外资的依附性强，国内轿车市场上以国外品牌居多。在2002年的汽车产品开发中，我国自主开发的新产品占新品种数量的32%，其中轿车占10.5%。大部分新型轿车都是依靠技术引进和合资开发的。从技术上讲，中国汽车业实质上是汽车强国和世界汽车巨头的组装车间，汽车市场是由跨国巨头主导和操纵的，我们是靠“卖市场”吸引世界汽车巨头进入中国的。

另外，我国行业散、产业链短、规模小和成本高。汽车产业配套能力弱，国内有许多汽车合资厂家所需要的特殊钢材和零部件仍然要大量进口。由于中国铁路运输系统效率低，钢材及零部件运输交货时间不及时，还使企业的运输成本和库存成本加大。由于原材料及零部件进口、运输低效率和小规模生产，目前中国生产一辆汽车成本比工业化国家高出 18% 左右。

最后，汽车消费使用环境面临大的挑战。大中城市交通堵塞、停车泊位严重短缺正制约着汽车产业的发展。对高油价的担忧以及汽车消费金融服务的滞后，将严重压制潜在消费需求。

二、汽车市场的现状与发展

1. 世界汽车市场的现状与发展

伴随着油价的上涨及能源危机的到来，汽车能源对世界汽车市场的影响举足轻重。

曾在美国汽车市场占据霸主地位的 SUV，2005 年销量已经下滑了近 30%。“美国人不怕高油价”的神话已经被彻底打破。2005 年，成了世界车坛的一个拐点。

拐点一：混合动力优势得到广泛承认

2005 年 2 月，雷诺—日产 CEO 戈恩说：“混合动力是动人的故事，但不是商业故事”。但在 8 个月后的东京车展上，戈恩却转投混合动力阵营。他说：“混合动力车有可能成为未来的主流车型，所以日产不会忽视这项业务”。在 2005 年，众多公司已经以行动认同了混合动力的暂时领先优势。

拐点二：行业外资金流入汽车业

欧美众多汽车公司在低谷中徘徊，给汽车行业以外的资金提供了进入机会。阿拉伯人在 2006 年 3 月成了美国《汽车新闻》头条的主角，迪拜国际资本公司购买了戴—克公司 10 亿美元的股票，成为戴—克公司第三大股东；福特公司 9 月份出售的赫兹公司，据称也被私人联合公司买走；再向前追溯，私人集团 KKR 购买了通用公司出售的泛美公司。

拐点三：裁员风暴席卷全球

通用公司和福特公司在年底开展了一场裁员大赛：通用公司宣布在 2008 年前关闭 12 家工厂，裁员 3 万人。福特公司透出消息，可能在未来 5 年内关闭 10 家工厂，裁员 3 万人。形势相对较好的戴—克公司，也要在 2006 年至少裁员 8500 人。

拐点四：大公司流行“瘦身”

2005 年大而全的汽车公司更少见了，大公司们都忙着“瘦身”，剥离非核心业务。即使有新的项目，他们也更愿意采取合作的方式，不扩大自身规模和负担。福特公司卖掉自己旗下全球最大的租车公司赫兹，通用公司则把金融公司的股份拿出来吆喝；戴—克公司与大众公司已在厢式车上联手；美国“三大”正联合研究削减成本的方法；福特公司与菲亚特公司则优势互补，共同开发小型车。

拐点五：小型车在全世界吃香

持续上涨的高油价，让美国汽车消费者购买“油耗子”的信心屡受打击。以 2005 年 9 月为例，油价在每桶 70 美元上下徘徊，美国市场的 SUV 销量同比下降了 31.7%，其中大型 SUV 的销量更下滑了 48.1%。

在 20 世纪 40 ~ 60 年代，全球汽车生产主要源自美国和欧洲，从六七十年代起，日本成为后来居上的汽车生产国，如今中国、韩国、印度也跻身新兴市场。因此，21 世纪初与 20 世纪初相比的全球汽车业，已发生深刻变革并面临巨大竞争，而且会在地区成本和需求因素的驱使下，继续向新的格局裂变。

在过去的100年中，全球经济在裂变，汽车市场也在裂变。目前，世界上约有20个国家控制着占世界80%的生产总值，并衍变成主要发达国家、主要新兴市场、第二梯队的新兴市场。在未来10~15年内，这些地区将是汽车需求和生产的增长区域。

从全球市场来看，成熟的北美和日本市场在未来5~10年中不会有大的变化，欧洲市场约有15%的增长，而中国的增长将达到60%。

2. 中国汽车市场的现状与发展

伴随着中国汽车工业的快速发展，国内汽车市场呈现出以下四个特点：

1）产销量高速增长，我国有望成为世界重要的汽车制造基地和消费市场。1999年以来，我国汽车产量保持了年均24.8%的高增长态势，2003年全国共生产汽车444万辆，比上年增长35.2%；销售汽车439万辆，比上年增长34.1%。预计到2010年，我国汽车市场年销量将达到1000万辆，我国将成为世界重要的汽车消费市场和制造基地。

2）产业集中度高，初步形成“3+X”发展格局。2003年三大集团产量达到了全国汽车生产总量的47.9%，其中轿车占全国67%，载货车占全国39.3%。北京、广东、江苏和重庆等地也正在形成一批地域性的汽车集团，与三大汽车集团并存构成“3+X”格局，汽车产业的集中度逐步提高。

3）生产过剩和激烈竞争加大了汽车行业重组的必然性。据各地上报的汽车工业“十五”规划中统计，预计2008年全国规划汽车产能将接近1000万辆，届时国内汽车需求约700万辆，产能过剩将不可避免。这将使得企业之间的竞争日趋激烈，行业的平均利润水平明显下降。汽车生产企业如果不能迅速做强做大，将难逃被兼并重组的命运。

4）汽车工业投资增长快，民营企业成为新生力量。2000年~2003年，汽车行业投资年均增长18.2%，民营资本加快进入汽车领域，吉利、比亚迪、美的、春兰、格林柯尔以及新飞等企业纷纷进军汽车领域。在汽车行业，民营企业已积累了较强的实力。

思 考 题

1-1　市场营销的概念是什么？

1-2　市场的三要素是什么？

1-3　汽车营销理念的演变过程包括哪些阶段？每个阶段的特点是什么？

1-4　现代汽车营销新理念有哪些？它们各有什么特点？

1-5　丰田汽车公司一直享有“销售的丰田”的美誉，谈谈你对丰田公司营销理念的认识？

1-6　汽车市场营销的功能有哪些？

1-7　从市场营销学的角度谈谈对我国现阶段汽车市场的认识。

第二章　汽车企业的战略规划和营销管理

第一节　汽车企业的战略规划及战略选择

一、汽车企业战略的含义和组成

1. 基本含义

汽车企业发展战略或称汽车企业战略，是汽车企业为实现各种特定目标以求自身发展而设计的行动纲领或方案，它涉及到汽车企业发展中带有全局性、长远性和根本性的问题。这种方案，是汽车企业根据当前和未来市场环境变化所提供的市场机会和出现的限制因素，考虑如何更有效地利用自身现有的以及潜在的资源能力，去满足目标市场的需求，从而实现汽车企业既定的发展目标。

有效的汽车企业战略是目标与手段的有机统一体。没有目标，就无从制定战略；没有手段，目标就无法实现，也就无所谓战略。所以，汽车企业战略既要规定汽车企业的任务和目标，更要着重围绕既定的任务和目标，综观全局地确定所要解决的重点问题、经过的阶段、采取的力量部署以及相应的重大政策措施。

有效的汽车企业战略应能适应不断变化的环境，并对变化的环境作出正确、系统和配套的反应，充分利用环境变化所带来的新的市场机会，以保证汽车企业的有效经营和发展。因此，汽车企业战略应当具有很强的应变能力。

2. 制约因素

汽车企业战略的一个核心思想是使汽车企业目标与市场机会相匹配，使汽车企业的市场营销活动与市场环境的变化相协调。因此，制定汽车企业战略，必须从实际出发，认真研究制约或影响汽车企业营销活动、汽车企业利润率的各种因素。

制约或影响汽车企业营销活动的因素，从汽车企业能否控制的角度可划分为两类：

（1）汽车企业可控制因素　指影响汽车企业营销活动，并为汽车企业本身所能控制和运用的各种营销手段，主要包括：汽车产品开发、生产制造设备、汽车产品附加服务、基本价格、折扣价格、付款时间、分销渠道、储运设施、广告宣传、人员推销、公共关系以及营业推广等等。这些手段的综合运用就是汽车企业市场营销组合，它在很大程度上决定着汽车企业经营的成败。

（2）汽车企业不可控制因素　指影响汽车企业经营活动，但不受汽车企业控制的各种外部的环境因素，主要包括：经济发展、汽车相关技术的进步、法律规定、国家政策、人口状况、居民收入、消费心理、社会文化、风俗民情以及市场竞争等等。这些外部因素是“双刃剑”，它们在带来“市场机会”的同时也会形成“环境威胁”，汽车企业只能适应这些因素。

因此，汽车企业要想取得成功，不仅要有效地运用可控制的营销手段，还要适应由不可控制因素构成的外部环境。此外，制定汽车企业战略还要考虑制约、影响汽车企业利润的因素，如竞争对手的状况、行业准入的难易程度、汽车产品的替代品状况以及汽车零部件、劳动力资源的供给状况等。

3. 组成部分

图 2-1 较为完整地描述了汽车企业战略规划的组成。

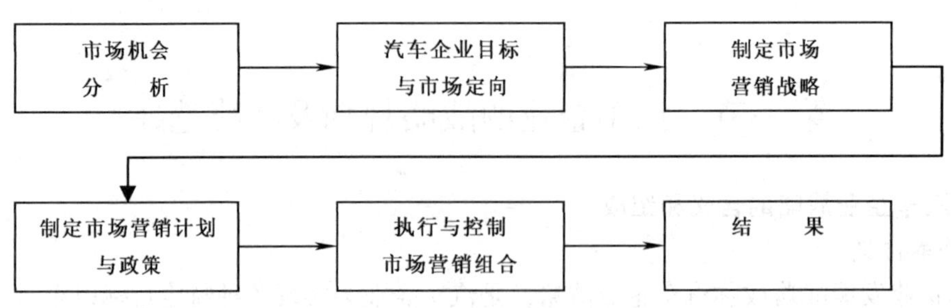

图 2-1 汽车企业战略规划的组成

其中，市场机会分析包括市场机会分析与评价；汽车企业目标与市场定向包括汽车企业目标与市场机会相匹配、建立信息系统和估价竞争；制定市场营销战略包括市场细分、选择目标市场、进行市场定位和扩大市场份额；制定市场营销计划与政策即为制定市场营销组合，包括产品决策、价格决策、渠道决策和促销决策；执行与控制市场营销组合包括实施战略规划、检查成效、营销组合的补充、调整与再制定；结果包括消费者的满足、企业盈利、良好的企业形象、满意的市场份额以及汽车企业的生存与发展。

4. 重要作用

汽车企业战略是汽车企业营销活动的灵魂。科学、严密的战略计划，可以带给汽车企业以下益处：增大汽车企业盈利，树立更好的企业形象，在竞争激烈的市场环境下使汽车企业求得生存和发展。这是因为战略计划在市场营销过程中有如下功能：

1）协调汽车企业内部的各种活动（如资金筹措、资源配置、生产制造过程、销售过程等），充分合理利用汽车企业内部资源（如人力、物力、财力和企业声誉等），从而增强汽车企业实现各项目标的可能性。

2）促使决策者从全局、长远的角度考虑问题，这样可以使汽车企业避免市场营销“近视”，有助于实现符合企业整体利益的目标。

3）促使汽车企业管理人员仔细观察、分析并预测市场动向。这有利于汽车企业长远规划的制定，大大减少了发展的盲目性。

4）减轻或消除突发事件造成的危害，增强汽车企业抵御各种风险的能力。

总之，汽车企业制定发展战略，可以提高其营销活动的目的性、预见性、整体性、有序性和有效性，增强汽车企业整体的竞争能力和应变能力。

二、汽车企业战略规划的制定

汽车企业战略规划过程，是指汽车企业为保持企业的目标与变化的环境之间的“战略适应”而制定长期战略所采取的一系列重大步骤，主要包括：确定企业的任务与目标，选择适宜的市场机会并制定相应的增长策略，制定投资组合计划等。

（一）确定企业的任务与目标

市场定向就是使汽车企业目标与市场机会相匹配，它是汽车企业战略的核心。因此，制定汽车企业战略首先要确定汽车企业的任务与目标。

1. 汽车企业任务

任何一个企业总有特定的任务，汽车企业也不例外。明确了汽车企业任务，也就明确了汽车企业的活动领域和发展的总方向。汽车企业任务通常是由企业的高级管理层决定的。

在确定任务时，主要应考虑以下因素：

1）汽车企业历史上的突出特征。

2）汽车企业周围环境的变化。

3）汽车企业资源的变化情况。

4）上级管理部门的意图。

5）汽车企业的特有能力。

汽车企业决策层应以书面报告形式提出本企业的任务，一份有效的任务报告通常应体现以下原则：

1）符合消费需要，通常为市场导向型。

2）切实可行。

3）鼓舞人心、激励干劲。

4）方针、措施明确具体。

2. 汽车企业目标

汽车企业目标是企业任务的具体体现，是汽车企业未来一定时期内所要达到的一系列具体目标的总称，通常包括：汽车产品销售额和销售增长率、汽车产品销售地区、市场占有率（市场份额）、利润率和投资收益率、汽车产品质量与成本水准、劳动生产率、汽车产品创新以及汽车企业形象等。其中，利润率和投资收益率是汽车企业最重要的核心目标。

制定汽车企业目标一般应符合以下要求：

（1）多重性　汽车企业应有若干具体目标。

（2）时限性　汽车企业应规定各个具体目标的时间界限。

（3）数量化　汽车企业应尽可能使目标数量化，以便易于把握和核查。

（4）可靠性　汽车企业选择的目标水平应从实际出发，与自身资源条件和市场环境相适应。

（5）层次化　汽车企业应使目标有主次，分从属。

（6）阶段性　对于长期目标，汽车企业应分阶段提出具体要求。

（7）协调性　汽车企业应确保各个具体目标之间协调一致，避免矛盾和冲突。

（8）社会一致性　汽车企业应使目标与社会经济发展相协调。这一点尤为重要，它与现代市场营销理念相呼应。

（二）选择适宜的市场增长机会

选择适宜的增长机会，就是选择适宜于汽车企业增长或发展的市场机会，以便与所确定的体现着发展要求的汽车企业目标相匹配，是市场定向、汽车企业战略的一个关键。

市场机会是市场上存在的未被满足的需求。汽车企业要想成功地把握市场机会，必须具备以下条件：

1）该市场机会与汽车企业的任务相一致。

2）汽车企业具有利用该机会的资源能力。

3）利用该机会足以实现汽车企业的目标要求。

汽车企业面对的市场机会可以概括为三种类型：密集性市场机会、一体化市场机会、多样化市场机会。

1．密集性市场机会——密集性增长

密集性市场机会，是指一个特定市场的全部潜力尚未达到极限时存在的市场机会。汽车企业在面对这种市场机会时，可以采取以下战略：

（1）市场渗透　指通过采取积极有效的市场营销措施扩大汽车产品的销售量。具体形式有三种：

1）刺激现有的顾客更多地购买本企业现有的汽车产品。

2）吸引竞争对手的顾客，提高汽车产品市场占有率。

3）激发潜在顾客的购买动机。

（2）市场开发　指通过开拓新市场扩大汽车产品的销售量，主要形式是扩大现有汽车产品的销售地区。

（3）产品开发　指通过增加新车型，向现有市场提供新的汽车产品。

2．一体化市场机会——一体化增长

一体化市场机会，是指汽车企业把自己的营销活动伸展到供、产、销不同环节而使自身得到发展的市场机会。汽车企业在面对这种市场机会时，可以采取以下战略：

（1）后向一体化　指汽车企业通过收购或兼并零部件供应商，拥有和控制其供应系统，实行供产一体化。

（2）前向一体化　指汽车企业通过收购或兼并经销商，拥有或控制其分销系统，实行产销一体化。

（3）水平一体化　指汽车企业收购、兼并竞争者的汽车企业，或者在国内外与其他汽车企业合资生产制造汽车，或者运用自身力量扩大汽车生产规模等。

3．多样化市场机会——多样化增长

多样化市场机会存在于汽车企业例行的经营范围之外。多样化增长，是指汽车企业利用经营范围之外的市场机会，新增与汽车产品业务有一定联系或毫无联系的产品业务，实行跨行业的多样化经营，以实现汽车企业业务的增长。汽车企业在面对这种市场机会时，可以采取以下战略：

（1）同心多样化　指汽车企业利用原有的技术、特长、经验等发展新产品，增加产品种类，从同一圆心向外扩大业务经营范围，如东风汽车公司除生产乘用车外，还生产客车、货车以及半挂牵引车等商用车。

（2）水平多样化　指汽车企业利用原有市场，采取不同的技术来发展新产品，增加产品种类，如一汽丰田公司的合资企业推出混合动力汽车普锐斯。

（3）集团多样化　指汽车企业收购、兼并其他行业的企业，或者在其他行业投资，把业务扩展到其他行业中去，新产品、新业务与汽车企业的现有产品、技术、市场可以毫无关系。例如，一汽大众公司投资企业信息化领域，成立启明公司，开发 PDM、ERP、PLM、TDS、CAPP、OA 和 CAE 等系列软件产品。

三、制定汽车产品投资组合计划

汽车企业确定了发展宗旨和生产目标之后，就要制定产品投资组合计划，这是汽车企业战略制定过程的第三个主要步骤。由于汽车企业的资金有限，制定产品投资组合计划有利于汽车企业经济效益最高的业务得到发展。

（一）汽车企业战略业务单位的划分

汽车企业在制定产品投资组合计划的过程中，首先要把所有的业务分成若干“战略业务单位”。一个战略业务单位具有以下几个特征：

1）是单独的业务或一组有关的业务。

2）有不同的任务。

3）有竞争者。

4）有认真负责的经理。

5）掌握一定资源。

6）能从战略计划中得到好处。

7）可以独立计划其他业务。

例如，北京汽车控股有限公司旗下，有北汽福田公司、北京吉普公司和北京现代公司三个战略业务单位。

（二）产品投资组合计划的制定方法

对企业的战略业务单位的分类和评估，最著名的是美国波士顿咨询集团的方法和通用电气公司的方法。下面分别予以介绍。

1. 波士顿咨询集团法（Boston Consult Group approach，BCG）

这种方法是用“销售增长率——相对市场占有率矩阵”来分类和评价企业的战略业务单位。销售增长率是指企业某项业务在前后两个统计期的市场销售增长百分比（如年销售增长率），它表示经营业务所在市场的相对吸引力。相对市场占有率是指企业在一定统计期和市场范围内实现的销售额（量）占整个行业总销售额（量）的百分比，它反映企业在行业中的地位。如图 2-2 所示，把企业的所有战略业务单位分成四类：

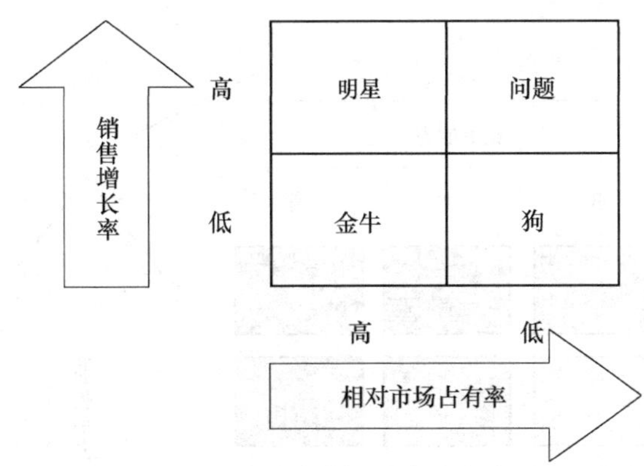

图 2-2 企业战略业务单位的四种类型

（1）明星类 特点是：相对市场占有率、销售增长率都很高。这类产品处于迅速增长阶段，为支持其发展需要投入大量现金。

（2）金牛类 特点是：相对市场占有率高、销售增长率低。这类产品盈利多，现金收入多。

（3）问题类 特点是：相对市场占有率低、销售增长率高。汽车产品上市初期多属于此类。这类产品需要扩大生产，加强推销，因而需要大量现金。

（4）狗类　特点是：相对市场占有率、销售增长率都很低。这类产品是微利、保本甚至亏本。

汽车企业在制定企业战略时，必须预测未来的市场变化，正确规划未来的矩阵，制定好产品投资组合计划。可供选择的企业投资策略有以下四种：

（1）发展　目标是提高汽车产品的相对市场占有率。这种策略特别适用于“问题”类产品，与有效的促销组合相结合，使它们尽快转化为“明星”类产品。

（2）维持　目标是维持产品的相对市场占有率。这种策略特别适用于“金牛”类产品。这类产品大多处于市场生命周期中的成熟期，通过维持可以获取大量现金。捷达作为我国汽车市场的老三样之一，一直以其优良的性价比受到广大汽车消费者的青睐。在2004年的价格大战中，许多品牌汽车遭受惨败，但捷达并未受到多大影响，这与一汽大众公司当时对捷达采取的维持型市场策略密不可分。

（3）收割　目标是追求尽可能多的短期利润。这种策略特别适用于开始走下坡的“金牛”类产品。这类产品就要从成熟期转入衰落期，前途黯淡；同理也适用于企业即将放弃的“问题”类和“狗”类产品。具体方法包括减少投资、促销费用，提高价格等。

（4）放弃　目标是通过清理、变卖现存产品，并停止生产，把有限的资源用于生产经营其他经营效益好的产品。显然，这种策略适用于没有发展前途、妨碍企业增加盈利的某些“问题”类或“狗”类产品。

2. 通用电气公司法（General Electrics approach，GE）

通用电气公司法较波士顿咨询集团法有所发展，它用“多因素投资组合矩阵”来对企业的战略业务单位加以分类和评价。

通用电气公司法认为，企业对其战略业务单位加以分类和评价时，除了要考虑市场增长率和市场占有率之外，还要考虑许多其他因素，这些因素可以分别在以下两个主要变数之内，如图2-3所示。

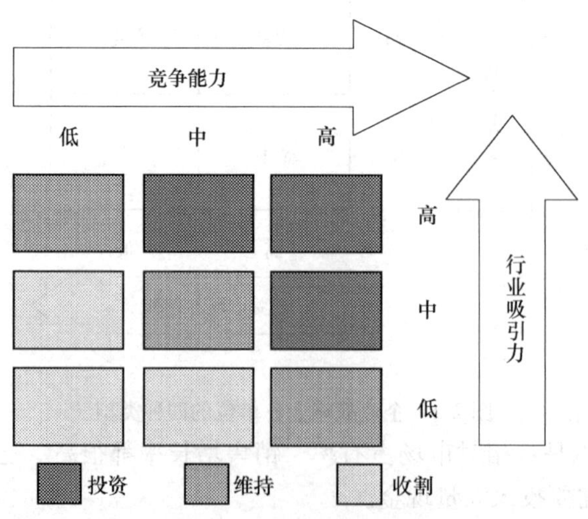

图2-3　通用电气公司法对业务的分类

（1）行业吸引力　包括市场大小、市场年增长率、历史的利润率、竞争强度、技术要求、由通货膨胀引起的脆弱性、能源要求、环境影响以及社会、政治和法律等因素。

（2）企业的战略业务单位的业务力量　即战略业务单位在本行业中的竞争能力，包括市场占有率、市场占有率增长、产品质量、品牌信誉、商业网、促销力、生产能力、生产效率、单位成本、原料供应、业务力量和竞争能力等因素。

多因素投资组合矩阵图分为三个地带：

（1）右上角地带　这个地带的行业吸引力和竞争能力都最强。因此，企业对这个地带的业务单位要“开绿灯”，增加投资。

（2）对角线地带　这个地带的行业吸引力和竞争能力都中等。因此，企业对这个地带的业务单位要“开黄灯”，维持投资。

（3）左下角地带　这个地带的行业吸引力和竞争能力都最弱。因此，企业对这个地带的业务单位要“开红灯”，停止投资。

第二节　汽车企业的市场营销管理

一、汽车企业发展战略与市场营销战略的关系

市场营销战略是汽车企业的市场营销部门根据汽车企业总的发展战略制定的。它既是汽车企业战略的重要组成部分，又是实现汽车企业战略的重要保证。汽车企业战略性管理与市场营销管理密不可分，两者的关系如图 2-4 所示。

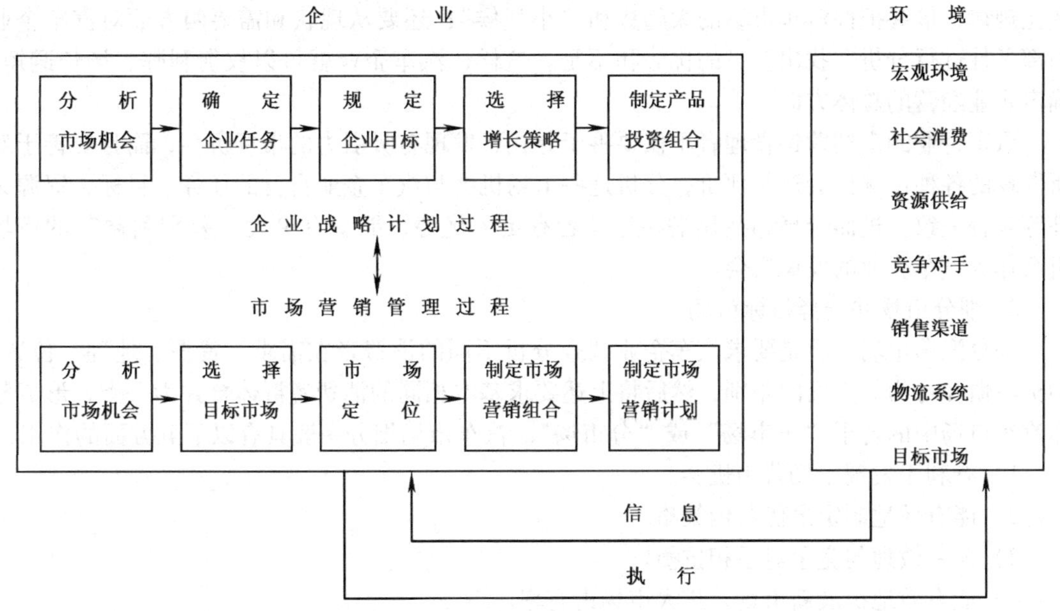

图 2-4　企业发展战略与企业市场营销战略

制定汽车企业发展战略，既要分析、评价、比较宏观的经济环境和市场环境，预测其未来的发展变化趋势，还要现实地、全面地分析汽车企业的状况。制定汽车企业市场营销战略，则要从外部环境中去分析、评价不同汽车产品业务增长的市场机会，同时结合汽车企业自身的资源状况。

无论战略性管理还是营销管理，汽车企业领导层都要评审过去、分析现在以及预测未来。无论是汽车企业发展战略还是市场营销战略，都不会一成不变，在实施过程中都可能出

现局部调整。当然，汽车企业战略不宜轻易变动，市场营销战略则机动灵活。

二、汽车企业市场营销管理过程

汽车企业市场营销管理过程，是指汽车企业通过市场营销管理系统发现、分析、选择和利用市场营销机会，以实现汽车企业任务和预期目标的过程。它包括分析市场机会、细分市场并选择目标市场、设计营销策略、制定市场营销组合方案以及管理营销活动几个主要阶段，如图 2-5 所示。

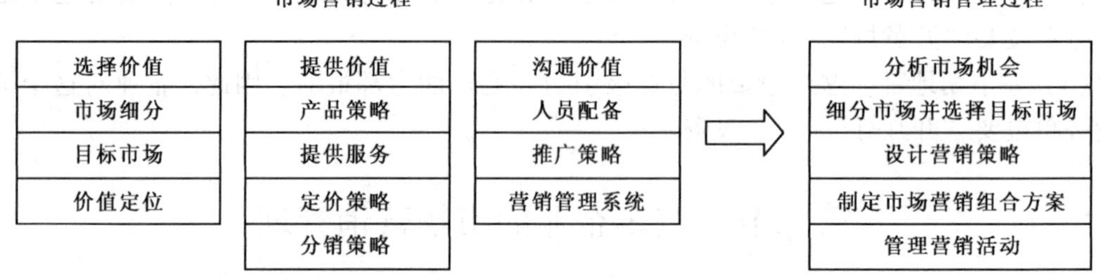

图 2-5　汽车企业市场营销管理过程

1. 分析市场机会

分析市场机会即寻找适宜的市场机会。汽车企业营销管理者要通过对汽车企业外部宏观环境、微观环境的分析，研究汽车市场的变化形势，预测竞争动向、汽车产品需求的发展及变化规律，最终把握汽车市场的大趋势和“小气候”；还要从现状和需要两方面对汽车企业内部条件进行分析，找出自身的优势和不足。这样，汽车企业就可以权衡利弊、扬长避短，确定企业经营的总体方向。

汽车企业的市场营销管理者不仅要善于寻找、发现有吸引力的市场机会，而且要善于对所发现的各种市场机会进行评价，分析这些市场机会与汽车企业自身的任务、目标、资源条件等是否一致，进而选择那些比潜在竞争者有更大优势、能享有更大“差别利益”的市场机会作为汽车企业的发展机会。

2. 细分市场并选择目标市场

细分汽车市场，就是要求汽车企业调查分析不同的消费者在需求、资源、地理、位置、购买习惯和行为等方面的差别，然后将上述要求基本相同的消费者群体合并为一类，形成整体汽车市场中的若干“子市场”或“分市场”。汽车市场细分一般具有以下五方面的作用：

1）有利于发现市场营销机会。

2）能有效地制定最优营销策略。

3）能有效地与竞争对手相抗衡。

4）能有效地扩展新市场，扩大市场占有率。

5）有利于汽车企业扬长避短，确定企业经营的总体方向。

在市场细分完成以后，汽车企业就要通过识别各个不同的消费者购买群，选择其中一个或几个作为目标市场进行市场定位，并运用适当的市场营销策略，集中力量为目标市场服务，满足目标市场的需要。

汽车企业要做到正确合理地细分市场，必须具备敏锐的洞察力，时刻觉察市场及顾客消费行为的微妙变化，积极寻找商机。奇瑞 QQ 正是抓住了年轻女性消费者青春、时尚的特点，积极把握市场机会，从而“一炮走红”。

3. 设计营销策略及制定市场营销组合方案

在分析了市场机会和风险，确定了目标市场，进行了科学的市场定位以后，汽车企业就需要进行营销策略的设计和市场营销组合方案的制定。汽车企业一般的营销策略可分为四大类：产品策略、价格策略、分销策略和促销策略，即“4P”策略。对这些策略进行各种动态组合就形成了市场营销组合方案。

汽车市场营销组合方案也称汽车产品组合策略，就是根据汽车企业的目标，对汽车产品组合的广度、深度和相容度进行决策。

4. 管理营销活动

管理营销活动是指汽车企业在制定了市场营销组合方案以后，对市场营销计划的组织、执行和控制。市场营销组合方案确定以后，汽车企业就要进行组织和实施。执行和控制市场营销计划，包括市场营销组合的确定，做好营销预算，对营销过程实施监督、控制等。市场营销计划控制，包括年度计划控制、赢利能力控制、效率控制和战略控制。

以上提及的几个主要阶段会在以后的章节中详细讨论。下面从营销战略的角度进行概括和总结，如图 2-6 所示。

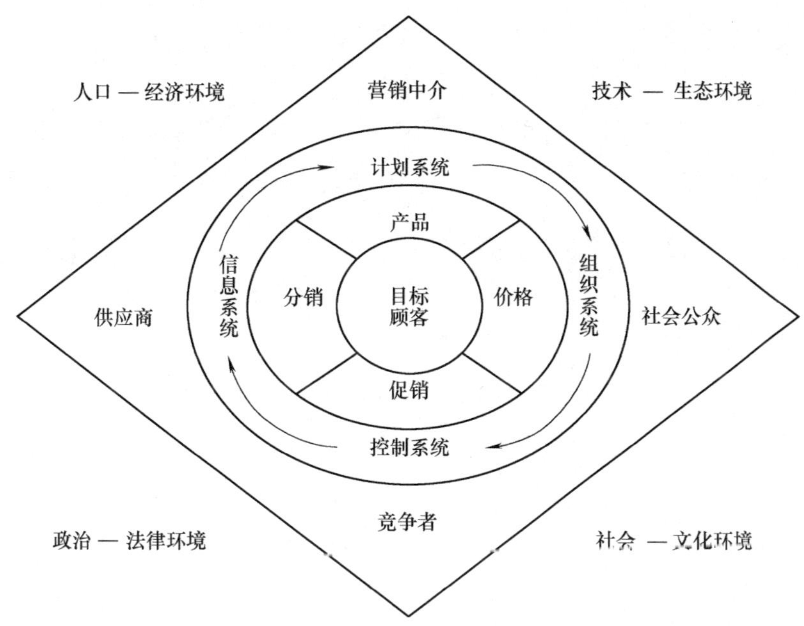

图 2-6　企业市场营销战略的影响因素

图 2-6 显示了企业市场营销管理过程和影响企业营销战略的环境因素。目标顾客处于企业营销的中心地位。市场营销组合是指组合配套地运用产品策略、价格策略、分销策略和促销策略。

设计和执行市场营销组合方案依赖于市场营销管理系统的支持。市场营销管理系统包括营销信息系统、营销计划系统、营销组织系统和营销控制系统。

企业营销微观环境包括营销中介、供应商、竞争者和社会公众；宏观环境包括人口和经济环境、政治和法律环境、技术和生态环境以及社会和文化环境。

思　考　题

2-1　汽车企业战略的含义是什么？汽车企业战略对汽车企业营销活动有何重要意义？

2-2　制约或影响汽车企业营销活动的因素有哪些？

2-3　汽车企业战略规划的制定包括哪几个方面？

2-4　汽车企业面临的市场机会有哪几种？应分别采取怎样的策略？

2-5　汽车企业市场营销管理过程包括哪几个方面？试结合我国现在汽车市场中的某一车型对管理过程进行具体分析。

第三章　汽车市场营销环境分析

第一节　汽车市场营销环境分析概述

一、概念及意义

任何一个企业都处于不断变化着的社会经济环境之中，环境对企业的生死存亡产生着重要的甚至是决定性的影响。美国著名市场学家菲利普·科特勒将市场营销环境定义为：“企业的营销环境是由企业营销管理职能外部的因素和力量组成的。这些因素和力量影响营销管理者成功地保持和发展其目标市场顾客交换的能力。”也就是说市场营销环境是指与企业有潜在关系的所有外部力量与机构的体系。现代营销学则认为，企业经营成败的关键，就在于企业能否适应不断变化着的市场营销环境，也就是所谓的“适者生存”。

自20世纪90年代以来，世界汽车市场结构发生明显的变化，新兴国家汽车市场快速发展，成为世界汽车市场增长的主要动力。世界汽车市场的需求更加多样化，一方面新产品推出越来越快，并且对汽车安全、环保、节能的要求也日益提高；而另一方面，由于企业生产能力过剩，造成企业生产成本上升等等。因此，汽车市场营销环境既对汽车市场造成影响，又对其造成制约。

市场营销环境分为两个方面：一是微观环境要素，即与企业紧密相联，直接影响其营销能力的各种参与者，包括制造商、供应商、营销中介、消费者、竞争者、有关公众等因素；二是宏观环境要素，即影响企业微观环境的巨大社会力量，包括人口、经济、使用情况、政治、法律、科学技术、社会文化等多方面的因素。

汽车营销环境分析具有以下意义：

1）汽车市场营销环境分析为汽车企业进行营销决策和管理提供科学依据。汽车企业的营销受到很多因素的制约，准确把握市场信息和科学决策对于一个企业进行营销活动是至关重要的。企业要充分了解自己的优势与缺陷、市场环境的有利因素和不利因素，以便于企业从营销活动中取得较好的经济效益。

2）汽车市场营销环境分析有利于汽车企业及时把握市场机会。社会在不断发展，汽车市场变化莫测。较好的营销环境分析可以使企业迅速地发现市场上潜在的机会，并进行及时的营销策划。

3）汽车市场营销环境分析有助于企业准确地进行市场定位，满足不同消费群的差异化需求。

在轿车早已成为买方市场的今天，个性化产品已经成为社会的主流趋势。因此，汽车企业需要对市场环境的变化进行详细分析，制定正确的市场定位。在营销理念上要敢于创新，奉行与用户在心灵上沟通的差异化服务，即针对不同消费者的不同需求，提供不同的服务，这样才会收到更好的效果。

二、市场营销环境的特点

1. 动态性

每一个汽车企业都可以作为一个小系统与市场营销环境这个大系统处在动态的平衡之中。一旦环境发生变化，这个平衡便会打破，因此汽车企业必须积极地反应和适应这种变化。如果不能及时调整营销策略来适应环境的变化，那么即便是规模庞大、条件优良的企业，也会在一定情况下被市场所淘汰。以德国大众公司在中国的情形为例：20 世纪 90 年代以前，他们在中国市场一统天下，市场占有率达到 75% 以上。但是从 90 年代后期以来，很多合资公司加入中国市场，市场竞争日益激烈，市场环境发生很大变化。然而，大众公司却没有及时采取措施去适应环境，而是采用“宁要利润，不要市场”的营销策略，结果导致市场占有率不断下降：2002 年大众公司在中国的市场占有率为 41%，2003 年市场占有率为 33%，2004 年下降至 25.2%，2005 年的市场占有率仅为 17.3%，并且大众公司在进入中国市场 20 年后首次出现年度亏损。

2. 差异性

汽车市场需求的多样化使得不同汽车企业受到不同市场环境的影响，即使是同样一种环境因素的变化对不同汽车企业的影响也不相同。因此，汽车企业应当采取不同的营销策略以适应不同的营销环境。德国大众公司的 Polo 是款好车，但是在国内的销售成绩未能达到他们预期的水平。大众公司高层分析的结果是：Polo 是一款“复杂”的“小”车，而中国人喜欢“简单”的“大”车。这说明了一个问题：中国汽车市场和世界其他市场相比，存在一些独有的差异性，导致这些差异性背后的原因一般是文化（例如不太接受两厢掀背车型）、历史等等因素。在欧洲热卖的车型，在中国未必就能畅销；一些品牌在国外销量很差，但或许在中国却非常走俏。

3. 多变性

影响汽车企业营销环境的因素有很多，随着时代的发展，这些因素也在不断地变化，这就要求汽车企业应根据环境因素的变化而不断调整营销策略。我国的汽车工业从 2000 年开始有了突飞猛进的发展，在前几年的发展中一直是卖方市场；但到 2004 年，我国市场发生了巨大的变化，开始由卖方市场转向买方市场。四月份汽车产销量开始比三月份下降，五月份汽车产销量比四月份下降更是超过了 20%，与此同时，汽车库存量也超过 13 万辆。在买方市场情况下，汽车制造商首先要改变的是在卖方市场中的经营理念，因为价格竞争转向售后服务的竞争已经是不可逆转的大势。从销售利润看，国外成熟汽车市场中整车的销售利润约占整个汽车业利润的 20%，零部件供应的利润约占 20%，而 50% ~60% 的利润是在服务领域中产生的。因此，国内企业谁能及时把握市场脉搏，与“市”俱进，谁才能够在激烈的竞争中有望胜出。

4. 复杂性

汽车市场营销环境不仅仅受到单一因素的影响，而是受到一系列相关因素的影响。例如：汽车销量不仅受到汽车价格的影响，还要受到交通状况和石油价格的影响等。

第二节　汽车市场营销的宏观环境

汽车市场营销的宏观环境通常指能够影响企业营销活动的广泛性因素，通常指一个国家的人口环境、经济环境、使用环境、政策法律环境、科技环境、社会文化环境以及自然环境。宏观环境一般具有强制性、不确定性和不可控性等特点。企业可以通过调整营销策略和控制内部管理来适应宏观环境的变化。宏观环境主要包括下述内容。

1. 人口环境

市场营销对人口因素极其关注。市场是由具有购买欲望和购买能力的人组成的，有人才能有顾客，而且只有人才能发展成为顾客。人口因素对汽车企业的市场购买量、产品的品种结构等市场状况都具有决定性影响。人口环境指一个国家和地区的人口数量、人口质量、家庭结构、人口年龄分布及地域分布等因素的现状及其变化趋势。在一般情况下，人口数量意味着市场容量和市场潜量；人口结构意味着消费选择和消费结构。为满足不同年龄结构的需求，不同公司推出不同市场定位的车型，如：福特老年人系列车。

近年来，亚洲一些国家尤其是中国发展迅速，再加上人口众多，人民生活水平日益提高，汽车的需求量逐渐加大，中国汽车市场作为一个新兴市场蕴涵着巨大的商机。因此，对于国内外的汽车制造商来说，应该加强对我国人口环境特点的研究，充分把握好各种营销机会。

2. 经济环境

经济环境是指社会购买力，包括消费者个人购买力和社会集团购买力。经济环境影响汽车产品的市场需求大小，从而对汽车市场有着最重要的影响。通常可以从世界性的、国家性的和个人性的指标来进行考察。

世界性的指标一般包括世界经济的发展情况、世界货物与资本的流通情况等，它可以反映出世界的整体经济环境以及产业的发展前景。

国家性的指标指国民经济发展水平、国民收入发展水平、储蓄、就业、通货膨胀率等指标。在市场营销学领域，国民收入主要是指消费者的工资、奖金、补贴、福利等以及他们的存款利息、债券利息、股票利息、版权稿酬、专利拍卖、外来赠款、遗产继承等一切可以视之为收入的全部现金收入，最关键的是可支配收入。因此，国民收入发展水平对于汽车的行业前景来说是至关重要的。此外，一个国家的 GDP 总额反映了该国的市场总容量、总规模，人均 GDP 则从总体上影响和决定了消费结构与消费水平。2003 年我国人均 GDP 首次突破 1000 美元，达到人均 1090 美元。按照国际的经验，人均 GDP 超过 1000 美元时，消费结构向发展型、享受型升级，过去的奢侈品将转化为居民的必需品，汽车也将作为消费热点进入家庭。2005 年是近年来我国宏观经济运行最好的一年，人均 GDP 达到 1703 美元；粮食连续两年获得丰收；工业企业利润增长 22.6%；科技、教育、文化、卫生、体育等事业全面发展；固定资产投资增速继续放缓；消费水平进一步提高，结构升级步伐继续加快；对外贸易总额仍保持较快增长；城镇新增就业 970 万人；城乡居民收入继续保持较快增长；CPI 涨幅为 1.8%。因此，企业的设计和营销人员应该深入了解国家经济发展前景，以便于充分把握市场动态。

个人性的指标主要指消费者的支出模式。消费者的收入在很大程度上影响着其支出模式和消费结构。消费者支出模式的变化状况主要受恩格尔定律的支配，即：随着家庭收入的增加，用于购买食物的支出比例将会下降；用于住宅、家务的支出基本不变；而用于服装、交通、娱乐、保健、教育等方面的支出比例会大大上升。除此以外，消费者支出模式还受以下因素影响：①家庭生命周期所处的阶段；②家庭所在地与消费品生产、供应状况；③城市化水平；④商品化水平；⑤劳务社会化水平；⑥食物价格指数与消费品价格指数变动是否一致等。另外，消费者信贷的变化也会影响购买力。消费者信贷实际上是把未来收入用于当期消费，如果能够获得消费信贷，意味着当期购买力增加，从而给汽车营销带来更大的机会。我国近几年轿车需求的快速增长与国家汽车信贷政策的启动和银行消费信贷的发展不无关系。

国内宏观经济运行良好的今天，给我国汽车产业的发展提供了更好的契机，企业应该抓住这一大好的国内形势，制定合理的营销计划，从而取得较好的经济利益。

3. 使用环境

汽车使用环境是指影响汽车使用的各种客观因素，如气候、地理、车用燃油、道路交通、城市建设等。

（1）自然气候和地理　主要包括一个地区的温湿度、降雨量、风沙和地形山貌、山川河流等因素，这些情况对于汽车的使用性能和寿命都产生直接影响。不同地区需要性能不同的汽车产品，因而汽车企业应针对不同的目标市场推出相应的、适合当地情况的产品，并做好相应的技术服务。例如：西藏地区海拔高，多山而且寒冷，汽车运输又是西藏自治区交通运输最主要的工具，因此一些汽车公司推出了性能好、适合当地使用条件的汽车；而另外一些企业则由于产品质量不过关而被淘汰出局。

（2）车用燃油　包括汽油和柴油两种成品油，受世界石油危机的影响，汽车工业的发展将会受到一定的制约。油价的高低也将直接影响到消费者的购买行为。因此，汽车企业应当顺应这个趋势，大力开发小型、轻型和经济型的轿车。当年日本正是在石油危机的情况下敏锐把握了这一契机而一举奠定了世界汽车强国的基础，赢得了营销主动。近年来汽油价格不断上升，仅2005年就上调过五次，2006年5月24日，国内成品油价格再次上调，93号汽油每升上涨了0.44元，油价飙升降低了人们的消费欲望，也加重了现有车辆消费者的费用支出。一项调查数据显示，由于油价过高，61%的受访者表示打算购买更小排量的汽车，38%的人表示不购买或推迟购买汽车。因此，对于我国企业而言，最重要的是紧跟国家产业发展政策，调整产品结构，大力研究开发新颖、别致、性能可靠、百姓乐于接受的小排量、经济型轿车。

（3）道路交通　指一个国家或地区的公路网布局、公路质量、公路交通量以及附属设施，如停车场、加油站等因素的现状及变化。良好的道路交通状况将有助于促进汽车的普及。长期以来，我国公路建设一直存在数量少、密度低、等级低的缺点，公路建设滞后于汽车产业发展就会对汽车市场产生一定的制约。现在，随着我国经济持续走强，基础设施建设投资将持续增加，我国市政道路、公路和城市轨道交通的基本建设将保持长期、稳定、高水平、高速度发展的势头，道路基本建设进入了又一个中兴时期。同时，国家实施“东部新跨越”、“西部大开发”、“东北振兴”和“中部崛起”等经济格局的战略调整，必定为今后市政、公路建设企业的持续发展提供广阔、持久的市场空间和发展平台。国务院审议通过的《国家高速公路网规划》标志着我国高速公路发展进入了新的历史阶段。预计2010年前，我国高速公路建设年均投资规模约1400亿元，2010年~2020年年均投资约1000亿元。随着我国公路建设特别是高速公路建设的加快，人们将会逐步改变自己的出行方式，这将促进汽车工业的发展。

（4）城市建设　通常指一个城市的总体布局，这个布局一旦形成就很难调整和改造。近年来，汽车工业的发展以及人们对汽车需求的增加都使城市的交通面临巨大的压力。因此，建立现代化的城市交通管理系统，增加快速反应能力和强化全民交通意识，是我国城市建设的重中之重。

4. 政策法律环境

汽车营销的政策法律环境，是指对汽车产品的营销活动产生明显影响的政府有关方针、经济政策和法律法规等。政策环境包括当前国际国内的政治形势，与汽车营销有关的国家财政政策、货币政策、对外贸易和国际收支政策等。比如，为解决我国所急需健全的汽车贸易管理规定和管理体制，商务部于2005年8月10号颁布了《汽车贸易政策》。其内容涉及汽车销售、二手车流通、汽车配件流通、汽车报废与报废汽车回收、汽车对外贸易等领域，系统地提出了我国汽车贸易的发展方向、目标、经营规范和管理体制框架。该政策引导有条件的汽车供应商和经销商采取多种方式在国外建立合资、合作、独资销售及服务网络，以加大对国际市场的开拓力度。同时，国家鼓励具有较强经济实力的境外投资者投资国内汽车贸易领域，并在经营方面实行国民待遇。法律法规主要指国家主管部门或地方政府颁布的与汽车营销有关的各项法规、法令、条例等。但是形成文字的法律法规不可能覆盖所有可能产生的市场弊端，因此政策法律环境也应该包括一些针对企业的社会规范和商业道德。像消费者协会这样的公众利益团体，就给企业的市场营销活动带来很大影响。

汽车税费政策作为调节市场需求、增加政府收入的主要手段，直接影响汽车市场的需求。近几十年来，世界各主要工业发达国家的汽车税费政策已经有了很大变化。其主要趋势就是：汽车税费的征收“绿色化”，征收对象差别化，征收手段多样化，以适应全球保护大气环境、节约能源和维护交通安全的需要，并在总体上表现出“鼓励购买抑制消费”的汽车税费思想。这些新的汽车税费政策对消费者的影响必然间接地反映到生产领域，影响汽车的生产。伴随着我国汽车工业的发展，政策因素的作用也逐渐加大，政府相继推出或实施了很多与汽车业相关的政策条文。比如《汽车品牌销售管理办法》、《二手车流通管理办法》、《汽车产业发展政策》及《车辆购置税征收管理办法》等。它们有利于推动汽车产业结构调整和重组，并激励汽车生产企业提高研发能力和技术创新能力，积极开发具有自主知识产权的产品，明确了今后中国汽车产业的发展方向。2006年4月1号，新汽车消费税开始实施，将不同排量汽车税费征收的档次细化。一是将原小汽车税目下的小轿车、越野车、小客车三个子目，改为乘用车和中轻型商用客车两个子目；二是调整了小汽车税率结构，提高大排量汽车的税率。对乘用车（包括越野车），按排量大小分别适用3%［小于1.5L（含）的］、5%［1.5L以上至2.0L（含）的］、9%［2.0L以上至2.5L（含）的］、12%［2.5L以上至3.0L（含）的］、15%［3.0L以上至4.0L（含）的］、20%（4.0L以上的）六档税率，对中轻型商用客车统一适用5%税率；三是对混合动力汽车等具有节能、环保特点的汽车，将实行一定的税收优惠。这次税费调整加大了排量大、能耗高的轿车、越野车的税收压力，同时减轻了小排量车的负担，体现出国家对小排量车的鼓励政策。总而言之，这些实行或出台的新政策，继续以鼓励汽车消费、支持汽车产业发展作为方向，并且更为理智、更为灵活、更从实际出发，以人性化作为基本，对国内汽车行业的发展具有重要的影响。

5. 科技环境

科技环境是指一个国家和地区整体科技水平的现状及其变化，它对汽车市场产生很大影响。现代世界汽车市场的竞争实际上就是技术创新和管理创新的竞争。科技竞争提高了国家的综合实力，而经济实力的增长又为企业创造更多的营销机会；汽车工业的技术进步，可以直接促进汽车产品本身的发展，从而增加了汽车企业的市场营销机会；科技进步促进了汽车企业市场营销手段的现代化，引发了市场营销手段和营销方式的变革，极大地提高了汽车企业的市场营销能力。目前在世界范围内，汽车发展的技术政策环境越来越苛刻。各国政府为了保护汽车的安全性、经济性和洁净性等，推出了越来越严格的安全技术法规、油耗控制法规和汽车排放控制法规。实践证明，这些法规的颁布和实施，都直接促使企业在技术进步方面增加投入，并产生了无可争议的社会和经济效果。

6. 社会文化环境

社会文化环境是指一个国家、地区或民族的传统文化，包括价值观念、宗教观念和消费习俗等。它影响人们的购买行为，对企业不同的营销活动具有不同的影响程度。

不同的宗教信仰在色彩观念上有很大差别。同一种色彩在不同的宗教中其含义可能截然不同，甚至完全相反。因此，企业在不同国家进行营销活动时就应该慎重考虑当地的情况，以制定正确的营销计划。

社会文化的发展与变化同样决定了市场营销活动的发展与变化。例如，20 世纪 60 年代前，人们在二战后心理表现为比较庄重、严肃，汽车颜色多以深色为主（如黑色）。后来，由于日本汽车工业的崛起，追求自由自在的生活成为时尚，汽车流行色变得以轻快、明亮为主（日本人喜欢白色）。

审美观念也是一个很重要的因素。它是人们对美丑、雅俗等的评判，通常随国家、民族、地域、宗教等的差异而在审美观念上也存在着差异。比如在我国，轿车来源于“轿子”，有头有尾才会气派，因此三厢车受到了普遍欢迎，而在国外风头很盛的两厢车在我国却遇到了这种观念上的打击。

然而，随着社会的不断发展，世界汽车生产和消费不再绝对集中在三大基地（北美、西欧和日本），而是呈现多极化发展的趋势。同时，各国不同的文化背景和社会制度不再成为世界汽车企业投资方向选择的障碍，过去的不发达或欠发达地区的汽车市场正在稳步扩大，世界汽车生产企业对这些地区的投资也非常活跃。例如，拉美地区、东欧/中欧地区、亚太地区等，目前吸引了来自世界各地的汽车/汽车零部件跨国生产企业的投资。这些都说明，在世界汽车市场竞争越来越激烈、发达国家汽车市场越来越成熟、世界经济联合趋势越来越明显的今天，世界汽车工业的发展已经越来越少受政治与文化环境的制约，各国不同的社会制度和文化背景也不再成为汽车企业投资的障碍。

7. 自然环境

营销中面对的自然环境主要指自然物质环境。汽车营销活动需要一定的自然资源，会受到自然资源的制约，同时也对自然环境的变化负有责任。

近年来，随着工业的发展，人们消耗了大量的自然资源，也造成了生态环境的恶化。首先是原材料的短缺，尤其是石油资源的短缺已经给我们的汽车营销造成了很大制约；其次城市交通系统已成为一个主要的空气污染源。在大多数城市中，交通噪声与交通振动的影响程度直接与汽车类型、汽车行驶状态的交通量密切相关，并已成为污染居民生活环境的突出因素。汽车尾气排放的污染物，如一氧化碳、氢氧化物、碳氢化合物等，在一定程度上对人及动植物产生不良影响。可持续发展问题已经成为人们面临的一个严峻考验。汽车企业为了适应自然环境的变化，应依靠科技进步，发展新材料，提高资源的综合利用，节约自然资源；积极主动地开发汽车新产品，加强对汽车节能、改进排放等新型技术的研究与应用；汽车企业还应该积极开发新型动力和新能源汽车，如国内外正在广泛研究的燃料电池汽车、混合动力汽车、太阳能电池车、风力车、生物柴油车、氢燃料车等。

第三节　汽车市场营销的微观环境

汽车市场营销的微观环境包括制造商（企业本身）、供应商、营销中介、消费者、竞争者以及有关公众，如图 3-1 所示。

1. 制造商

制造商本身的环境是汽车市场营销微观环境的一个重要组成部分，一般指企业的内部组织结构和企业文化等因素。

企业内部组织结构包括高层管理部门、财务部门、研究与发展部门、采购部门、制造部门以及销售部门等。当企业制定并实施合理的营销计划时，就需要这些部门之间进行科学的分工、和谐的协作来共同实现一致的目标，即：为顾客提供上乘的价值感和满意度。

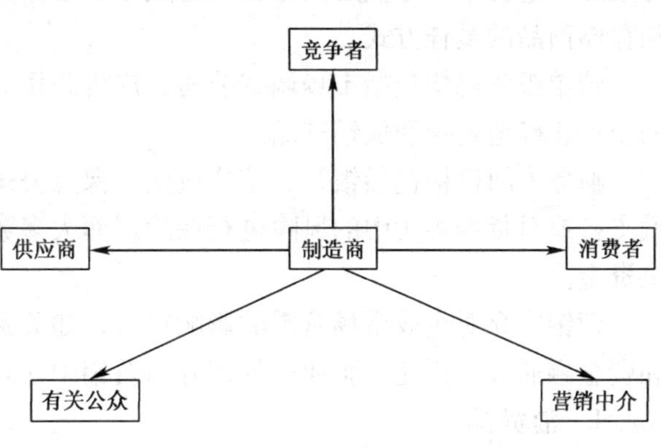

图 3-1　汽车市场营销的微观环境

企业文化同样对汽车营销的微观环境产生重要影响。企业文化的核心是确立共同的价值观念，在满足员工物质需要的同时，崇高的核心价值观带来的满足感、成就感和荣誉感，使企业员工的精神需求获得满足，从而产生深刻的激励作用。在知识经济年代，企业文化已经成为企业生存和发展的资本。

企业的营销理念对于企业的经营来说同样至关重要。汽车营销理念的发展先后经历了生产观念、产品观念、销售观念、市场营销观念，直到 20 世纪 90 年代形成了社会营销观念。在 2002 年以前，我国的汽车市场，特别是轿车市场，应该是处于生产观念阶段，产品供不应求，汽车企业营销的中心是如何提高产量，解决供需矛盾；降低价格，扩大市场占有率，汽车企业和经销商都不太重视消费者的需求。到了 2003 年，随着竞争的加剧，产品供求关系得到改善，产品观念开始处于主导地位，汽车企业希望通过提供品种更多、质量更好的产品来赢得市场，于是汽车产能迅速提高，买方市场初步形成，销售观念开始处于主导地位，各种促销手段开始出现，目的就是吸引消费者的兴趣和欲望，把汽车尽快卖掉。半年以后，从 2004 年 4 月开始，中国汽车市场出现了生产过剩，竞争日趋激烈，买方市场完全形成。按照市场规律，市场营销观念已经成为贯穿汽车企业经营的基本理念。

2. 供应商

汽车企业的供应商向企业提供生产经营所需的资源，包括汽车零部件、设备、能源、原材料和资金等。供应商产品成本的高低以及供应的及时性，都直接影响企业产品的价格、质量、销量和利润。因此，企业应处理好与供应商之间的关系，在汽车零部件采购全球化的今天，供应商的选择具有更重要的意义。

3. 营销中介

营销中介指协助汽车企业从事市场营销的组织或个人，包括中间商、实体分配公司、营销服务机构和财务中间机构等。

中间商是销售渠道公司，一般包括批发商和零售商。寻找合适的中间商并与之进行有效的合作不是一件容易的事情。制造商不能像从前那样从很多独立的小型经销商中任意挑选，而必须面对具备一定规模并不断发展的销售机构。这些销售机构往往有足够的力量操纵交易条件，甚至将某个制造商拒之门外。

实体分配机构帮助企业在从原产地至目的地之间存储和移送商品。在与仓库、运输公司打交道的过程中，企业必须综合考虑成本、运输方式、速度和安全性等因素，从而决定运输和存储商品的最佳方式。

营销服务机构包括市场调查公司、广告公司、传媒机构和营销咨询机构等，他们能够帮助企业正确地定位和促销产品。

财务中间机构包括银行、信贷机构、保险公司和其他金融机构，他们能够为交易提供金融支持或对货物买卖中的风险进行保险。而大多数企业和客户都需要借助金融机构为交易提供资金。

营销中介对企业市场营销的影响很大，如关系到企业的市场范围、营销效率、经营风险和资金融通等。因此，企业应处理好与营销中介之间的合作关系。

4．消费者

消费者是企业产品销售的市场，是企业赖以生存和发展的“衣食父母”。不同的市场需求就要求汽车企业和经销商提供不同的产品和服务。一般来说，消费者市场可以分为五类：私人市场、企业市场、经销商市场、政府市场和国际市场。私人市场由个人和家庭组成，他们仅为自身消费而购买商品和服务。企业市场购买商品和服务是为了深加工和在生产过程中使用。经销商市场购买产品和服务是为了转卖，以获取利润。政府市场由政府机构组成，购买产品和服务是用以服务公众，或作为救济物资发放。国际市场则由其他国家的购买者组成。每个市场都有各自的特点，都在一定程度上影响汽车企业营销决策的制定。目前，在中国市场上，盲目的消费已逐渐消失，人们开始根据自己的经济状况、消费能力和身份、个性来选择产品。消费者已挣脱从众心理，开始关注产品的性价比和二次消费，并明显表示出了对品牌店的诚信。汽车市场调查表明，售后服务的竞争优劣也在很大程度上影响着消费者的决策，售后服务已经提升到了与产品质量同样重要的位置。世界汽车的竞争已经从价格转向了非价格竞争，汽车企业现在需要关心的不仅是价格问题，而是要满足消费者多样化、多层次的需求。“以服务拉动市场，满足需求”已经成为商家和消费者共同追求的新价值取向。

5．竞争者

现代营销学普遍认为，竞争者存在不同类型，比如潜在进入者、现有生产者和替代品生产者。不同的竞争者给企业带来不同的威胁，这也就迫使汽车企业采取不同的竞争策略。

在汽车行业的竞争中，卖方密度、产品差异和市场进入难度是三个特别需要重视的方面。卖方密度是指同一区域市场中同一级别（或品牌）汽车经销商的数目。该数目的多少，在市场需求量相对稳定时，直接影响到某一级别（或品牌）汽车经销商的市场份额的大小和竞争激烈的程度。产品差异是指不同级别（或品牌）汽车性能等的差异度。这种不同汽车之间的差别，实际上也存在着一种竞争关系。市场进入难度是指某个新汽车企业在试图加入汽车行业时所遇到的困难程度。比如前几年在湖北市场上，由于当地政府对富康车的政策保护，有一段时期内桑塔纳和捷达车很难进入当地的出租车市场。

6．有关公众

有关公众指对企业实现其营销目标构成实际或潜在影响的团体。通常包括以下几种：

（1）金融公众　影响企业获得资金的团体，如银行、投资公司等。

（2）媒体公众　具有广泛影响的大众媒体，对消费者具有导向作用。

（3）政府公众　管理企业活动的政府机构。

（4）市民行动公众　各种消费者权益组织、环保组织等，影响消费者对企业产品的信念。

（5）地方公众　企业附近的居民、地方官员。

（6）企业内部公众　如董事会、经理、职工等。

这些公众对于企业树立良好的品牌文化具有至关重要的意义，因此企业必须建立好与这些公众的关系，才能够顺利实施营销计划。

第四节　汽车市场营销的环境分析方法

一、企业对待营销环境的态度

汽车市场的营销环境在不断变化，企业只有不断地去适应各种环境，才能够顺利地开展各项营销活动。市场营销环境通过对企业构成环境威胁或提供市场机会而影响营销活动。

环境威胁是指环境中不利于企业营销的因素的发展趋势，对企业形成挑战，对企业的市场地位构成威胁。这种挑战可能来自于国际经济形势的变化，如 1997 年爆发的东南亚金融危机，给世界多数国家的经济和贸易带来负面影响；挑战也可能来自于社会文化环境的变化，如国内外对环境保护要求的提高，某些国家实施“绿色壁垒”，对某些产品不完全符合环保要求的生产企业，无疑也是一种严峻的挑战。

市场机会指对企业营销活动富有吸引力的领域，企业在这些领域拥有竞争优势。市场机会对不同企业有不同的影响力，企业在每一特定的市场机会中成功的概率，取决于其业务实力是否与该行业所需要的成功条件相符合，如企业是否具备实现营销目标所必需的资源，企业是否能比竞争者利用同一市场机会获得较大的“差别利益”。

然而，并不是所有的机会都对企业产生吸引力，也不是所有的威胁都对企业产生压力。因此，企业应建立预警系统，监视、预测环境变化，找出并抓住最有吸引力的营销机会，避开严重的市场威胁，这就是环境分析。

企业的一切营销活动必须和营销环境相适应，这是企业经营成败的关键。现代营销理论认为，企业的营销是一种主动的、能动的活动。因此，企业应该积极主动地分析环境、认识环境，用不同的方式增加适应环境的能力，避免来自营销环境的威胁，也可以在变化的环境中寻找机会，并在一定条件下改变营销环境。

二、环境分析的具体方法

（一）SWOT 分析法（企业内外环境对照法）

市场营销环境分析常用的方法为 SWOT 分析法，它是英文 Strength（优势）、Weak（劣势）、Opportunity（机会）和 Threaten（威胁）的意思。SWOT 分析法实际上是对企业内外部条件各方面内容进行综合和概括，进而分析组织的优劣势、面临的机会和威胁的一种方法。其中，优劣势分析主要着眼于企业自身的实力及与其竞争对手的比较，而机会和威胁分析将注意力放在外部环境的变化及对企业的可能影响上。但是，外部环境的同一变化给具有不同资源和能力的企业带来的机会与威胁却可能完全不同，因此，两者之间又有紧密的联系，如表3-1所示。

表3-1 企业内外部环境分析的关键要素

	潜在的外部威胁	潜在的外部机会
外部环境	市场增长缓慢 竞争压力增大 不利的政府政策 新的竞争者进入行业 用户偏好逐步改变 通货膨胀递增及其他	纵向一体化 市场增长迅速 可以增加互补产品 能争取到新的客户群 在同行业中竞争业绩优良 扩展产品线满足用户需要及其他
	潜在的内部优势	潜在的内部劣势
内部环境	产权技术 成本技术 竞争优势 产品创新 具有规模经济 高素质的管理人员 公认的行业领先者 买方的良好印象	竞争劣势 设备老化、资金拮据 战略方向不明 产品线范围太窄 技术开发滞后 管理不善，相对于竞争对手的高成本 战略实施的历史记录不佳 不明原因的利润率下降

当一个企业实施SWOT分析法时，主要需处理以下几个方面的内容。

1. 分析环境因素

运用各种调查研究方法，分析出组织所处的各种环境因素，即外部环境因素和内部能力因素，并参照表3-1，就可以对企业内部的优势与劣势和外部环境的机会与威胁进行综合分析。在调查分析这些因素时，不仅要考虑历史与现状，而且更要站在未来发展的角度来衡量。

2. 构造SWOT分析矩阵

将调查得出的各种因素根据轻重缓急或影响程度等方式排序，构造SWOT分析矩阵。在此过程中，将那些对组织发展有直接的、重要的、大量的、迫切的、久远的影响因素优先排列出来，而将那些间接的、次要的、少许的、并不迫切的、短暂的影响因素排列在后面；然后根据分析情况，并结合企业的经营目标，将企业的备选经营战略划分为四种（图3-2）：

1）企业具有较好的市场机会和内部优势，市场占有率高，那么企业的经营战略就应该属于成长型战略。

2）企业内部具有一定劣势，但是还能寻找到较好的市场机会，有拓展新业务的可能，那么这种企业可以采用扭转型战略。

3）企业内部存在不利于经营的劣势，并且看到了严重的市场环境威胁，那么这种企业就要采用防御型战略。

4）当企业自身存在经营优势，但是所在行业环境中却存在威胁时，应该采用多经营战略。

3. 制定相应对策

当企业分析出自身所属的经营战略后，可以采取相应对策来适应或改变环境，具体措施如下：

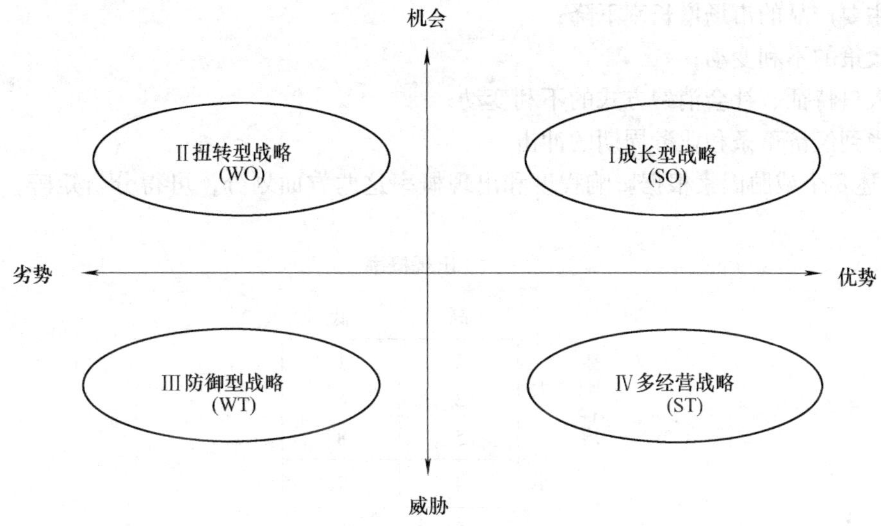

图 3-2　SWOT 分析矩阵

（1）成长型战略　对于企业来说，这种组合是最理想的状况，企业能够利用其内在优势并把握良机。可采用的成长型战略包括开发市场和增加产量等。

（2）扭转型战略　处于这种局面的企业，虽然面临良好的外部机会，却受到内部劣势的限制。采用扭转型战略，可以设法清除内部不利的条件，或者在企业内发展弱势领域，或者从外部获得该领域所需要的能力（如：新技术或具有所需技能的人力资源），以便尽快形成利用环境机会的能力。

（3）防御型战略　处于这种局面的企业，内部存在劣势，外部面临巨大威胁，企业要设法降低弱点和避免外来的威胁。例如，通过联合等形式来扬长补短。

（4）多经营战略　企业利用自身的内部优势去避免或减轻环境中的威胁，其目的是将组织优势扩大到最大程度，将威胁降到最低，如企业可以利用技术、财务、管理和营销的优势来克服来自新产品的威胁。

（二）“威胁分析矩阵图”和“机会分析矩阵图”

市场营销环境对企业营销的影响通过机会和威胁表现出来。市场机会对不同汽车企业产生影响的程度有所差异。汽车企业在每一个特定的市场机会上取得成功的概率取决于企业优势，即企业是否比竞争对手在利用同一市场机会上有较大的差别利益。同样，环境威胁对不同企业产生的影响程度也是不同的。因此，汽车企业在面对威胁程度不同和市场机会吸引力不同的营销环境时，需要通过环境分析来评估环境机会与环境威胁。汽车企业营销人员可采用“威胁分析矩阵图”和“机会分析矩阵图”来分析、评价营销环境。

1. 威胁分析

对环境威胁的分析，一般着眼于两个方面：一是分析威胁的潜在严重性，即影响程度；二是分析威胁出现的可能性，即出现概率。例如，某个企业的外部威胁因素可能是：

1）出现将进入市场的强大的新竞争对手；

2）市场需求减少；

3）公司销售额下降；

4）客户或供应商的谈判能力提高；

5）主要产品的市场增长率下降；

6）政策的不利变动；

7）人口特征、社会消费方式的不利变动；

8）受到经济萧条和业务周期的冲击。

将上述 8 个威胁因素根据影响程度和出现概率这两方面划分，可得分析矩阵，如图 3-3 所示。

影响程度 \ 出现概率	高	低
大	2 3 5	1 6 8
小	4	7

图 3-3　威胁分析矩阵

在图 3-3 中，威胁因素 2、3、5 出现的概率和影响程度都大，必须特别重视，制定相应对策；威胁因素 7 出现的概率和影响程度均小，企业不必过于担心，但应注意其发展变化；威胁因素 1、6、8 出现概率虽小，但影响程度较大，必须密切注意监视其出现与发展；威胁因素 4 的影响程度较小，但出现的概率大，也必须充分重视。

2. 机会分析

机会分析主要考虑其潜在的吸引力（赢利性）和成功的可能性（企业优势）大小，如某个企业潜在的市场发展机会可能是：

1）前向或后向整合；

2）市场需求增长强劲，可快速扩张；

3）客户群有扩大的趋势或发现了新的细分市场；

4）出现向其他地理区域扩张、扩大市场份额的机会；

5）获得并购竞争对手的能力；

6）市场进入壁垒降低；

7）技能技术向新产品新业务转移，可为更多的客户群服务；

8）开发适应未来市场需求的替代产品。

将以上 8 个机会按照潜在的吸引力和成功的可能性划分，可得分析矩阵，如图 3-4 所示。

潜在的吸引力 \ 成功的可能性	大	小
大	2 3 7	4 5
小	6	1 8

图 3-4　机会分析矩阵

在图3-4中，机会2、3、7潜在的吸引力和成功的可能性都大，有极大可能为企业带来巨额利润，企业应把握战机，全力发展；而机会1、8，不仅潜在利益小，成功的概率也小，企业应改善自身条件，注视机会的发展变化，审慎而适时地开展营销活动。

用上述矩阵法分析来评价营销环境，可能出现4种不同的结果，综合起来如图3-5所示。

机会水平 \ 威胁水平	低	高
高	理想业务	冒险业务
低	成熟业务	困难业务

图3-5　环境分析综合评价图

3. 企业营销对策

在环境分析与评价的基础上，企业对威胁与机会水平不等的各种营销业务，要审时度势地采取不同的对策。

对理想业务，应看到机会难得，甚至转瞬即逝，企业必须抓住机遇，充分发挥企业优势，密切注视威胁因素的变化情况。对冒险业务，面对高利润与高风险，既不宜盲目冒进，也不应迟疑不决，坐失良机，企业应在调查研究的基础上全面分析自身的优势与劣势，扬长避短，创造条件，争取突破性的发展。对成熟业务，机会与威胁处于较低水平，可作为企业的常规业务，用以维持企业的正常运转，并为开展理想业务和冒险业务准备必要的条件。对困难业务，要么是努力改变环境，走出困境或减轻威胁，要么是调整目标市场，经营对企业有利、威胁程度低的产品。

此外，对市场机会的分析，还需要深入分析机会的性质，以便企业寻找对自身发展最有利的市场机会。

（1）环境市场机会与企业市场机会　市场机会实质上是“未满足的需求”。伴随着需求的变化和产品生命周期的演变，会不断出现新的市场机会。但对不同企业而言，环境机会并非都是最佳机会，只有理想业务和成熟业务才是最适宜的机会。

（2）行业市场机会与边缘市场机会　企业通常都有其特定的经营领域，出现在本企业经营领域内的市场机会，即为行业市场机会；出现于不同行业之间的交叉与结合部分的市场机会，则称之为边缘市场机会。一般说来，边缘市场机会的业务，进入难度要大于行业市场机会的业务，但行业与行业之间的边缘地带，有时会存在市场空隙，企业在发展中也可用以发挥自身的优势。

（3）目前市场机会与未来市场机会　从环境变化的动态性来分析，企业既要注意发现目前环境变化中的市场机会，也要面向未来，预测未来可能出现的大量需求或大多数人的消费倾向，发现和把握未来的市场机会。

思　考　题

3-1　汽车市场营销环境的概念是什么？

3-2　我国汽车营销环境有什么特点？分析市场营销环境有什么意义？

3-3　影响我国汽车市场营销的宏观因素和微观因素分别是什么？

3-4　市场营销环境分析的方法有哪些？请用SWOT分析法分析某一个汽车企业的市场营销环境。

讨　论　题

在当今汽车工业全球化的背景下，中国汽车工业已处于国际知名汽车品牌的包围之中。跨国汽车巨头6大（通用、福特、戴姆勒—克莱斯勒、大众、丰田和雷诺—日产）3小（PSA、本田和宝马）在2002年全部进入中国，完成其在中国的战略布局，这显然使我国本土汽车品牌面临着生存与发展的严峻考验。根据本章内容试分析目前我国汽车自主品牌的生存环境。

第四章　汽车市场购买行为分析

企业将经济性资源转化为产品，再将产品转化为商品，其市场营销的目的是使消费者的需求得到满足并获得利润。从某种意义上说，对于汽车企业的市场营销，最重要的不在于考虑生产什么、销售什么，而在于搞清楚消费者希望购买什么汽车以及购买的行为特征。因此，汽车企业必须重视消费者研究，重视消费者购买行为的研究，这是企业经营的一个核心问题。为进一步研究市场，首先需要对市场进行分类。按照购买者购买行为的特征，市场可以分为两大类：私人消费市场和集团业务市场。私人消费市场是指为满足生活消费需要而购买货物和服务的一切个人和家庭。集团业务市场是指各种各样的组织或集团购买者，通常包括企事业单位、政府部门和运输单位等。本章就是研究私人消费和集团业务市场是如何选择、购买、使用和处置汽车商品和服务的。企业如果掌握了其中的变化规律和特点，就能够实施有效的营销计划。

第一节　私人消费市场的购买行为分析

私人消费市场是由为满足生活需要而购买产品和服务的一切个人和家庭所组成的。随着经济的发展和生活水平的日益提高，人们开始追求更高的生活需求。近年来，我国私人购车比例已经超过了50%。因此，研究这个市场的发展规律及其购买特点，对于那些以私人消费为目标市场的企业而言，具有越来越重要的现实意义。

一、影响消费者购买行为的主要因素

为了了解市场购买行为，首先要了解影响市场购买行为的因素。

消费者不可能凭空做出自己的购买决策，其购买行为必然受到诸多因素的影响，主要包括：经济因素、政治因素、文化因素、社会因素、个人因素和心理因素。

1. 经济因素

影响市场购买行为的经济因素主要为社会购买力水平和消费者可支配收入这两个方面。

社会购买力指在一定时期内用于购买商品的货币总额。它反映该时期全社会市场容量的大小。社会购买力来源于各种经济成分的职工工资收入、其他职业的劳动者的劳动收入、居民从财政方面得到的收入（如补贴、救济和奖励等）、银行和信用单位的农业贷款、预购定金净增加额、居民其他收入、社会集团购买消费品的货币等。社会购买力的大小客观上制约了人们能够消费什么、消费多少。例如，在20年前，手表、自行车和电视等被称为高档耐用消费品，只有少数人能够购买；而20多年后，汽车作为新一代的高档耐用消费品已经成为越来越多人的生活必需品。消费者可支配收入是反映居民家庭全部现金收入中能用于安排家庭日常生活的那部分收入，即用家庭中得到的全部现金收入减去个人所得税、记账补贴及家庭从事副业生产支出的费用。尤其是个人可支配收入，它是消费需求变化中最活跃的因素，需求弹性较大，对汽车这样的高档产品的销售具有很大影响。

因此，社会购买力水平和可支配收入的高低决定了消费者的购买能力，从而影响着他们

的购买行为。

2. 政治因素

一个国家的政策会对消费者的购买行为产生间接的影响。针对汽车消费的政策包括购买阶段的政策、保有阶段的政策、使用阶段的政策。随着私人购车比例的增加，汽车消费政策对汽车市场的影响越来越大。在中国市场，用户在汽车的使用过程中除负担正常的消耗费用外，还要承担不少杂费，比如购置附加费、车检费、入户费、保险费、年审费、养路费、交管费、过路费及各种地方性模糊收费。这些都影响了汽车工业的发展。但是近几年国家正在努力改善这一状况，逐步制定各项合理的政策。其实一个良好、宽松的轿车消费环境对于轿车消费的激励作用是很重要的。

3. 文化因素

对于消费者行为而言，文化因素的影响力既广且深，其中尤以本身所处的文化、亚文化及社会阶层最为重要。

文化是人类欲望与行为最基本的决定因素，是人们在成长的过程中，从家庭、学校和社会等“机构”学习而来的一套基本价值观。处在不同文化群体或社会阶层中的消费者都会受到其认同的文化因素的影响。具体情况如下：

（1）消费者文化背景的影响　文化对于购买行为的影响通常是间接的，不同文化背景下的消费者会出现不同的偏好，即使在同一国家或地区，由于年龄和民族等因素的影响，也会使消费者的行为有差异。

（2）消费者文化水平的影响　社会教育文化的发展程度、消费者受教育程度、消费者掌握的知识结构等，都反映着消费者的文化水平。一般来说，消费者受教育程度越高，对精神生活方面的消费需求就越多，同时，其购买行为也会显得越理智。受教育程度高的消费者在购买汽车时可能会更重视汽车的功能、外观设计和时尚程度以及给自己带来的价值感，而不是单纯关心其价格。

（3）社会习俗的影响　习俗，是社会上长期形成的风尚、礼节和习惯等的总称。习俗是由于人们宗教、民族以及生活的地理位置、文明程度等的不同，而在长期的社会生活中形成的。习俗的力量是相当大的，会造成一类消费者的共同购买行为。习俗是文化因素中对购买行为影响中不可忽略的因素。成都是一座历史悠久的古城，素来享有“天府之国”之美称，而生活在这块富裕土地上的人们世世代代又少有饥馑之忧，长此以往，慢慢形成了一种独特的休闲文化和习俗，即好吃、好玩、好乐，总喜欢寻找各种机会和形式放松身心。尤其近10年来，哪怕比不上上海、广州、杭州等地人的腰包鼓胀，但成都人追求娱乐享受的情趣却一点也不比这些城市逊色。刚刚跨入汽车消费时代，成都人就把买车、玩车当做了一种新的妙不可言的娱乐休闲方式。近年来，成都的私家车拥有量排到了全国的前列，主要原因就是受成都人历来崇尚休闲型传统文化和习俗的影响。

与文化因素有所不同的是，亚文化群体指能为其成员提供更为具体的认同感、信念、价值观和生活习惯的文化群体。每一亚文化都会坚持其所在的更大群体的主要文化信念和行为模式。亚文化群体包括以下类型：民族群体、宗教群体、种族群体和地理区域群体。

此外，人们还会依照所得、身份地位、教育程度、职业、财富、价值观等变数，将社会中同质性比较高的群体一一划分出来，并依层次高低由上而下排列，这就是社会阶层。在其中，每个阶层成员的价值观、兴趣与行为都具有某种程度的类似性，而不同阶层的人常展现出不同的偏好与品味。不同社会阶层的消费者在行为上的差异不仅由于他们购买能力的不同，还由于消费心理上的差异。例如：一个技术工人家庭和一个普通机关人员家庭，假定他们年收入相等，但生活方式和消费行为会存在很大区别，后者可能更倾向于购买像汽车这样显示身份地位的商品。

4. 社会因素

消费者的购买行为要受到参考群体、家庭、社会角色与地位等一系列社会因素的影响。

（1）参考群体　一个人的行为会受到许多群体的强烈影响。一个人的参考群体是指那些直接（面对面）或间接影响人的看法和行为的群体。有些是主要群体，它们之间不断相互影响，例如家庭、朋友、邻居和同事，主要群体的影响倾向于非正式的；一个人同时也属于次要群体，次要群体的影响比较倾向于正式的，相互影响较少，其中包括各种宗教组织、各类专业协会和各种工会。消费者通常从三个方面接受参考群体的影响：第一，参考群体为消费者提供新的可供选择的生活方式和消费行为；第二，由于人们通常希望能适合群体的要求，所以参考群体常常使人们的行为趋向于某种“一致化”，这是因为参考群体会形成一种群体压力，使成员的行为自觉或不自觉地符合群体规范；第三，参考群体常引起消费者的仿效欲望，从而影响他们的消费态度和购买行为。因此，营销人员必须识别目标顾客的参考群体，特别是参考群体中的“意见带头人”，他们是大众市场顾客的模仿对象。例如，当一个家庭购买到一辆满意的轿车时，他就会向周围群体传达这种信息。在他的影响下，其朋友或同事等相关群体也很有可能选择这款车型。

（2）家庭　家庭是社会上最重要的消费者购买组织，家庭与消费行为有着密切的联系。购买者家庭成员对购买者行为影响很大，因为家庭是人们生活的直接场所，人们的消费习惯、消费观念、消费方式和行为最先是从家庭继承发展而来的。家庭对消费活动的影响有三个方面：第一，家庭决定了其成员的消费行为方式，常常是父母影响子女，子女继承父母的消费行为方式；第二，家庭影响其成员的价值观。但并非绝对，有时子女常接受新时代的价值观；第三，家庭消费的决策方式会随家庭成员的变化而发生变化。家庭的多种消费价值观影响购买者的购买行为。在购买者生活中可区分为两种家庭类型，即婚前家庭和有子女家庭。婚前家庭的子女（购买者）都从父母那里得到有关政治、经济、个人抱负、自我价值和爱情等方面的指导，尤其在那些父母和子女共同生活在一起的国家，如东方国家，父母的影响力是非常大的。即使购买者与其双亲之间的相互影响已经不太大了，但双亲先前无意识的购买行为对购买者今后的影响仍然是重要的。而对日常购买行为有更直接影响的是有子女家庭，他们是社会中最重要的消费购买单位。购买者的配偶及子女对其购买行为的影响更大。一旦有了孩子，父母（购买者）就会在选车时更加考虑轿车的舒适性和安全性。

（3）角色与地位　一个人在一生中会参加许多群体，如家庭、俱乐部以及各类组织。然而，每个人在各群体中的位置可用角色和地位来确定。每一角色都伴随着一种地位，这一地位反映了社会对他的总评价。企业的CEO这个角色要比中层管理人员角色地位高；同样，企业中层管理人员的地位比一般职员地位高。人们在购买商品时往往结合自己在社会中所处的地位和角色来考虑，产品有成为个人地位标志的潜力。例如，奔驰轿车等是事业成功者的象征。

5. 个人因素

个人因素指会对消费者购买行为产生影响的个人特征，主要包括年龄、职业、个性和思想观念等方面。

(1) 年龄　不同年龄的人有不同的需要和偏好，在衣、食、住、行各方面的需要都随年龄的变化而变化，处在不同年龄段的人，审美观、价值观也会不同，从而产生不同的购买行为。例如，年龄大的人在选择汽车产品时会考虑成熟稳重的车型，而年轻人则比较容易接受新的事物，喜欢标新立异的感觉，他们在买车时就会考虑车型的时尚性和个性化。

(2) 职业　不同的职业决定着人们的不同需要和兴趣，职业不同的消费者由于生活、工作条件的不同，消费构成和购买习惯也存在很大差别。职业往往决定着一个人的社会地位和经济状况。政府官员大多愿意购买黑色轿车，因为黑色不张扬，代表着成熟与稳重；而从事艺术或传媒行业的人则大多会选择红色等颜色鲜艳的车。

(3) 个性和思想观念　个性是一个人比较固定的特性，如自信或者自卑、冒险或者谨慎、勇敢或者胆小等，个性使人对环境作出比较和产生持续的反应，可以直接或间接地影响其购买行为。例如，爱冒险的消费者就比较容易接受广告的影响，成为新产品的早期试用者。

思想观念是一个人长期以来形成的一种固有思维。一个人保守或者开放都会在一定程度上影响他的消费习惯，包括他对汽车产品外形的选择。一个思想开放的人可能会喜欢张扬的车型，而保守的人则相反。对于汽车企业来说，了解购买者的这些个性特征和思想观念，可以帮助企业确立正确的符合目标消费者个性特征的汽车产品品牌形象。

6. 心理因素

消费者的购买行为也受到四种主要心理因素的影响，即感觉、动机、信念和态度以及学习。动机是一种需要，它能够及时引导人们去探求满足需要的目标；而感觉取决于物质刺激物的特征，同时还依赖于刺激物与周围环境的关系（形态观念）以及个人所处的状况；人们通过行为的学习，获得自己的信念和态度，而消费者的信念和态度反过来又会影响其购买行为。

(1) 感觉　一个人的感觉决定了个体看待事物的结果的不同。人们通过感官来接受外在信息并输入信息，最后会形成大量的对外界事物的信息集合。我们听到一个广告、看到一个朋友、闻到污染的空气和水、摸到一种产品的时候，就获得了信息。虽然我们立即获得了大量零碎的信息，但只有一部分会成为知觉，成为在头脑中比较深刻的印象，在作个体决策的时候就会对行为产生影响。我们选择一些信息同时放弃其他大量的信息，是因为无法在同一时间里去注意所有的信息。这种现象有时候称为选择保留。假如所选取的信息与期望的事物联系在一起，则容易被人所知觉。假如这些信息能满足个体眼前的需要，人们也可能让这些信息上升为意识，成为个体心理因素中比较稳定的状态。例如，当你觉得出行不方便时，就会去注意各类汽车产品广告；相反，假如你觉得买车对你来说不必要时，这种广告不被意识到的可能性更大。

(2) 动机　社会心理学认为：动机是激发和维持个体进行活动，并导致该活动朝向某一目标的心理倾向或动力，是促使个体采取行动的力量。当一个人的某种需求未得到满足、或受到外界刺激时，就会引发某种动机，再由动机而导致行为。对于汽车这种产品来说，消费者如果只是满足生理上的需求，那么选择经济型轿车并保证安全就足够了，事实上，很多消费者在购车时会关心其他很多因素，比如颜色、外观等审美因素，甚至有些消费者会考虑该车能不能给他带来身份和地位的象征。

研究消费者购买动机生成机理的重要理论是美国著名心理学家马斯洛的需要层次理论。马斯洛理论把需要分成生理需要、安全需要、社交需要、尊重需要和自我实现需要五类，如图4-1所示，依次由较低层次到较高层次，从企业经营消费者满意（CS）战略的角度来看，不同需要层次上的消费者对产品的要求都不一样，即不同的产品满足不同的需要层次。将营销方法建立在消费者需求的基础之上考虑，不同的需要也即产生不同的营销手段。

根据五个需要层次，可以划分出五个消费者市场：

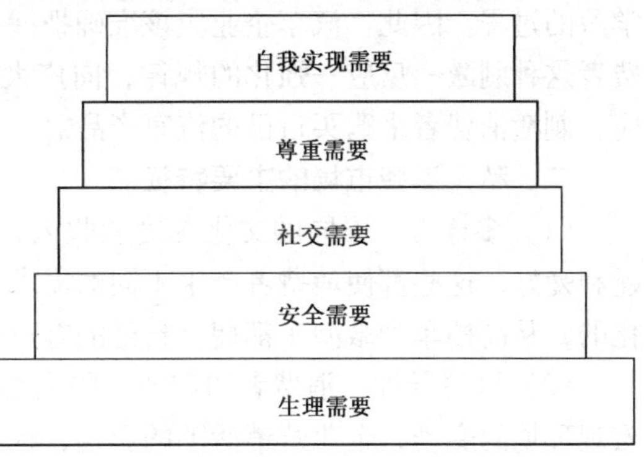

图4-1　马斯洛需要层次理论

1）生理需要：满足最低需要层次的市场，消费者只要求产品具有一般功能即可 。

2）安全需要：满足对“安全”有要求的市场，消费者关注产品对身体的影响。

3）社交需要：满足对“交际”有要求的市场，消费者关注产品是否有助提高自己的交际形象。

4）尊重需要：满足对产品有与众不同要求的市场，消费者关注产品的象征意义。

5）自我实现需要：满足对产品有自己判断标准的市场，消费者拥有自己固定的品牌。

需要层次越高，消费者就越不容易被满足。经济学上，“消费者愿意支付的价格≈消费者获得的满意度”，也就是说，同样的汽车，满足消费者需求层次越高，消费者能接受的产品定价也越高。

(3) 信念和态度　信念是人们对事物的认识，购买行为中的信念有的是建立在对名牌产品的信任基础上，有的可能是建立在某种偏见或讹传上。通常我们会认为奔驰象征着成功人士，而宝马代表了活力与激情。这些都是消费者对日常生活中的体验而转化成的信念。对营销有利的信念，企业应当采用各种手段去加强；而不利的信念，企业就应该采取一些营销手段去纠正产品在消费者心中的形象。

态度由知识和对目标的积极和消极的情感构成，是一种评价性的、较为稳定的内部心理倾向。人们会在认知的基础上对人和各种事物产生一定的态度，而这种态度会影响个体如何去对待事物。消费者对公司和产品的态度，对公司营销战略的成败都是至关重要的。当消费者对公司营销实践的一个或几个方面持否定的态度时，不仅他们自己会停止使用公司的产品，还会要求亲戚和朋友也这样。市场营销者应该估计消费者对价格、品牌名称、广告、销售人员、维修服务、商店布局、现存和未来产品的特点等各方面所持的态度。对于消费者来说态度一旦确定，就很难改变。因此，汽车企业应该努力改变自己产品的形象去迎合消费者的态度，不能允许有损企业产品形象的事情发生。宝马公司成为“2005年最具影响跨国企业”中唯一上榜的汽车企业，这种影响力的提升主要是因为宝马公司在市场营销中树立了良好的品牌形象。

(4) 学习　人类学习过程（包括消费者的学习过程）是由驱策力、刺激物、提示物（诱因）、反应和强化五要素组成的。“驱策力”是一种驱使人们行动的内在推动力；“刺激物”是一种能减缓或消除驱策力紧张程度的物体，如可以代步的汽车；“诱因”又称“提示刺激物”，它决定着动机的程度和方向，如某人已有了买一辆汽车的动机，但他何时、何处买，买什么品牌的汽车，则会受其周围的一些较小或较次要的刺激物的影响；“反应”是对诱因和刺激物的反作用或反射行为；“强化”则是对刺激物、反应的加强，强化与满意的程度是紧密相关的。其实这种学习的过程不是先天就存在的，而是经过后天经验的影响而形成的。当消费者有意向购买汽车产品时，往往会收集很多有关汽车的资料加以对比。当其购买汽车后，会根据自己使用的感觉以及企业售后服务的态度对该产品作出评价，这一过程就是学习的过程。因此，汽车企业应该准确把握自身产品与潜在消费者驱使力的关系，并根据消费者这种刺激—反应—强化的规律，向广大消费者提供有效刺激物和诱因来强化消费者反应，刺激消费者来购买自己的汽车产品。

二、私人消费市场的主要特征

（1）多样性　不同的文化程度和收入，不同的年龄和生活习惯，再加上千差万别的兴趣和爱好，这些都使消费者产生不同的需求。市场调查表明：人们对汽车产品的需求是多样化的，从高档车到微型车都拥有自己的客户群。这就是市场的多样性。

（2）可诱导性　消费者的需要有些是本能的，但大部分是在外界的刺激诱导下产生的。宏观环境的变动，企业营销活动的影响，社会交往以及政府的政策导向等等，都可使消费者需要发生变化和转移。可见，消费者需要是可诱导的。其实在汽车行业，大多数的消费者在购车前都缺乏足够的专业知识，他们往往受到周围环境、消费风气以及各种传媒手段的影响。因此，汽车企业可以通过实施合理的营销活动来转移消费者的需求，或者把潜在的消费者变成现实的消费者，甚至创造出顾客的消费行为，从而提高企业的市场占有率。

（3）替代性　目前，汽车市场有很多种产品可供消费者选择，私人购买者往往会对那些能够满足自己需要的产品进行比较、鉴别，只有那些对私人购买者吸引力强、满足需求强度高的产品才会导致消费者的最终购买。换言之，不同品牌的汽车对于消费者来说具有替代性，人们可以根据自己的判断来选择产品。

（4）时尚性　时尚性一般指消费者在个人购买行为上所表现出的追赶时髦、迎合时尚的现象。从广义上看，这是一种社会情绪的集体表现，是一种社会群体的精神现象和心理状态。比如，历史上的福特“T”型车、大众“甲壳虫”等车型都是一个时代的代表。只是在今天，消费流行更趋于个性化，流行周期也大大缩短。

（5）集中性　私人汽车消费与个人经济实力密切相关，经济发达地区的消费者或者收入相对较高的社会阶层对汽车的消费就比较明显，需求表现出一定的集中性。比如，在我国的北京、上海等城市，私人购车比例就比较高。

（6）层次性　从马斯洛的需求层次理论可以看出，人们总是先满足最基本的生理需求，然后逐渐满足高层次的社会需求以及实现自我价值。在我国汽车工业发展前期，社会生产力水平还比较低，消费者在选购汽车时最关注的是汽车的实用性；而今天，外观、颜色和地位象征已经成为消费者考虑的重点。

（7）价格弹性　需求价格弹性是指商品价格变动所引起的需求量变动的比率，反映了商品需求量变动对其价格变动反应的敏感程度。在我国汽车市场，就存在私人消费需求价格弹性高的特征。消费者对汽车价格敏感度很高，当某一品牌车型降价之后，就会影响到竞争车型的销售量，这时竞争对手为了提高销售量也竞相降价，因而在汽车企业之间很容易引发价格大战。

三、私人消费者购买行为分析

1. 消费者的购买角色

私人消费者在购买活动中，由于所处条件不同，会担当不同的角色。例如，某家庭需购买一辆汽车，提议可能来自父亲，买什么品牌的建议可能来自亲朋好友，对汽车功能的要求也许是由儿子提出的，而汽车的外形可能是母亲的建议，这辆轿车最终可能是由父亲上班使用。诸如此类的购买行为，每个人可以担当不同的角色。常见的角色有：

（1）发起者　首先提出购买建议的人。

（2）影响者　对购买决策产生影响的人，如家庭成员、同事或朋友等。

（3）决策者　对实施购买活动具有完全或部分决定作用的人。

（4）购买者　具体执行购买决策的人。

（5）使用者　实际使用所购商品的人。

2. 消费者类型

研究汽车市场私人消费者购买行为时，可以从不同角度进行分类，但较为普遍的分类方法是以购买态度做为标准。根据我国汽车市场的基本情况，汽车市场的私人消费者购买行为可以大致分为以下几类：

（1）理智型　具有理智性购买动机的人，在购买商品前一般经过深思熟虑，了解所购买商品的特性，购买思维方式比较冷静，在需求转化为现实之前，他们通常要进行广泛的信息收集和比较，充分了解商品的相关知识，在不同品牌之间进行充分的调查，慎重挑选，反复权衡比较，在最终作出决策后，还会进行购后评价，这属于典型的完整的购买过程。现阶段由于经济还不是很发达，私人购车对于一般家庭来说是一项比较大的消费支出，因此我国的私人汽车消费者的购买行为多属于这种理智型。对于这种顾客，汽车企业营销者应制定策略帮助消费者掌握汽车相关知识，借助多种渠道宣传产品优点，发动营销人员乃至顾客的相关群体对顾客施加影响，简化购买过程。

（2）自信型　具有这种购买动机的人，同样会先详细了解产品相关信息，但是他们又有很强的自信心，有自我确定的标准和理由，他们一般属于某一品牌的忠实用户，对这一品牌的汽车满意程度很高，其他企业的营销人员很难通过他们的营销活动而改变这种类型消费者原先的计划。

（3）选价型　这是指对商品价格变化或差异较为敏感的人。具有这种购买态度的人，价格的高低是他们作出购买决策的主要标准。这种购买行为主要分为两种类型：选高价和选低价。豪华轿车的购买者属于前者，多数工薪阶层和二手车消费者多属于后者。

（4）冲动型　他们是容易受到别人诱导和影响而迅速作出购买决策的人。这种类型的消费者多数具有较强的资金实力，容易受到外界环境的诱导，他们有时会被商品的某一个特征所吸引，缺乏考虑。对于这种购买者，他们对需求的实现缺乏慎重的考虑，容易在购后怀疑自己决策的正确性，因此汽车企业应该针对这种消费者提供较好的售后服务，树立他们对本公司产品的良好信念。当然，汽车在我国尚属于高价格的耐用品，这种购买行为并不多见。

如果按购买动机分类，则可以分为以下几种：

（1）求实购买　这种类型的消费者追求汽车的使用价值、内在质量和效用，讲究实用和方便，对造型和外观不过分要求。

（2）求利购买　这种类型的消费者追求汽车价格低廉，喜欢旧车型或旧车，不在意质量、外观和造型等。

（3）求新购买　这种类型的消费者追求汽车造型新颖和别致，不太计较价格。

（4）好癖购买　这种类型的消费者仅为了满足个人爱好，以符合自己需要为标准。

（5）求名购买　这种类型的消费者追求名牌、高档，注重品牌和产地，不关注其他。

（6）求同购买　这种类型的消费者追求大众化产品，对汽车的各个方面都关心。

3. 个人购买决策过程

消费者个人的购买过程，一般可分为以下五个阶段：确认需要——信息收集——评估选择——购买决策——购后行为（图4-2）。这是一个复杂而完整的过程，这一购买决策模式表明，购买过程在购买行为之前就已经开始了，并且要延续到购买行为之后的很长一段时间才结束。当然，其中的五个步骤并不是每一个消费者在购买时都要一一经过，比如对汽车的相关知识了解比较多的消费者经过的步骤就会少一点。下面对每一个步骤进行简要的分析。

确认需要 → 信息收集 → 评估选择 → 购买决策 → 购后行为

图4-2　个人购买决策过程

（1）确认需要　消费者的购买行为过程从对某一问题或需要的认识开始。由于有了某种需要，而这种需要又未得到满足，人们才会通过购买行为来使之满足，所以消费者在实行购买过程时总是首先要确认自己的需要。“需要”有时是产生动机的重要因素，也是购买行为的起点。“需要”一般可以是由内在的或者外在的刺激引起，比如有的消费者由于上班交通不方便而确实需要汽车，这就是属于内在的刺激；如果这种“需要”是由于外在的因素或营销活动引起的，那就属于外在的刺激。可见，汽车市场营销人员应当进行缜密的市场调查，了解人们的需要并根据人们的需要提供合适的汽车产品。

（2）信息收集　消费者一旦确认了自己的需求，那么接下来他将进入信息收集这个步骤。根据消费者购买类型的不同，信息收集这个阶段持续时间长短不一。消费者通过信息收集来确定需要的品牌或品种。市场营销人员在这一阶段的主要任务是：

1）了解消费者获取信息的来源及其作用。消费者一般从以下四种途径获得信息：①个人来源，如家人、朋友、邻居和同事等；②商业来源，如广告、推销员、经销商和展览会等；③公共来源，如大众传媒、消费者团体和机构等；④经验来源，如产品的检查、比较和使用等。

2）市场营销者必须重视整合信息传播渠道的重要性。除了利用商业来源传播信息外，还要设法利用和刺激公共来源、个人来源和经验来源，特别要展开口碑管理。

（3）评估选择　消费者在信息收集的过程中，自然会形成一种或几种备选方案。评估选择就是对已经形成的备选方案加以细分和对比，从而作出选择。有时，消费者的评估选择阶段和信息收集阶段是不断穿插进行的。

消费者的评估选择过程，有以下几点值得市场营销者注意：第一，产品性能是购买者所考虑的首要问题；第二，不同的消费者对产品的各种性能给予的重视程度不同，或评估标准不同；第三，多数消费者的评选过程是将实际产品同自己理想中的产品相比较。

对于营销人员来讲，了解消费者在评估选择时的心理活动和选择方案的依据是十分重要的。一般情况下，消费者首先对两三家汽车公司进行比较，然后选择其中一家，再对这家公司旗下的产品系列以及型号进行选择。据此，市场营销者可采取如下对策，以提高自己产品被选中的概率：

1）修正汽车产品的某些属性，使之接近消费者理想的产品。

2）改变消费者心目中的品牌信念，通过广告等手段努力消除不符合实际的偏见。

3）改变消费者心目中理想产品的标准。

（4）购买决策　作出购买决定和实现购买，是决策过程的中心环节。消费者对商品信息进行比较和评选后，已形成购买意图，然而从购买意图到决定购买之间，还要受两个因素的影响：第一个因素是他人的态度。例如，某人已经决定购买某品牌的汽车，但他的家人或亲友持反对意见，那么就会影响购买意图。反对态度越强烈，或持反对态度者与购买者关系越密切，修正购买意图的可能性就越大。第二个因素是意外的情况。购买意图是在预期家庭收入、预期价格的基础上形成的。如果发生了意外的情况，如失业、涨价等，则很可能改变购买意图。

消费者修改、推迟或取消某个购买决定，往往是受已觉察的风险的影响。因此，市场营销者应设法将消费者所承担的风险减到最低限度，促使消费者作出购买决定并付诸实现。

（5）购后行为　消费者购买之后的问题主要有两个：一是购后的满意度；二是购后的活动。

1）消费者购后的满意度。消费者购买汽车产品后会投入使用，并且通过使用或与使用者交换意见，从而产生对这种产品的某种程度的满意、基本满意或不满意。这种购后感受对于企业的市场营销有着重要的意义。满意和基本满意对企业的销售有利，这些消费者就会将满意和基本满意的信息传递给周围的群体。同样，如果消费者不满意，就会向相关群体传播不利于企业的信息。因此，对于我们汽车企业，在作宣传、广告等售前服务中，一定要实事求是地介绍自己的产品，不要搞虚假宣传，否则容易引起消费者的失望，传递对自己不利的信息。

2）消费者购后的活动。购买后的满意程度，决定了消费者是否重复购买这种产品，决定了消费者对这一产品的态度，并且会影响到其他消费者，形成连锁反应。有句商业谚语："最好的广告是满意的顾客"。因此，市场营销者应积极主动地与购买者进行购后联系，采取一些必要措施，促使消费者确信其购买决策的正确性，同时还要加强售后服务。例如，汽车企业可向新车买主致函祝贺，恳请消费者提供意见用以改进产品，或者寻找新需求并进行新产品或新功能的开发研究；列出各维修站的地点，印刷使用手册等；尽快解决顾客投诉的问题，尽量减少顾客购买后可能产生的不满意感。

其实，消费者对汽车的全部品牌不一定熟悉，有时可能仅仅熟悉其中的一部分（知晓组），而在这几个汽车品牌中可能只有某几个品牌的汽车符合其购买标准（可供考虑组）。当消费者收集了大量信息之后，可能仅有少数品牌作为重点选择对象（选择组）。最后，消费者根据自己的评价，从中选择某一品牌作为最终决策。因此，企业首先必须采取有效措施，使自己品牌的汽车进入潜在顾客的知晓组、可供考虑组和选择组。无法进入上述各组的产品，就会失去市场机会。汽车企业必须研究哪些品牌的汽车会留在顾客的选择组内，从而制定出竞争力更强、吸引力更大的计划，使自己的产品成为顾客的最终决策。

第二节 集团业务市场的购买行为分析

汽车的购买者不仅仅是私人消费购买者，还有各种形式的组织或集团，这些组织或集团构成了汽车的集团业务市场。集团业务市场是一个非常庞大的市场，它在购买动机和购买决策等方面与私人消费市场相比，有些不同的特点。在现阶段，汽车的集团业务市场有时占据着主导市场（至少是部分车型的主导市场）。因此，汽车企业应当充分了解集团业务市场的特点和购买行为。

一、影响集团业务市场购买的主要因素

集团业务市场购买者在制定购买决策时会受到很多影响。有些营销者认为主要因素是经济因素，所以他们致力于向购买者提供更多的经济利益。但是除了经济因素之外，还有许多因素对集团业务市场购买者产生必然的影响。可归纳为以下几种。

1. 环境因素

集团业务市场购买会受到环境因素的影响，如经济运行状况、政治环境、社会舆论监督、科技进步作用等。当经济不确定性增加时，集团购买者将会削减新的投资项目，尽力降低库存。技术的进步则会导致企业购买需求改变，使其修正重购和新购行为不断增加。技术变化的速度也影响着集团内采购中心成员的组成和作用。对于汽车市场，如果政府出台政策限制私人购车，汽车租赁公司根据市场调查，认为未来私人对用车的需求量会增大，那么就可能作出增加车辆购买的决定。如果政府出台环境保护政策，需要买车的企业就应该考虑到，政府可能在不久之后以法律、法规的形式限制汽车的排量、噪声等指标。为了避免今后可能引起的麻烦，在采购决策中就可以考虑购买环保型汽车。

2. 组织因素

每个企业的采购部门的组织，都各有其目标、政策、程序、结构、制度等。市场营销人员必须尽力了解各种采购组织，细心收集和累积各种有关资料。近年来，在组织因素中有五种趋势值得我们注意：

（1）采购部门升级化　采购部门在组织结构中过去属于低层次的部门，但是随着社会主义市场经济的发展，企业的成本控制越来越重要，而采购部门的采购工作又是成本控制的重要组成，所以采购部门的地位会随之提升。

（2）采购权利集中化　在我国传统的组织结构中，采购工作通常是下放和分散的。而在现代企业的先进的组织结构中，采购重视的是集中化，即设立独立的采购部门，这样可以使采购专业化，有利于对采购环节进行集中监督，形成规模采购以后会更加有效地控制成本。

（3）合同长期化　组织购买者越来越重视同信誉较好的供应商保持良好的长期的合作关系，这样既可以减少企业在每次采购时对新供应商审核所花费的时间和费用，又可以保证产品质量。例如，通用汽车公司就倾向与能生产出较高质量的部件、且坐落在其工厂附近的少数几家供应商建立长期关系。

（4）强化对采购绩效的评审机制　先进的组织结构形式，正试图通过奖励制度刺激那些采购人员，引发竞争，这会使采购人员更加关心组织利益，努力为组织争取更好的供货条件。

（5）网上采购化　企业之间在网上的交易额越来越大，这已经引起了采购模式的重大变革。但是在我国汽车行业，这种情况尚属少见。

3. 人际关系因素

集团组织购买行为的人际关系因素，主要是指集团组织内部不同人员之间的关系，主要表现在不同地位、不同职权和不同情趣的各类参与者之间的关系。对于营销者而言，应该充分了解组织内的人际关系状况，确定每个人在购买决策中扮演的角色及其影响力的大小，利用这些因素促成交易。

4. 个人因素

购买决策过程中的每一个参与者都有自身的特点，消费者市场上影响购买行为的个人因素在集团业务市场上仍然会起到一定的作用。这些人往往受到个人年龄、收入、教育水平、职业、喜爱偏好等因素的影响而作出不同的购买决策。在我国，由于历史、经济和文化的原因，个人因素在企业营销中起着更为明显的作用。因此，汽车市场营销人员了解这些个人因素有利于对不同参与者采取不同的促销和公关措施。

二、集团业务市场的特征

集团业务市场与私人消费市场相比较，由于在目的、方式、性质和规模等方面的不同而具有下述特点：

1）具有较小的短期需求弹性，但波动性较大。与私人消费者相比，集团业务市场购买者由于不可能在短时期内调整需求计划，因此受价格变动的影响不大。但是集团业务市场可能会受到整个经济形势的影响，如宏观经济形势不好、政府削减开支等，所以它会呈现出比较大的波动性。

2）购买者数目相对较少。相对个人购买者来说，集团组织购买者在数目上要少得多。虽然集团组织购买者在地理上显得较为分散，但购买者的类型却比较集中，这样的特点使得汽车企业可以采取高技巧、高素质人员推销的销售方式。

3）购买数量一般较大。除了企事业集团消费型购买和私人专业运输户购买外，其他集团组织购买者一般具有购买数量大的特点。比如，出租车公司可能会一次性购买很大数量的汽车，成为某些汽车企业的大客户。

4）买方与卖方的关系更密切。集团组织购买者希望有稳定的货源渠道，而汽车厂商更需要有稳定的销路，因此供求双方需要保持较为密切的联系。汽车企业还要通过提供可靠的服务及预测他们眼前和未来的需要，与客户建立持久的买卖关系，开展“关系营销”。

5）购买专业性强。集团组织购买者大多对产品有特殊要求，且采购过程复杂，涉及更大的金额、更复杂的技术和经济问题，所以通常由受过专业训练的人完成采购，很少有冲动性购买现象。因此，汽车厂商应多从产品功能技术和服务的角度介绍本企业的优势，尽量提供详细的技术资料和特殊服务。

6）有些组织购买者的地理位置较为集中。例如，再生产型购买者和设备投资型购买者在地理位置上就比较集中，这是社会生产布局和长期的生产格局决定的，这种地理布局很难在短时间内产生改变。

7）影响购买决策的人员众多。与私人消费者市场相比，集团业务市场的购买者涉及更多的专业人士，涉及复杂的决策及决策过程，是更专业化的购买活动。这就意味着，在集团业务市场上，汽车企业必须由受过良好训练的专业人员来与买方的专业人员进行洽谈。

三、集团业务市场购买行为分析

（一）集团业务购买者类型

（1）企事业单位购买者　这类购买者主要包括企业组织和事业单位两大类型。其中，企业组织是社会的经济细胞，是从事产品或服务生产与经营的各种经济组织，其特点是自负盈亏、按章纳税、自我积累和自我发展。事业单位是从事社会事业发展的机构，是为某些或全部公众提供特定服务的非营利性组织，其特点就是接受财政资助或得到政策性补贴，也可以在规定范围内向服务对象收取一定费用。企事业集团消费型购车，目的是为了满足企业组织的商务经营活动和事业单位开展事业活动的需要。

（2）政权部门公共需求购买者　这类购买者主要包括各种履行国家职能的非盈利性组织，是指服务于国家和社会，以实现社会整体利益为目标的有关组织，如管制和改造罪犯的监狱、负责立法的各级人大（含政协）机关以及党委组织，他们的特点是运行经费全部来自各级财政的行政经费支出和军费支出。政府部门为了履行其职能，购买汽车的品种很多，但主要可分为4类：轿车、轻型车、专用车和军用汽车。不同的政府机构，其市场需求差异性很大，军队一般是最大的汽车市场政府用户。

（3）运输营运型购买者　这类购买者是指专业从事汽车运输服务的各类组织或个人，具体包括各种公路运输公司、旅游运输公司、城市公共汽车运输公司等。

（4）再生产型购买者　这类购买者包括采购汽车零部件的企业或汽车中间性产品（如汽车的二、三、四类底盘），进行进一步加工并生产制造出整车的汽车生产企业。

（二）集团组织购买行为类型

（1）直接重购　指采购部门根据以前的惯有需要，按原有订货目录和供应关系进行的重复购买。这是一种重复性的采购活动，供应者、购买对象和购买方式等都不变，按一定程序办理即可，基本上不需要作出新的决策。在这种情况下，原有的汽车供应商应当努力使产品和服务保持一定的水平，节省购买者时间，争取确立长期稳定的供应关系。

（2）修正重购　这是指客户为了更好地完成采购任务而调整采购方案，改变产品的规格、型号和价格等条件，或寻求更合适的汽车供应商。在这种情况下，采购活动比较复杂，参与采购决策的人员也较多，原有的供应商应不断改进汽车产品的性能和服务质量，同时，新的供应商则有较多的竞争机会。

（3）新购　新购是指购买者对其所需的产品和服务进行的第一次购买行为，而新购的金额和数量越大，购买的风险也就越大，这是购买行为中最复杂和困难的一种。同时，由于在新购决策中，参与决策的人数增多，收集信息的工作量也会加大。对于市场营销者来说，新购意味着新的市场机会与挑战，营销者要尽力接近对购买产生影响的主要人员，向他们提供各种相关的信息帮助，减少客户的顾虑，促成交易。对于大型的新购机会，一些大的汽车企业往往还会设立专门的机构来负责新购客户的营销。

（三）购买参与者与决策过程

1. 购买参与者

发起者——提出和要求购买的人。

使用者——指采购物品的实际使用者，他们在规格型号的决定上有很大作用。例如，政府部门在采购单位用车时，就会征求领导的意见，向他们询问喜欢哪种类型的汽车。

影响者——这是指企业内外直接或间接影响购买决策的人，其中技术人员是特别重要的影响者。

决定者——指企业里有权决定采购项目和供应者的人，往往是企业的主管。

批准者——指企业内有权批准采购者或决策者所提方案的人。

采购者——正式实施购买行为的人。

2. 决策过程

大多数业务采购依次包括以下七个步骤，流程如图4-3所示。

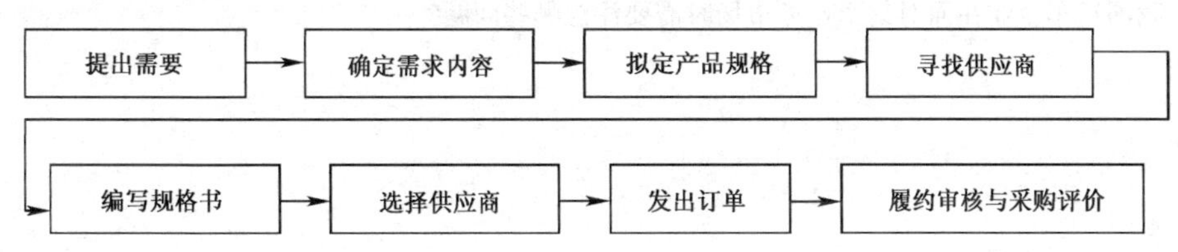

图4-3 集团购买决策过程

（1）提出需要 这种需要是集团业务市场为解决某一问题而提出的新的采购需求。提出需要可能是集团受到内部或外部的刺激。例如，某出租车公司为了扩大业务，需要购进一批轿车来投放市场。

（2）确定需求内容 认识到某种需要之后，就要把自己所需要的产品种类与数量，从总体上确定下来。复杂的采购任务，由采购人员同企业内部的有关人员共同研究确定；简单的采购任务，则通常由采购人员直接决定。

（3）拟定产品规格 确定所需购买汽车产品的具体技术和规格指标，如车辆的种类、基本性能、价格范围等。

（4）寻求供应商 根据以上步骤确定的对需求产品的大体要求，寻找符合标准的供应商并要求他们发来产品说明书、正式报价等有关信息资料，特别是较复杂和贵重的采购项目，一定要获得详细的资料。而供应商的任务就是要使自己列入备选企业的范围之内，这与良好的销售方案以及在市场上建立良好的信誉有很大关系。

（5）编写规格书 因为集团组织购买行为的规模化，所以采购项目比较复杂，那么采购人员就会提出相应的规格书供供应商参考，供应商也要以建议书或数据表作为回复。通常情况下，这些企业的采购采用招标的形式（政府采购中尤为常见）进行采购。

（6）选择供应商 采购部门在收到各个供应商的有关资料后，要通过仔细比较作出选择。选择供应商的标准通常有以下几个方面：

1）汽车产品是否安全可靠、技术是否先进、品种规格是否符合要求；

2）能否及时交货、能否稳定均衡供货；

3）能否提供维修服务、能否对客户的要求迅速作出反应；

4）价格是否合理、付款条件是否便利；

5）企业信誉及历来履行合同的情况、是否重约守信、有无欺诈行为等；

6）企业财务状况是否良好。

（7）发出订单 用户选定供应商之后，就会发出正式订单，写明所需产品的规格、数量、要求交货的时间、保修条件等项目。

(8) 履约审核以及采购评价　与其他采购过程一样，购后行为也是必不可少的。采购部门会根据供应商的履约状况和产品最终的使用情况来对此次采购作出评价。

思　考　题

4-1　影响私人消费者购买的因素和影响集团业务购买的因素主要有哪些？它们之间有哪些区别和联系？

4-2　与国外市场相比，我国私人消费者市场主要有哪些特征？

4-3　我国汽车企业在面对集团业务市场时需要注意哪些问题？

第五章　汽车市场调研与预测

第一节　汽车市场营销调研

市场营销面对的是不断变化和充满竞争的市场，企业每一步的决策都将对企业的发展产生很大的影响。因此，为了稳步发展，企业在作出决策之前，必须要做的事就是对市场的容量、竞争程度等方面的内容进行调查和预测，亦即市场营销调研，从而掌握市场的走势，从中寻找营销机会，避开和减少风险，并在此基础上作出正确的营销决策。

一、营销调研的概念与内容

1. 市场营销调研的基本概念

市场营销调研是以科学的方法，系统地搜集、记录、整理与分析有关市场营销的情报资料，提出解决问题的建议，使市场营销具有更高实效的一系列活动。企业的市场营销调研既可以由自身的调研部门完成，也可以委托外部的专业调研部门完成。无论企业内部组织调研，还是外部组织调研，都要求营销管理人员与调研人员密切配合，有计划、有步骤地开展调研工作。从定义出发，在理解上需要注意以下几点：

1）市场营销调研是一种管理工具，目的是提高市场营销的效果。由于市场营销的各个阶段和所有问题都是互相联系、互相制约的，故市场营销调研应对市场营销活动的全过程及所有问题进行充分、细致的研究。

2）市场营销调研具有协助解决问题的功能，要从调查分析中提出解决问题的办法。市场营销调研要提供给管理者有关消费者及市场行为丰富而又精确的资料和建议，并作为市场营销决策的依据。这样营销活动就不会以消费者的主观判断为基础，而以对客观资料的收集、整理与分析为指导。

3）市场营销调研的进行必须符合科学的原则。市场调查所采用的询问法、观察法、实验法等，都必须合乎科学的要求。在市场营销调研中，必须尽力保持客观的态度，对所有事实不抱成见，不问其结论是否有利；对于资料的搜集必须力求完整，并依据一定的设计、逻辑的推理，进行系统的整理与分析。

2. 汽车市场营销调研的内容

为制定正确的市场营销决策，市场营销人员必须广泛地收集所需资料或信息。不仅在资料来源上要注意广泛性，而且要注意资料内容的全面性和完整性。一般来说，营销调研的内容包括以下几种：

（1）社会环境调查　指政治环境、经济环境、文化环境和气候地理环境等。

（2）市场需求调查　指需求量调查、消费结构调查和消费者调查等。

（3）产品调查　指产品实体调查、产品生命周期调查等。

（4）市场营销活动调查　指销售渠道调查、促销调查和销售服务调查等。

（5）竞争对手状况调查　指调查竞争对手的数量、市场占有率等。

3. 汽车市场营销调研的种类

常见的汽车市场营销调研有以下几种：

1）按汽车市场的调查目的不同分类，包括：①探测性市场调查，是为了使企业经营中存在的问题能够明确而进行的市场调查；②描述性市场调查，是指企业对有关市场现象、市场因素作准确、如实反映的调查；③因果性市场调查，是为了研究两个市场变量之间是否存在因果关系的调查。

2）按市场调查的时间要求不同分类，包括：①定期市场调查，指企业针对市场情况和经营决策的目标，按时间要求定期所作的市场调查，它的形式有月末、季末、年终调查等；②经常性市场调查，也叫不定期的市场调查。它是根据企业经营活动的实际需要，组织进行不定时的连续调查；③一次性市场调查，也叫临时性市场调查。它是为解决企业某一经营问题的特殊需要而组织进行的一次调查。

3）按汽车市场调研内容分类，包括：①汽车市场营销环境调研，如调查政策法规、竞争状况等；②营销组合策略调研，如调查价格走势、产品开发与技术发展趋势、产品与售后服务质量状况等；③竞争对手调研；④用户购车心理与购买行为调研，等等。

4）按产品是否已经进入市场，营销调研可分为：①产品进入市场前调研，主要应弄清目标市场是什么、如何进行产品定位、主要竞争者是谁、他们的营销策略怎样、市场结构与购买特点如何、有哪些有利与不利因素以及生产发展趋势等问题，并最终提出主要研究结论、对策和建议；②产品进入市场后调研，应着重对本企业产品的市场规模、市场结构、市场占有率、与竞争对手相比在营销组合策略上存在的差距以及营销环境的新变化等进行调研。

5）按营销主体不同分类，包括：①消费者市场调研；②生产者市场调研。

二、营销调研的步骤

市场营销调研的程序，虽没有一成不变的模式，但也有一些共同的规律，一般都要经过以下几个步骤。

1. 调研准备

任何事情在正式开始前都要做一些准备工作，市场营销调研当然也不能例外，调研的准备工作是必不可少的。

调研准备首先必须明确调研目标，确定指导思想，限定调查问题的范围。确定调研目标，实际上就是确定调研所应解决的问题，这是调研的第一步，也是至关重要的一步，因为以后的整个调研过程，都要为达到这个目标而展开。如果问题抓得不准，目标不明，将使调研成为“无的放矢”，调研工作将成为无效的劳动。调研目标和指导思想一经确立，调研人员在以后的调研活动中应始终围绕本次调研的总体目标和指导思想进行工作。

在调研目标确定以后，要根据目标的要求，确定具体的调研项目。任何一个调研目标，都需要通过对多个项目的调研才能实现，调研项目从不同的角度、层次来满足调研目标的要求。另外，应成立专门对该次营销调研负责的调研工作小组，这可以使调研工作有计划、有组织地进行。选择和安排调研费用，即作调研的预算，力求花钱少而效果好。

2. 初步调研

为了使调研活动更能满足已明确的调研目标，提高调研工作的成效，在正式调研之前，调研工作小组应把本单位或本系统内部已经掌握的情报资料搞清楚，以便在此基础上明确尚需继续调查补充的项目或内容。这一步骤中可以对市场进行初步的分析，访问一些有经验的专业人员，找出达到调研目标的关键问题所在，并由此来确定市场营销调研的范围，拟定调研提纲。

3. 制定和实施调研计划

经过初步调研以后拟定调研提纲，在此基础上制定出详细的调研计划，按步骤实施调研。这是整个市场营销调研过程中最复杂的阶段，主要涉及以下几项工作：

（1）选择和安排调研项目　即指要取得哪些项目的资料。这一点取决于所确定的调查项目，可以说调查项目选得好坏，直接关系到调研目标能否达到。实际上，实施调研就是调研人员着手搜集材料，为进一步分析提供依据的过程。为了得到所需要的信息，调研人员要搜集有关资料，包括二手资料和原始资料。所谓二手资料，是指经别人搜集、整理过的资料，通常是已经发表过的。原始资料则是指调研人员通过发放问卷、面谈、抽样调查等方式搜集到的第一手资料。

（2）选择和安排调研方法　即指取得资料的方法。这一点包括了在哪些地区调研、调研的对象是什么、采用何种调研方法（文案调研、实地调研等等）。例如，调研人员在开始一个调研项目之初，一般先搜集二手资料，这就是文案调研。但是文案调研存在时效性和准确性等方面的问题，为了解决这些问题，使决策者能够得到足够的、及时的、准确的信息，调研人员必须进行原始资料的搜集，即实地调研。实际上，大多数企业在调研初期所进行的案头调研，主要是为了明确营销中存在的问题和调研目标，而决策本身所需要的重要资料则多数是通过实地调研获得的。实地调研是指调研人员亲自深入营销实践，现场搜集材料的过程。实地调研直接接触千变万化的实际，及时了解营销活动成功的经验和存在的问题，其工作质量的好坏，直接影响调研结果的准确性。

（3）选择和安排调研人员　即要确定参加人员的条件和人数。调查资料是否准确与调查人员的素质及被调查者的状况有关。要选派有一定理论水平和业务技术水平，又有一定的市场调查经验和工作能力的人员来当调查人员。可采取短期培训和自学相结合的方式来提高人员的素质，让调查人员学会善于接触各种类型的用户，能严肃认真地对待所承担的调查任务。

（4）按照前面做好的工作计划组织调研工作　在调查过程中，有的被调查者不予合作，拒绝回答所提的各种问题，或者被调查者想尽早结束调查而随便回答，不提供确切的数字和资料等。遇到这种情况时，调查人员要采取措施妥善解决，或另找被调查者，或放弃这次调查，与被调查者约定新的调查时间。总之，要尽可能按调查方案的要求取得准确的调查资料。

（5）选择和安排调研人员的工作考核　这一项要在工作中进行，以利于工作的及时推进。

4. 调研总结

调研总结是整个调研工作的最后一步，这一阶段由整理调研资料和提出调研报告两部分组成。

整理调研资料包括对调研所得资料的校核、分类、统计和分析等。校核工作应在资料齐全以后立即开始，因为这时调查人员刚刚离开调查过程，如发现有错误的地方，可请他们回忆错误发生的原因，并采取必要的补救措施，从而剔除调查资料中的错误部分，消除资料中含糊不清的地方，使资料达到准确的要求。资料分类是使资料具有科学性的基础。在进行资料分类时，要注意以下三个原则：第一，各类别之间要有显著的差异性；第二，相同（或近似）的资料要归于同一类；第三，分类要尽量详细，这样的资料才有较高的科学价值。资料经过校核和分类之后，统计和分析工作就应该开始了。市场调研人员还要运用某些统计方法，对资料进行检验和分析。

整理调研资料是一项繁琐而艰辛的工作，因而调查者必须有耐心、细致的工作作风，同时还要注意工作的效率。现在一般采用计算机等先进手段来辅助信息处理。

接下来要在整理调研资料的基础上提出调研报告，这是市场营销调研的必然过程和最终结果。调查报告一般应包括：调查的目标、调查的范围和使用的重要方法、调查的结论、建设性的建议、必要的附件。在编写调研报告时，要注意紧扣调研主题，力求客观、扼要并突出重点，使企业决策者一目了然；要求文字简练，避免或少用专门的技术性名词，必要时可用图表形象地说明。

调研活动结束后，工作小组应对本次调研活动进行工作总结，交流有关经验，总结有关教训，以作为今后做好调研工作的借鉴。调研人员提出调查报告，并不表示调研工作已经结束，调研人员还要了解提出的建议是否被领导采纳和实施，如被采纳实施了，则需要了解实施后的效果。

三、营销调研的形式

市场营销调研的形式可以简单地分为间接资料调研法和直接资料调研法。

（一）间接资料调研法

间接资料调研法指通过搜集各种历史和现实的动态统计资料，从中摘取与市场调查课题有关的情报，在办公室内进行统计分析的调查方法，也叫资料分析法或室内研究法。它的优点是调研的费用低、速度快、范围广，而且反映的信息内容较为真实、客观。但它也有很明显的缺点，如调研的目的性没有直接资料调研强，获得的资料也有可能时效性不强，而且获得的资料也需要进行进一步的加工处理，其数量分析工作的难度也较高，等等。另外，由于间接资料是各个企业都有可能获得的，因而在市场营销调研中，更多的是采用直接资料调研的方法。

（二）直接资料调研法

直接资料调研即通过调查收集的资料来进行调研分析，因而直接资料也称第一手资料。一般情况下，直接资料调研又分为访问法、实验法和观察法。其中最常用的是访问法，又称询问法，它包括直接询问和间接询问。直接询问即指调查者和被调查者进行面对面的交谈；间接询问则是指访问者通过电话或书面问卷工具对被调查者进行的访问。

1. 访问法

访问法是收集原始资料最主要的方法，具体形式可分为面谈调查、电话调查、邮寄调查、网络调查、留置调查等多种形式。各种形式各有优缺点，调查者可根据具体情况来选择使用。

1）面谈调查是指派调查员当面访问被调查者，询问与营销活动有关问题的方法。面谈方式直接灵活，具有伸缩性，可获得较多资料并控制问题顺序，但费用高，时间长，调查的人力、经费消耗较多，而且调查质量易受访问者工作态度、提问技巧和心理情绪等因素的影响。

2）电话调查是调查人员依据抽样规定或者样本范围，借助电话向被调查者了解有关问题的调查方法。电话调查既经济又节省时间，但被调研的总体较不完整，而且问题不能深入，因而一般电话访问中的问题应采用“是否法”为宜，而且要求调研人员的语言要流畅。

3）邮寄调查指调查人员将设计印制好的调查问卷或调查表格，邮寄给已选定的被调查者，由被调查者按要求填写后再寄回来。调查者根据对调查问卷或调查表格的整理分析，从而得到市场信息。其优点是成本低、调研范围广，但缺点在于问卷的回收率低、信息反馈的时间长，所以企业往往采用物质鼓励等形式来刺激回收率。

4）网络调查是调查者将设计好的调查问卷发布在互联网上，利用互联网收集市场信息的方法。网络调查的优点是调查的空间范围大、成本低，而且收集资料的速度快，但是较难吸引被调查者的参与。

5）留置调查指将调查问卷当面交给被调查者，说明填写的要求并留下问卷，请被调查者自行填写，由调查人员定期收回的一种调查方法。其优点在于被调查者可以有充裕的时间来考虑问题，且问卷的回收率较高，但它调研的区域有限，费用较高，且不利于对调查人员的有效监督。

2. 实验法

企业有时也会采取市场实验的调研方式，如通过调整汽车产品价格等。它的优点在于可以获得第一手的资料，数据比较客观，可信度较高；而缺点在于实践中可能存在不可控制的实验因素，因而会在一定程度上影响实验的效果。另外，实验法只是用于对当前市场现象的影响分析，它对历史情况和未来变化的影响较小，因而它的应用受到局限。

3. 观察法

较常用的市场营销调研方法还有观察法。观察法是指调查者在现场对被调查者的情况直接进行观察、记录，以取得市场信息资料的方法。观察法往往是被调查者并不感到正在被调查，因而这种方法体现出的特点是：自然、客观和全面。它经常被应用于产品的营业现场，如汽车销售现场等。这种方法的优点在于可以观察到人们不愿意透露的情报，但是也存在观察深度不够、受调查人员自身条件的制约较大等缺点。

调查者除了应注意选择效果好的调研形式外，还应根据调研目标的不同，选择科学的调查方法。现代调查理论有多种调查方法，调查者应结合具体调查情况选择使用一种或几种方法。各种调查方法的主要特点是：

1）个案调查法是对个别案例进行深入解剖，适合要求深入了解的调查。

2）重点调查法是选择重点调查对象进行深入的调查，有时可与个案调查同时进行。

3）抽样调查是一种对局部进行调查，得出整体结论的方法，适合于调查问题具有很多样本的情况。

4）专家调查法是向专家进行的调查，调查结论一般具有较高的权威性。

5）全面调查法是对全部对象进行调查，适合于样本数目少的调查。

6）典型调查是根据调研任务和对被调查者进行科学分析，有意识选择其中的典型对象作为调研对象的方法。

第二节　汽车市场营销预测

我国汽车市场与其他市场有所不同，其运行规律极为复杂，经常出现剧烈波动，并且经常会向汽车生产企业、经销企业反馈一些虚假信息，给汽车营销工作带来了很多困难。因此，在加强研究我国汽车市场运行规律的基础上去分析、研究市场，做好预测工作，对于提高我国汽车市场营销水平具有重要的现实意义。

一、市场营销预测的基本概念

市场预测就是在市场调研的基础上，利用一定方法或技术，测算一定时期内市场供求趋势和影响市场营销因素的变化，从而为企业的营销决策提供科学的依据。对于汽车企业来说，制定正确合理的营销决策，不仅要以营销调研为基础，而且要以市场预测为依据。市场预测大致包括需求预测、市场供给预测、产品价格预测、竞争形势预测等。

市场营销预测的基本原理主要有：

(1) 可知性原理　指市场预测对象的未来发展趋势是可知的，人们可以通过对市场规律的认识和运用科学的方法对其进行预测。

(2) 系统性原理　指把预测对象看做一个系统，以系统管理指导预测活动。

(3) 服务性原理　指市场预测本身不是目的，它是为企业经营决策服务的，即为了对企业的战略目标和发展方向作出正确的决策提供科学的依据。

二、定性预测方法

1. 有关理论

定性预测主要依靠营销调研，采用少量数据和直观材料，预测人员再利用自己的知识和经验，从而对预测对象的未来状况作出判断。这类方法有时也用来推算预测对象在未来的数量表现，但主要用来对预测对象未来的性质、发展趋势和发展转折点进行预测，适合于数据缺乏的预测场合，如处于萌芽阶段的产业预测、长期预测等。定性预测的方法易学易用，便于普及推广，但它有赖于预测人员本身的经验、知识和技能素质。不同的预测人员对同一问题预测的结论，在价值上往往有着巨大的差别。

预测方法的理论依据是相似类推原则。这一原则包括两个内容：①按发展时间顺序类推。即利用某一事物和与其相似的其他事物在发展时间上的差别，把先发展的事物的表现过程类推到后发展的事物上去，从而对后发展事物的前景作出预测。例如，通过对某些国家家用轿车普及过程的研究结论，来预测我国家用轿车走向家庭的时间、车型以及购买和政策特点等，就属于时间类推。时间类推的关键是把握事物的发展过程是否相似，如相似性太小，那么预测的效果就会比较差。②由局部类推总体。即通过抽样，调查研究某些局部或小范围的状况，去预测整体和大范围的状况。例如，通过对某省市某品牌汽车销售情况的调查，来预测全国这种汽车销售的情况。由局部类推总体时，应注意局部的特征是否反映了整体的特征，是否具有代表性。如果不是，预测就可能失败。

2. 常见方法

(1) 德尔菲法　该方法是在20世纪40年代末期由美国兰德（RAND）公司首创并使用的。如今，这种方法已经成为国内外广为应用的预测方法，它可以用于技术预测和经济预测、短期预测和长期预测。尤其是对于缺乏统计数据而又需要对很多相关因素的影响作出判断的领域，以及事物的发展在很大程度上受政策影响的领域，更适合用德尔菲法进行预测。

这种方法是按规定的程式，采用背对背的反复函询方式，它的预测过程与营销调研的过程基本一致。首先，由预测主持人将需要预测的问题一一拟出；然后，分寄给各个专家，请他们对预测问题填写自己的预测看法；最后，将答案寄回主持人。主持人进行分类汇总后，将一些专家意见相差较大的问题再抽出来，并附上几种典型的专家意见请专家进行第二轮预测。如此循环往复，经过几轮预测后，专家的意见便趋向一致，或者更为集中，主持人便以此作为预测结果。由于这种方法使参与预测的专家能够背靠背地充分发表自己的看法，不受权威人士态度的影响，因而保证了预测活动的民主性和科学性。

(2) 综合意见法　综合意见法，就是集合企业内部经营管理人员、业务人员等的意见，凭他们的经验和判断共同讨论市场趋势而进行市场预测的方法。由于经营管理人员、业务人员等对市场的需求和变化较为熟悉，他们的判断往往能反映市场的真实趋势，因此它是进行短、近期市场预测常用的办法。

该方法首先由预测者根据企业经营管理的要求，向研究问题的有关人员提出预测项目和预测期限的要求，并尽可能提供有关资料；然后，有关人员就根据预测的要求及所掌握的资料，凭个人经验和分析判断能力，提出各自的预测方案；接下来，预测的组织者计算有关人员预测方案的方案预测值，并将参与预测的有关人员进行分类，计算各类综合期望值，最后确定最终的预测值。

定性预测方法还有社会（用户）调查法（即面向社会公众或用户展开调查）、小组讨论法（会议座谈形式）、单独预测集中法（由预测专家独立提出预测看法，再由预测人员予以综合）以及领先指标法（利用与预测对象关系甚密的某个指标变化对预测对象进行预测）等等。

三、定量预测方法

定量预测方法是依据必要的统计资料，借用数学方法特别是数理统计方法，通过建立数学模型，对预测对象未来在数量上的表现进行预测等方法的总称。汽车市场定量预测主要有下述几种方法。

(一) 时间序列法

时间序列是指同一种现象在不同时间上的相继观察值排列而成的一组数字序列。时间序列法的基本思想就是通过时间序列的历史数据揭示现象随时间变化的规律，将这种规律延伸到未来，从而对该现象的未来作出预测。它具有以下特点：

1) 这种方法是根据市场过去的变化趋势预测未来的发展，它的前提是假定事物的过去会同样延续到未来。

2) 这种方法突出了时间因素在预测中的作用，暂不考虑外界具体因素的影响。实际上是将所有的影响因素归结到时间这一因素上，只承认所有影响因素的综合作用，并在未来对预测对象仍然起作用，并未去分析探讨预测对象和影响因素之间的因果关系。

3) 当遇到外界发生较大变化时，预测结果往往会有较大偏差，时间序列法对于中短期预测的效果要比长期预测的效果好。

时间序列预测模型有很多种，下面只介绍“简单平均法”、“指数平滑法”和“趋势分析预测法”三种模型。

1. 简单平均法

简单平均法是最简单的时间序列分析预测法，它是把一定观察期时间序列的数据求得平均值，作为下一观察期的预测值。简单平均法有很多种，最常用的有算术平均法、加权平均法等。

算术平均法是以对 n 个观察值的计算平均值来作为预测值，它最大的优点是计算方便。

算术平均法的数学模型为

$$\overline{X} = \sum_{i=1}^{n} X_i \tag{5-1}$$

加权平均法就是对于组距中的 N 个数，根据它们各自对于预测值的重要程度分别设置重要度权数，然后把它们加权平均来求得预测值的预测方法。如果设组距中 N 个发生值的权数分别为 w_1，w_2，…，则加权平均法的预测值可以用以下模型求得，即

$$Y_{t+1} = \frac{w_1 X_t + w_2 X_{t-1} + \cdots + w_N X_{t-N+1}}{w_1 + w_2 + \cdots + w_N} \quad (t \geqslant N) \tag{5-2}$$

2. 指数平滑法

指数平滑法是依据时间序列的有关数据和计算出来的指数平滑值，确定市场预测结果的方法，一般适用于时间序列长期趋势变动和水平变动事物的预测。指数平滑法包括：

1）一次指数平滑法，适用于水平型变动的时间序列预测。

2）二次指数平滑法，适用于线性趋势型变动的时间序列预测。

3）多次（三次以上）指数平滑法，适用于非线性趋势变动的时间序列预测。

指数平滑法的基本原理是：把下一期的预测值 Y_{t+1} 看做等于上一期实际值 X_t 的 α 倍加上上一期预测值 Y_t 的 $1-\alpha$ 倍之和，即

$$Y_{t+1} = \alpha X_t + (1-\alpha) Y_t \tag{5-3}$$

式中，α 为指数平滑系数，$0 \leqslant \alpha \leqslant 1$。

当 $\alpha = 0$ 时，$Y_{t+1} = Y_t$，下一期的预测值就等于上一期的预测值；当 $\alpha = 1$ 时，$Y_{t+1} = X_t$，下一期的预测值就等于上一期的实际值。

由式（5-3）可以看出，在一般情况下，下一期的预测值就等于上一期的实际值和上一期的预测值的加权平均值，其中，α 和 $1-\alpha$ 分别是实际值 X_t 和预测值 Y_t 的权数。

3. 趋势分析预测法

市场现象的长期发展必然表现出一定形式的变化特征及其规律性，变化走势也存在延续性。根据时间序列数据的变化规律（或趋势）加以延伸，对市场未来状况作出预测的方法就叫趋势分析预测法。

运用趋势分析预测法进行市场预测必须满足两个条件：一是预测对象的过去、现在和未来的客观条件基本保持不变，过去发生过的规律会延续到未来；二是预测对象的发展过程是渐变的，而不是跳跃式的、大起大落的。只有符合这两个条件，才能够以时间为自变量，以预测对象为因变量，寻求某种曲线建立数学模型，进行趋势分析预测。

趋势分析预测法包括常数均值预测法、直线趋势预测法和曲线趋势预测法三种。

（1）常数均值预测法　如果现象的各期数据围绕水平线上下波动，则时间序列的变化形态属于水平型。其数列的变化是由常数均值和剩余变动两部分构成的。其常数均值模型为

$$Y_t = \text{常数均值} + \text{剩余变动} = \overline{y} + e_t \tag{5-4}$$

（2）直线趋势预测法　如果现象的时间序列的各期数据大体上呈直线趋势变化，即数列的逐期增量（一阶差分）大体相等，则时间数列由直线趋势和剩余变动两部分构成，即：Y_t = 直线趋势 + 剩余变动。可以用直线方程描述，剩余变动是数列中的不确定性部分，一般用 e_t 表示。因此，直线趋势模型的基本形式为

$$Y_t = (a + bt) + e_t \tag{5-5}$$

（3）曲线趋势预测法　市场现象受诸多因素的影响，市场经济的变量，如商品供应、消费水平、市场需求等，其长期趋势变动轨迹一般不会呈现不同形式的曲线。当预测目标的时间序列各期观察值大体呈某种曲线形态的变化趋势时，应建立曲线趋势预测模型，模型的基本形式为

$$Y_t = \text{曲线趋势} + \text{剩余变动}$$

曲线趋势预测模型有多种，如指数曲线、二次曲线和多次曲线等。其中，最常用的是二次曲线模型。二次曲线趋势模型适合描述时间数列二级增长量大体接近的变化趋势。其预测模型为

$$y_t = a + bt + ct^2 \tag{5-6}$$

a、b、c 用最小二乘法估计

$$\begin{cases} \sum y = Na + b\sum t + c\sum t^2 \\ \sum ty = a\sum t + b\sum t^2 + c\sum t^3 \\ \sum t^2 y = a\sum t^2 + b\sum t^3 + c\sum t^4 \end{cases} \tag{5-7}$$

（二）回归分析预测法

回归分析预测法是一种利用预测目标（因变量）与影响因素（自变量）之间的相关关系，通过建立回归模型，由影响因素的数值推算预测目标的数值的方法。

回归分析预测法总的来说可以分为两大类：

（1）因回归预测法　利用因变量（y）与自变量（x）之间的相关关系（因相关），建立回归模型进行预测分析，包括一元线性回归、多元线性回归和非线性回归（曲线回归）等。

（2）自回归预测法　利用因变量（y）的时间数列中不同时间的取值存在自身相关关系（自相关），建立回归模型进行预测分析，包括时间数列自回归等。

回归分析预测法的基本步骤为：

1）根据预测目标，确定自变量和因变量。

2）建立回归预测模型。

3）进行相关分析。

4）检验回归预测模型，计算预测误差。

5）计算并确定预测值。

回归模型是基于惯性和相关理论的统计学模型，是最常用的预测模型之一。下面简要介绍一下一元线性回归模型。

1. 回归预测模型的建立

如果因变量（y）与某个主要影响因素（自变量）之间存在较为密切的线性相关关系，则可以用一元线性回归模型来描述预测。模型为

$$Y = a + bX + e \tag{5-8}$$

式中，a、b 为回归系数；y 为预测目标；x 为影响因素（可控制或预先给定）；e 为随机干扰项（误差项），表示各种随机因素对 y 的影响总和。

回归系数通常可以采用最小二乘法来确定，公式为

$$\begin{aligned} \sum y &= na + b\sum x \\ \sum xy &= a\sum x + b\sum x^2 \end{aligned} \tag{5-9}$$

2. 回归预测模型的评价与检验

（1）拟合程度评价　即因变量的各个观察值点聚集在回归直线周围的紧密程度，用可决系数 r^2 来衡量，即

$$r^2 = 1 - \frac{\sum (y-\hat{y})^2}{\sum (y-\bar{y})^2} = 1 - \frac{\sum y^2 - a\sum y - b\sum xy}{\sum y^2 - \frac{1}{n}(\sum y)^2} \tag{5-10}$$

式中，$\sum (y-\hat{y})^2$ 为残差平方和；$\sum (y-\bar{y})^2$ 为离差平方和。

显然，残差平方和占离差平方和的比重越小，可决系数越大，回归直线的拟合程度越强。

（2）估计标准误差（剩余标准误差）　评价回归直线代表性大小或实际值与估算值的标准误差大小的综合指标，即

$$S_y = \sqrt{\frac{\sum e^2}{n-2}} = \sqrt{\frac{\sum (y-\hat{y})^2}{n-2}} = \sqrt{\frac{\sum y^2 - a\sum y - b\sum xy}{n-2}}$$

相对标准误差为

$$V_S = S_y / \bar{y} \tag{5-11}$$

（3）回归系数 b 的显著性检验　b 是一个估计值，若 y 与 x 之间不存在线性相关关系，则回归系数 b 不具有显著性，所建立的回归方程是不能利用的。通常用 t 检验，其统计量为

$$t_b = \frac{b}{S_b} = \frac{b}{S_y^2/(x-\bar{x})^2} \tag{5-12}$$

由选择的显著水平 α 和自由度 $(n-2)$ 查 t 分布表，可得临界值 $t_{a/2}$。如果 $t_b > t_{a/2}$，则回归系数 b 具有显著性；反之，则不具备显著性。

（4）回归方程的显著性检验　检验整个回归方程是否具有显著性，判断 y 与 x 之间是否存在真实的线性相关，即对相关系数 r 进行检验。采用 F 检验，统计量为

$$F = \frac{\sum (\hat{y}-\bar{y})^2/1}{\sum (y-\hat{y})^2/n-2} = \frac{r^2}{1-r^2}(n-2) \tag{5-13}$$

由选择的显著水平 α 和自由度 $(1, n-2)$ 查 F 分布表，得临界值 F_a，如果 $F_a > F$，则回归方程具有显著性；反之，则相反。

对于一元线性回归方程，因为只有一个自变量，故 t 检验和 F 检验是等价的，只需做一个检验就可以。

（三）需求弹性法

此方法的数学模型为

$$Y_t = Y_0(1+I)^t$$

$$I = qE_s = qI'/q' \tag{5-14}$$

式中，Y_t 为第 t 年预测对象预测值；Y_0 为预测对象目前的观察值；I，I'分别为预测对象在过去和未来的平均增长率；t 为预测年份与目前的时差；E_s 为弹性系数；q，q'分别表示对比指标过去和未来的数值。

以上讨论的是几种常用的定量预测方法，实际进行市场预测时，还需要营销人员根据自己的预测知识和经验灵活地选用各种方法。

四、预测注意事项

1. 政策变量

汽车市场受国家各种政策的影响很大，在建立预测模型时需要考虑政策突变的影响。政策变量虽然不是很好把握，但并不是不可预知的。政策的制定总有其目的性，它往往是针对某些经济或社会问题而制定的，最终目的是要促进经济和社会的稳定发展。因此，预测人员应该加强对经济运行和政策的研究，建立预警系统，加强对营销环境的监测，从大体上把握政策的变化。

2. 预测精度和提高办法

市场预测的目的是根据预测结果去制定计划、规划或对有关问题作出决策，因此总希望预测结果和未来实际情况接近一些，预测误差小一些。预测误差是指预测值与实际值之间的偏差，它表明了预测精度的高低。实际的预测误差通常要在计划、规划或某项决策实施之后，通过预测追踪进行预测值和实际值的比较才能知道，进而分析产生误差的原因，以便改进预测工作，提高预测精度。对于企业来说，提高预测精度的办法主要有三种：①数据资料的充分可靠；②预测人员的素质高；③决策者的参与。

3. 及时调整市场预测

市场预测的结果做出来之后，并不意味着这是一成不变的结果。经济在不断发展，市场在不断变化，因此对于汽车企业来说，营销人员应该及时调整市场营销预测方案，从而指导企业不断向前发展。

第三节　汽车市场营销的信息系统

随着市场的国际化和竞争的激烈化，市场营销决策的重要性不断提高。企业界出现这样一种趋势，即管理部门对市场营销信息的需要量越来越多、质量要求越来越高。因此，市场信息是企业营销管理的一项重要资源，是企业在市场上取得竞争优势的关键。汽车企业要掌握及时、准确、可靠的市场信息并对信息进行科学有效的处理和运用，必须重视市场营销信息系统的建立，及时对市场信息进行搜集、整理和分析，为进行正确的决策提供依据。

一、信息系统的组成

市场营销信息系统是一个由人员、设备和程序（软件）所组成的持续与相互作用的结构，它及时地搜集、分类、分析和评价市场信息，并提供准确的市场信息，以便营销决策者用于制定和修订市场营销计划，并保证计划的有效实施和控制。

市场营销信息系统是由内部信息系统、市场营销环境监视系统、市场营销调研系统和市场营销分析决策系统四个子系统组成。

（1）内部信息系统　汽车市场营销人员运用的最基本的信息系统是内部信息系统，它提供企业内部信息，以内部会计系统为主，同时辅以销售报告系统，集中反映订货、销售、存货和现金流量等数据资料。营销管理人员可以通过分析这些信息发现一些新的问题或机会，进而采取切实可行的改进措施。

（2）市场营销环境监视系统　该系统的任务是收集外部信息，主要包括政府相关经济政策、法规，本行业的科技情报，本企业的社会影响，竞争对手情况，以及本行业的一些动态，用户的情况等，进而进行基本研究，得出一些如本行业发展周期的规律性事物和整个市场环境变动的预测等。该系统最重要的是建立情报（信息）搜集网。国外一些大公司的情报网，随时向企业经营管理部门报告重要情报，如丰田汽车公司的情报网几乎遍及全球，据说丰田汽车在美国无论何地出现了问题，公司总部当天就能得到情报并作出反应，而且能及时得到各种有用的营销信息。

（3）市场营销调研系统　该系统用于系统地识别、搜集、分析和提出数据资料，并根据企业所面临的特定的营销状况分析有关的调研结果。其主要任务是搜集、分析和传递有关市场营销活动的市场信息，提出与企业营销问题有关的市场营销报告，以帮助企业制定有效的营销决策和营销战略。对于我国汽车行业来说，这方面还需要大力提高。

（4）市场营销分析决策系统　该系统是指通过软、硬件支持，协调数据收集和系统分析，利用工具和技术，分析企业内、外部环境的相关信息，并把它转化为营销活动的基础系统。它是用先进的统计程序和模式，对市场营销信息进行分析，以便从中发现、总结更精确的研究成果，帮助市场营销人员制定更好的营销决策。一个完善的市场营销分析决策系统应该由三部分组成：资料库、统计库和模型库。

二、市场营销信息的来源

营销信息系统需要大量的信息作为支撑，但收集信息是一项重要而繁琐的工作，对此，企业应建立稳定的信息渠道。汽车市场营销信息的来源有多种，归纳起来主要有以下三类：

（1）来源于各种机构　各种机构包括党和国家领导机关、统计部门、企业的上级管理部门（如汽车行业协会）、商业部门、银行系统、信息中心、计算机数据库、市场调研机构以及信息市场机构等。

（2）来源于各种中介媒体　各种中介媒体包括报纸、杂志、广播、电视、计算机网络和顾客等。

（3）来源于企业内部　企业内部的信息包括会计记录、业务记录、企业的计划和总结、企业的营销策略和市场预测、决策资料和企业的经济活动记录资料等。

思　考　题

5-1　什么是市场营销调研？什么是营销预测？它们之间有什么区别？

5-2　市场营销调研的内容有哪些？市场营销调研的基本步骤有哪些？

5-3　常用的市场营销调研方法有哪些？

5-4　定量预测和定性预测的方法有哪些？各有什么优缺点？

5-5　针对某一车型采用时间序列法预测其价格走势。

5-6　市场营销信息系统由哪几部分组成？目前我国汽车企业的市场营销信息系统还存在哪些不足？

第六章　汽车市场竞争战略与目标市场营销

汽车企业面对的是一个非常复杂的市场，不同的消费者需要不同的汽车商品和服务，一个企业不可能同时满足所有顾客的需求，因此汽车企业在市场营销环境分析的基础上，实行市场细分化、目标化和定位，是决定营销成败的关键。营销学家以此作为现代营销战略的核心，它是由以下三部分内容构成：一是细分市场（Segmenting）。这是企业根据顾客所需求的产品和市场营销组合将一个市场分为若干个不同的顾客群体的行为。二是选择目标市场（Targeting）。这是企业在细分市场的基础上，根据企业实力和目标，判断和选定要进入的一个或多个市场的行为。三是产品定位（Positioning）。这是在目标市场上为产品和市场营销组合确定一个富有竞争优势地位的行为。这三部分形成了目标市场战略的全部内涵。它们不仅在逻辑思维上关系密切，而且在程序上前后不得颠倒。市场细分是目标市场选择和市场定位的必要前提，而目标市场选择和市场定位是市场细分的必然结果。所以对于汽车企业来说，不应试图在整个市场上争取优势地位，而应该在市场细分的基础上依据一定的条件和方法，对各个细分市场的机会进行分析评估，选择对本企业最有吸引力并可以有效占领的那部分市场作为自己经营的目标市场。企业还要进行市场定位研究，为企业及其产品在目标市场上树立一定的特色，塑造预定的形象，以取得竞争的优势地位。此外，本章中还将讨论汽车企业如何认识竞争和面对竞争，怎样使企业在竞争中既避免竞争失败，又能抓住竞争契机，谋求发展。

第一节　汽车市场细分

美国著名的市场学家温德尔·史密斯在 1956 年发表的《市场营销战略中的产品差异化与市场细分》一文中首先提出了“市场细分”的新概念。这个概念的提出是市场营销思想和战略的重大突破，为企业经营开拓了新视野。温德尔·史密斯认为，市场上的产品或劳务购买者超过两个人以上，则可按照一定准则对其需求加以识别、划分和归类为若干个细小市场，从这些细小市场中选择出自己的经营对象，采取相应对策加以占领。由此可见，市场细分是基于市场上购买者对产品需求与欲望的不同以及购买习惯与购买上的差异，运用求大同存小异的方法，对整体市场需求差异进行识别，即“同质市场”和“异质市场”过程。所谓“同质市场”，是指购买者对商品的需求大致相同的市场；而“异质市场”是购买者对商品的需求千差万别的市场。汽车产品就属于异质市场，如有的人喜欢豪华车，像凯迪拉克、奔驰等，可以代表他们的身份和地位；有的人喜欢比较富有动感的车，如宝马等；也有人喜欢经济实用的车，像捷达、桑塔纳等。

一、市场细分的含义与作用

所谓市场细分，就是营销者通过市场调研，依据购买者在需求上的各种差异（如需要、欲望、购买习惯和购买行为等方面），把某一产品的市场整体划分为若干购买者群的市场分类过程。在这里每一个购买者群就是一个细分市场，亦称“子市场”或“分市场”。每个分市场都是由具有类似需求倾向的购买者构成的群体。因此，分属不同细分市场的购买者对同一汽车产品的需求存在明显的差异；而属于同一细分市场的购买者，他们的需求则很相似。通过对整体市场的细分，有利于企业选择目标市场和制定各种营销策略。

市场细分化可以为企业认识市场、研究市场和选定目标市场提供依据。因此，市场细分对于汽车企业市场经营实践具有重要作用。其意义在于以下几个方面：

（1）细分市场是企业发现市场机会的起点　在发达的商品经济条件下，企业营销决策的起点在于发现有吸引力的市场环境机会。这种环境机会能否发展成市场机会，取决于两点：其一，这种环境机会是否与企业战略目标一致；其二，利用这种环境机会能否比竞争者更具有优势，并获取显著的收益。显然，这些必须以市场细分为起点。通过细分市场，企业可以发现哪些市场需求已得到满足，哪些只满足了一部分，哪些仍是潜在需求。相应地可以发现哪些产品竞争激烈，哪些产品较少有竞争，哪些产品亟待开发。发现最优的市场机会，对于中小汽车企业至关重要。因为中小汽车企业资源能力有限，技术水平相对较低，因此，在市场上与实力雄厚的大企业相比，缺乏竞争能力。然而通过市场细分，中小企业就可以根据自身的经营优势，选择一些大企业不愿顾及、相对市场需求量小一些的细分市场，集中力量满足某一特定市场的需求，即可在整体竞争激烈的市场条件下，在某一局部市场取得较好的经济效益，在竞争中求得生存和发展。

（2）细分市场有助于掌握目标市场的特点和利用市场营销机会　不进行市场细分，企业选择目标市场必定是盲目的，不认真地鉴别各个细分市场的需求特点，企业就不能进行有针对性的市场营销。而企业通过市场细分，一方面可以准确地发现市场需求的差异性和需求被满足的程度，从中发掘市场机会；另一方面，又可清楚地掌握竞争者在各细分市场的市场营销实力和市场占有率的高低，发挥竞争优势，克服企业劣势，选择最有效的目标市场。

（3）细分市场是企业制定市场营销组合策略的前提条件　市场营销组合是企业综合考虑产品、价格、促销形式和销售渠道等各种因素而制定的市场营销方案。上述几个因素各自又存在不同的层次，各个因素之间又有多种组合形式。但就每一个企业特定的市场而言，却只有一种最佳组合形式，而这种最佳组合只能是进行市场细分的结果。

（4）细分市场有利于提高企业的竞争能力　在市场经济条件下，竞争作为市场经济的内在规律必然发挥作用。一个企业的竞争能力受客观因素的影响而存在差别，但通过有效的营销战略可以改变这种差别，利用市场细分战略是提高企业竞争能力的一个有效方法。因为在市场细分后，每一个细分市场上竞争者的优势和劣势就明显地显露出来。企业只有看准市场机会，利用竞争者的弱点，同时再有效地开发本企业的资源优势，才能用相对较少的资源把竞争者的顾客和潜在顾客变为本企业产品的购买者，提高市场占有率，增强竞争能力。

二、市场细分的原则与标准

1. 市场细分的基本原则

企业要进行有效的、符合要求的市场细分，应当遵循以下基本原则：

（1）差异性　对汽车市场进行划分后，各细分市场在客观上必须存在明确的差异。如果市场在细分后仍然模糊不清，那么就是失败的市场细分。

（2）可衡量性　指细分市场现有的或潜在的需求规模或购买力是可以衡量的。例如，整车销售中比较通用的市场细分方法有两种：一是按照排量划分，二是按照价格划分。后者可以将市场划分为高、中、低三种，每一种市场都有鲜明的特征。高档车消费群注重车辆的外观、性能和豪华程度，对价格不敏感；而低档车消费群则对价格相当敏感，要求耗油量小、耐用等。

（3）可进入性　当一个企业选定一个细分市场作为自己的目标市场时，必须有能力进入，并占取一定市场份额。细分市场的目的就是为了让企业可以扬长避短，只有可以充分发挥企业的人力、物力、财力和营销能力的子市场才可以作为目标市场，否则，就是对企业资源的浪费。

（4）收益性　指企业所选择的细分市场应该有足够的需求量且有一定的发展潜力，能使企业赢得长期稳定的利润。这就要求企业不仅要考虑市场的规模，还要考虑市场上竞争对手的情况。如果该市场已经有大量竞争对手，而企业又没有明显的优势，同样不适宜进入该市场。例如，1957 年 9 月，福特公司针对中档车市场推出埃泽尔车，1959 年就被迫停产，共销售不到 11 万辆，损失 2 亿多美元。埃泽尔车失败的原因很多，其中有两点和细分市场选择失误有关：一是福特公司在设计埃泽尔车时，中档车有很大市场，但当 1957 年投放时，中档车市场已经饱和并开始衰退；二是由于中档车市场的竞争激烈，除了本国竞争者之外，还受到进口汽车的冲击。

（5）稳定性　指细分市场不能变化太快，要有一定的稳定性，这样汽车企业才能在目标市场上按照计划开展营销活动。如果变化太快，企业还没来得及实施营销方案，目标市场就已经面目全非，那么这样的市场细分对于企业来说就是失败的。

2. 市场细分的标准

引起市场需求差异性的因素有很多，这些都可以做为市场细分的依据。汽车行业有自己的特点，因此对于汽车企业而言，应该选择合适的划分标准来进行市场细分。通常情况下，划分的标准有以下几种：

（1）按地理位置细分　即按消费者所在的地理位置和区域来细分市场。居住地区的地理条件不一样，消费者的需求和欲望也就不一样。例如，在我国西藏地区，由于特殊的地理环境，消费者对于汽车的可靠性和安全性就要求更高。

（2）按人口特点细分　根据消费者的年龄、家庭类型、性别、收入水平、受教育程度等因素来进行市场细分。例如，奇瑞公司针对“年轻人的第一辆车”这一细分市场推出了奇瑞 QQ，这款车型从一上市就获得了很多年轻人的青睐，取得了相当好的市场效益。

（3）按购买者心理细分　在商品越来越丰富的市场条件下，人们的心理变化对消费者的购买行为有很大影响。通常情况下，按购买者心理细分包括按消费者的生活态度、个性、购买动机以及消费习惯等细分市场。例如，吉利汽车公司推出“美人豹”，就是专门为那些想买便宜跑车的年轻人设计的。

（4）按最终用户的类型细分　不同的最终用户对同一种产品追求的利益不同。企业分析最终用户，就可针对不同用户的不同需要制定不同的对策，如汽车市场可分为军用、民用两个市场。军用汽车要求质量绝对可靠、按期交货，但对价格不太在意；民用汽车则要求质量良好、服务周到和价格适中。

（5）按用户规模细分　根据用户规模，企业可将市场划分为大、中、小三类客户。

（6）按用户的购买特点细分　购买特点主要指购买者的购买能力、购买目的、购买方式、购买批量、付款方式、采购制度和手续等。

三、市场细分的层次

市场细分可以分为四个层次：细分、补缺、本地化和个别化，并采取相应的营销策略，具体内容如下所述。

1. 细分营销

细分营销是指公司将构成市场的大细分片独立出来，并提供相应的产品或服务。例如，一个汽车公司可以将市场分为四个细分片：寻求基本运输功能的汽车购买者、寻求高性能汽车者、寻求豪华汽车者和寻求安全驾驶者。细分营销较之以前大众化营销有几个优点：公司能创造出针对目标顾客的更适合他们的产品、服务和价格；选择分销渠道和传播渠道更方便。

2. 补缺营销

市场细分一般能辨认出较大的群体，而补缺是指在更窄的范围内确定某些群体。进行补缺营销时，要高度了解补缺者的需要。

3. 本地化营销

把营销方案设计成符合本地顾客群需要和欲望的计划。本地化营销的优点是可以根据各地生活方式的不同制定相应的广告、促销方案，最大程度地对本地目标顾客产生影响；缺点是减少了规模经济而增加了制造成本和营销成本。

4. 个别化营销

市场细分的最后一个层次是细分到个人，应该说，在现代营销活动中，完全的个别化营销十分少见，但存在一些变形的个别化营销现象。整车生产厂家在推出一个车型时，往往会同时提供标准配件和选装件。标准配件是根据该车面对的目标市场中的共同需求而决定的，属于细分营销。但是，顾客又可以根据自己不同的需要，选择是否需要选装件和需要什么样的选装件。这种选择因每一个顾客的不同需求而异，因此可以看做是个别化营销的一种现象。

四、市场细分的过程

完成一个市场细分要经过三个步骤，就是调查、分析、细分。通过调查，了解市场的现有情况、消费者的需求和消费者的不同特征，企业和产品的知名度以及竞争对手的情况，这是进行市场细分的前提所在；分析，就是根据已经得到的资料，提出相关性很大的变量，这些变量就是细分市场的依据；最后，根据选定的变量划分出不同的群体，这些群体就构成了不同的细分市场。

1. 调查阶段

细分市场是对整体市场进行的，市场上存在着大量需求各异的各种群体，群体的购买欲望、购买实力、地理位置和购买态度是大不相同的。市场调查的目的就是了解这些不同所在，从中才可以找到进行市场细分的变量。另外，一个公司在进行市场调查时，还要研究其竞争对手的反应、优劣势所在，以便确定该细分市场是否值得进入，或者，公司是否在该细分市场上拥有优势。

2. 分析阶段

调查是资料收集的过程，完成调查后，就必须对所得到的资料进行分类、筛选，使零散的资料成为对企业有用的信息。这点是进行市场细分必不可少的步骤，是细分市场的依据。

3. 细分阶段

细分阶段要根据消费者不同的态度、行为、人口变量、心理变量和消费习惯等变量划分群体，再根据主要的不同特征给每个细分市场命名。市场细分常用的变量可以分为两大类：一是根据消费者特征细分市场，该细分方法使用大量不同的地理、人文统计和心理特征作为划分市场的根据，然后再看这些顾客群体是否对产品有不同的反应；二是通过顾客对产品的反应细分市场，例如所追求的利益、使用实际和品牌忠诚度等，考察的是每个细分市场是否有不同的消费者特征。

第二节　目标市场选择

市场细分是按一定标准划分不同消费者群体的过程；目标市场则是根据市场细分标准选择一个或一个以上细分市场，并作为企业营销对象的决策。可见，企业选择目标市场，是在市场细分的基础上进行的，通过分析细分市场需求满足的程度，去发现那些尚未得到满足的需求，而企业自身也有满足需求的条件，就可选定为目标市场。

一、目标市场选择的评估

选择目标市场的首要步骤是分析评价各个细分市场，即对各细分市场在市场规模和增长率、市场结构吸引力、企业目标和资源等方面的情况进行详细评估，在综合比较分析的基础上，选择最优化的目标市场。在进行市场的评估时，需要考虑以下因素：

（1）细分市场的规模和增长率　这项评估主要研究潜在细分市场是否具有适当的规模和增长率。当然，适当的规模是一个相对的概念。大的汽车公司可能偏好销售量很大的细分市场，对小市场不感兴趣。小的汽车公司可能会有意避开较大规模的细分市场，因为具有较大规模的市场通常需要具有较强的竞争实力。细分市场的增长率也是一个重要因素，所有的企业都希望目标市场的销售量和利润具有良好的上升趋势，但竞争者也会迅速进入快速增长的市场，从而使利润率下降。

（2）细分市场的结构吸引力　一个具有适当规模和成长率的细分市场，有可能缺乏盈利潜力。著名管理学家波特认为，决定一个市场或一个细分市场长期盈利潜力的有五个因素：行业竞争者、潜在进入者、替代者、购买者和供应者。在一个细分市场中，如果许多势均力敌的竞争者同时步入或参与该细分市场，或者一个细分市场上已有很多颇具实力的竞争企业，则该细分市场的吸引力就会下降，尤其是当该细分市场已趋向饱和或萎缩时。潜在进入者既包括在其他细分市场中的同行企业，也包括那些目前不在该行业经营的企业。如果该细分市场的进入障碍较低，则该细分市场的吸引力也会下降。替代品从某种意义上限制了该细分市场的潜在收益。替代品的价格越有吸引力，该细分市场增加盈利的可能性就被限制得越紧，从而使该细分市场吸引力下降。购买者和供应者对细分市场的影响则表现在他们的议价能力上。

（3）企业目标和资源　选择目标市场，除了满足上述两个条件外，汽车企业还需要考虑自身在该细分市场的目标和所具有的资源。某些具有吸引力的细分市场如果与企业的长期目标不适合，也只能放弃。而对一些适合企业目标的细分市场，企业必须考虑它是否具有在该市场获得成功所需要的各种营销技能和资源等条件。

二、目标市场营销战略

目标市场营销战略是汽车企业在市场细分和评估的基础上，对拟进入的目标市场制定的经营战略，具体类型有：无差异性市场营销战略、差异性市场营销战略、集中性市场营销战略。

1. 无差异性市场营销战略

实行无差异性市场营销战略的企业把整体市场看做一个大的目标市场，不进行细分，用一种产品、统一的市场营销组合对待整体市场。例如，某汽车厂生产载货汽车，以一种车型、一种颜色行销于全国，无论企业或机关、城市或农村，都不例外。实行此战略的企业基于两种不同的指导思想。第一种思想是：从传统的产品观念出发，在看待市场消费需求上，强调需求的共性而漠视消费需求的差异。因此，企业为整体市场生产标准化产品，并实行无差异的市场营销战略。实行无差异性市场营销战略的另一种思想是：企业经过市场调查之后，认为某些特定产品的消费者需求大致相同，或是较少差异。因此，企业对需求类同的产品可以采用大致相同的市场营销策略。采用无差异性市场营销战略的最大的优点是经济性好，大批量的生产销售，必然降低单位产品的成本，无差异的广告宣传也可以减少促销费用。不进行市场细分，也相应减少了市场调研、产品研制与开发，以及制定多种市场营销战略、战术方案等带来的成本开支。然而，无差异性市场营销完全忽略了市场需求的差异性，将顾客视为完全相同的群体，这样就很难满足顾客的需求，从而导致顾客的流失。例如，美国的轿车市场就出现过这样的问题。20 世纪 70 年代以前，美国三大汽车公司都坚信美国人喜欢大型豪华轿车，他们共同追求这一大的目标市场，采用无差异性市场营销战略。但实际上美国轿车消费需求倾向已经变化，特别是 20 世纪 70 年代能源危机发生之后，美国消费者越来越喜欢小型、轻便、省油的小型轿车。而美国三大汽车公司都没有意识到这种变化，更没有适当地调整他们的无差异市场战略，致使大轿车市场竞争异常激烈，而小型轿车市场却几乎无人问津。然而与此同时，日本汽车企业却看到了这一市场机会并乘虚而入，通过制定准确的营销战略，成功地占领了美国小型轿车市场，取得了很好的经济效益。

2. 差异性市场营销战略

采用差异性市场营销战略的企业，通常是把整体市场划分为若干个需求与愿望大致相同的细分市场，然后根据企业的资源及营销实力选择不同数目的细分市场作为目标市场，并为所选择的各目标市场制定不同的市场营销组合策略；有时甚至设计不同的产品，来满足不同目标市场上不同的需求。当一个企业采取差异性市场营销战略并在数个或更多细分市场上取得良好的营销效益时，就能够树立起良好的市场形象，吸引更多的购买者和潜在购买者。用差异性市场营销战略的最大长处，是可以有针对性地满足具有不同特征的顾客群的需求，提高产品的竞争能力。但是，差异性市场营销战略也不是完美无缺的。由于产品品种、销售渠道和广告宣传的扩大化与多样化，市场营销费用大幅度增加。因此，汽车企业在市场营销中需要进行“反细分”或“扩大顾客的基数”，尽量避免市场的过度细分。

3. 集中性市场营销战略

前面两种战略都是以整个市场为目标，而集中性市场营销战略则是选择一个或少数几个子市场为目标。其实对汽车行业的中小企业而言，集中性市场营销战略是更好的选择。它强调不能把力量平分于每个市场上，而是要把企业资源及人力、财力、物力集中在一个或几个小型市场。采取这一战略的企业不求在一个较大的市场上得到一个较小的市场份额，而要求在一个较小的市场上得到较大的市场占有率，甚至是支配性的比率。这种战略，有人把它称为“弥隙”战略，即弥补市场空隙的意思，它一般非常适合资源薄弱的中小型汽车企业。中小型汽车企业要在市场竞争中站稳脚跟，如果与大企业硬性抗衡，弊大于利。他们必须学会寻求对自己有利的小生存环境，也就是说，如果他们避开大企业竞争激烈的市场部位，选择一两个能够发挥自己技术、资源优势的小市场，往往容易成功。由于目标集中，可以大大节省企业的营销费用和增加盈利；又由于生产、销售渠道和促销的专业化，也能够更好地满足这部分特定消费者的需求，企业即可以在某一个或某几个市场上取得优越的市场地位。

这一战略的不足是经营者承担风险较大。如果目标市场的需求情况突然发生变化，或是市场上出现了更强有力的竞争对手，企业就可能陷入困境。因此，企业在采取集中性市场营销战略的同时，也应该局部采用差异性市场营销战略，将目标分散于几个细分市场，以便获得回旋余地。

不同的目标市场策略，各有其优缺点，也有其市场适应性，不同营销观念的企业，对待目标市场的态度不同，市场营销组合策略的手段也不同。在营销实践中，企业在选择目标市场策略时，应考虑以下因素：

（1）企业能力　企业能力是指企业在生产、技术、销售和管理等方面力量的总和。如果企业资金雄厚，且市场营销管理能力较强，即可选择差异性市场营销战略或无差异性市场营销战略；反之，如果企业能力有限，无力兼顾整体市场，则宜选择集中性市场营销战略。

（2）产品特性　对于一些类似性很强的产品以及不同工厂或地区生产的在品种、质量方面相差较小的产品，宜采用无差异性市场营销战略。而对消费者要求差别很大的产品，宜采用差异性市场营销或集中性市场营销战略。大多数轿车都属于消费者要求差别大的产品，适合使用差异性市场营销战略。

（3）产品所处的寿命周期阶段　新的汽车产品上市时，往往以较单一的汽车产品探测市场需求；由于品种单一，产品价格和销售渠道基本上也属相同。因此，新产品在引入阶段可采用无差异性市场营销战略。而待产品进入成长、成熟阶段，市场竞争加剧，同类产品增加，再用无差异经营就难以奏效，所以成长阶段改为差异性或集中性市场营销战略效果更好。

（4）市场的类同性　如果顾客的需求、偏好较为接近，对市场营销刺激的反应差异不大，可采用无差异性市场营销战略；否则，应采用差异性或集中性市场营销战略。对于汽车企业来说，顾客需求的差异性一般较大，因此，企业应该采取后两种市场营销战略。

（5）竞争对手的战略　如果竞争对手采用无差异性市场营销战略时，汽车企业宜选择差异性或集中性市场营销战略，有利于开拓市场，提高产品竞争能力。如果竞争者已采用差异性市场营销战略，则不应以无差异性市场营销战略与其竞争，可以选择的对策是进行更深层次的细分或集中性营销战略。

三、目标市场的模式

通过分析和评估，营销者已对细分市场的潜力、竞争结构及本企业的资源能力有了系统的了解。在此基础上，可以着手目标市场的选择。企业采取的目标模式有五种形式：市场集中化、选择专业化、产品专业化、市场专业化和市场的全面覆盖。

1. 市场集中化

这是一种最简单的目标市场模式，即企业只选取一个细分市场，进行集中营销。企业集中全力只生产一类产品，供应某一单一的顾客群。例如，豪华轿车“劳斯莱斯”的生产厂家采用的就是这种模式，将目标市场固定在“有很高的社会地位，追求享受，并且将汽车作为身份地位象征的顾客”这一专门的细分市场上。

2. 选择专业化

该市场模式是企业选取若干个细分市场作为目标市场，其中每个细分市场都具有良好的盈利潜力和结构吸引力，且符合企业的目标和资源。该目标市场模式中各个细分市场之间，较少或基本不存在联系。其优点是可以有效地分散经营风险，即使某个细分市场盈利不佳，企业仍可继续在其他细分市场获利。选择这种市场模式的汽车企业应具有较强的资源和营销实力。

3. 产品专业化

该市场模式的特征是企业集中生产一种产品，并向各类顾客销售这种产品。产品专业化模式的优点是企业专注于某一种或某一类产品的生产，有利于形成和发展生产和技术上的优势，在该专业化产品领域树立形象。这种模式一般适合于中小型汽车企业。

4. 市场专业化

该模式的基本特征是企业专门为满足某一个顾客群体的需要，经营这类顾客所需要的各种产品。但由于集中于某一类顾客，当这类顾客由于某种原因而购买力下降时，实行市场专业化的企业也会遇到收益下降的风险。

5. 市场的全面覆盖

该模式的基本特征是产品能满足各种顾客群体的需要。因此，只有实力雄厚的大型企业才有能力选用全面覆盖的模式。例如，通用、福特和大众等著名汽车公司的产品基本上覆盖了整个市场的各个方面，同时每一系列的产品都有不同的型号以及针对不同的消费者需求，目标市场选择仍然存在。

四、进入目标市场应注意的问题

在市场细分及选择目标市场的过程中，应注意下述几个问题。

1. 商业道德和企业的社会责任

企业在评估和选择目标市场的过程中，应遵循商业道德和履行的社会责任。社会营销观念要求企业决策时要兼顾企业利润、消费者需要的满足和社会利益这三方面的利益。例如，欧洲许多国家为了缓解环境污染，对汽车的排量作出了许多规定，这时如果汽车生产厂家仍选择大排量、高耗油的细分市场，即使在还没有针对汽车排放作出强制性规定的国家仍然是不合适的，而发展环保型汽车则符合整个世界的发展趋势。

2. 细分市场之间的联合与归并

当企业选择差异性市场营销战略，在选择若干数目的细分市场作为目标市场时，还应密切关注各细分市场之间在成本、技术、性能等方面的相互关系。企业在选择目标市场时，还应着重研究各细分市场之间的关联性，而非逐个孤立地加以评估和选择。

3. 有计划并有步骤地进入各细分市场

当某个企业已确定将若干个细分市场作为目标市场时，应有计划、有步骤地逐个进入每一个细分市场，逐个进入的时间顺序不得泄露，特别是不能让竞争者了解企业进入各细分市场的计划方案。当然，逐个进入的步骤和顺序并不是一成不变的，很大程度上应视竞争对手的策略而定。这对企业有两种好处：一是可以减少竞争，发挥企业的优势，集中力量进入竞争者尚未进入或本企业具有优势的细分市场，可大大增强获胜的可能性，取得对单一细分市场进行集中营销的好处；二是可以减少风险。企业在第一个细分市场取得经验的基础上，可以灵活地采取产品专业化、市场专业化或选择专业化的模式进入第二个细分市场，如此逐步推进，使企业获得稳步成长。例如，日本丰田汽车公司就是采取这种逐步推进的进入战略的。丰田公司首先进入小汽车市场，站住脚后再推出更多型号的小汽车，接着推出旅行轿车，最后推出了豪华型汽车。多年来，丰田公司成功的市场推进战略、极其卓越的质量和渠道体系，使其在日本国内的市场份额始终保持在30%以上。如果企业面临的是一个封闭型市场，显然，其市场进入计划会遇到许多有形和无形的障碍。在此情况下，企业要运用市场营销的特殊手段找出一条进入该市场的途径，在此基础上才可发展常规的市场营销。

第三节 汽车企业市场定位

通常，企业在选定自己的目标市场时，也就决定了自己的顾客和竞争对手。怎样维持自己的顾客并尽可能地限制竞争对手的数量，这就提出了市场营销活动中的市场定位问题。换句话说，也就是在企业所选定的目标市场中如何使自己处于一种有利的竞争优势地位。

一、市场定位的概念与作用

1. 市场定位的概念

市场定位，通常还被称为产品定位或竞争性定位。作为市场营销理论的重要概念和方法，市场定位是根据竞争者现有产品在市场上所处的地位，针对消费者或用户对产品某一特征或属性的重视程度，强有力地塑造出本企业产品与众不同的、给人印象鲜明的个性或形象，并把这种形象和特征有力、生动地传递给目标顾客，使该产品在市场上确定强有力竞争位置的过程。这表明，市场定位是通过为自己的产品创立鲜明的特色或个性，从而塑造出独特的产品市场形象来实现的。产品的特色或个性，可以从产品实体上表现出来，如形状、构造和性能等，也可以从消费者心理上反映出来，如豪华、朴素、时髦和典雅等，还可以表现为价格水平、质量水准等。

企业在进行市场定位时，一方面要了解竞争对手的产品具有何种特色；另一方面要研究目标顾客对该产品的各种属性的重视程度（包括对实物属性的要求和心理上的要求）。在对以上两方面进行深入研究后，再选定本企业产品的特色和独特形象。至此，就可以塑造出一种消费者或用户能将之与其他同类产品区别开来，而按一定方式去看待的产品，从而完成产品的市场定位。

2. 市场定位的作用

从广义而言，定位的作用主要体现在以下方面：

（1）定位能创造差异　通过向消费者传达定位的信息，引起消费者注意你的品牌。若定位与消费者的需要相吻合，那么你的品牌就会留在消费者的心中。

（2）定位是基本的营销战略要素　营销的一个基本概念是：每一产品不可能满足所有消费者的需求，每一家公司只能选定市场上的某一部分特定顾客为其服务对象，才能充分发挥其优势，提供更有效的服务。因此，明智的汽车企业会根据对消费者需求的判断将市场细分化，并从中选择有一定规模和发展前景并符合本企业的目标和能力的细分市场作为目标市场。但只是确定目标市场是不够的，令目标消费者也同样以你的产品作为他们的购买目标才更为关键。为此，企业需要将产品定位在消费者所偏爱的位置上，并通过一系列营销活动向目标消费者传达这一定位信息，让消费者注意到这一品牌就是他们所需要的，这样才能真正占据消费者的心。

（3）定位是制定各种营销战略的前提和依据　在营销活动中，往往需要涉及很多关于营销战略的问题，而这些战略的有效性就在于企业是否能够体现品牌的定位。

(4) 定位形成竞争优势　在这个定位时代，关键的不是对一件产品本身做什么，而是你在消费者的心中做些什么。单凭质量的上乘和价格的低廉已难以获得竞争的优势。今天，成功品牌的竞争优势已主要来源于定位。

二、市场定位方式

市场定位作为一种竞争战略，显示了一种产品或一家企业同类似产品或企业之间的竞争关系。定位方式不同，竞争态势也不同。下面分析三种主要定位方式：避强定位、迎头定位和重新定位。

1. 避强定位

这是一种避开强有力的竞争对手的市场定位。优点是：能够迅速地在市场上站稳脚跟，并能在消费者或用户心目中迅速树立起一种形象。由于这种定位方式的市场风险较少，成功率较高，常常为多数汽车企业所采用。

2. 迎头定位

这是一种与在市场上占据支配地位的、最强的竞争对手正面竞争的定位方式。显然，迎头定位有时会是一种危险的战术，但也有汽车企业认为这是一种更能激励自己奋发上进的可行的定位尝试，一旦成功就会取得巨大的市场优势。实行迎头定位，必须知己知彼，尤其应清醒地估计自己的实力。不一定试图压垮对方，只要能够平分秋色就已是巨大的成功。

3. 重新定位

重新定位通常是指对销路少、市场反应差的产品进行二次定位。很明显，这种重新定位旨在摆脱困境，重新获得增长与活力。这种困境可能是由汽车企业决策失误引起的，也可能是对手的有力反击或出现新的强有力的竞争对手而造成的。不过，也有的重新定位不是因为已经陷入困境，而是产品意外地扩大了销售范围而引起的。

三、市场定位战略

汽车企业要想做到准确定位，首先要决策采取何种定位战略。市场定位的战略有很多，概括起来主要有以下四种：产品差异化战略、服务差别化战略、人员差别化战略和形象差异化战略。

1. 产品差异化战略

这是从产品质量、产品特色等方面实现差别的战略。汽车就属于一种高度差异化的产品，其差异化可以表现在特色、性能、耐用性、可靠性、风格和设计上。具体如下：①特色：汽车产品的特色就是指增加基本功能，例如：电动窗、ABS、安全带、安全气囊和空调器等。实际上，如果一个企业能够率先推出某些有价值且能吸引顾客的新特色，那么这个企业就能在市场上占得先机。②性能：产品性能是指产品主要特点在实际操作运用中的水平。产品的性能可以分为四种：低、平均、高和超级。性能高的产品总体来说可以产生较高的利润，但对于普通顾客来说，性价比是影响顾客购买的一个重要因素。另外，企业还应该随着时间的变化来不断提高产品的品质，以收获更好的市场效益。③耐用性：指产品的预期寿命。对于中国汽车市场而言，耐用性是反映产品优劣的一个重要指标。捷达车之所以取得良好销售业绩的一个重要原因，就是它的耐用性能好。④可靠性：这是指在一定时间内产品将保持不坏的可能性。购买者一般愿意为产品的可靠性付出溢价。尤其是汽车这种严重影响消费者安全的产品，可靠性是至关重要的因素。⑤风格：风格是产品给予顾客的视觉和感觉效果。顾客在购买汽车产品时，首先引起购买欲望的应该是汽车的外观，因为风格较之于质量能更快速地留给顾客深刻的印象。例如，很多车主愿意购买美洲豹汽车就是因为其独特的外貌造型。

2. 服务差别化战略

这种战略的核心是如何把服务融入产品中。需要强调的一点是，开展各种服务有助于改善顾客关系，企业的竞争力越能体现在顾客服务水平上，服务能力越强，市场差别化越容易实现。如果企业把服务要素融入产品的支撑体系，那就可以在许多领域建立“进入障碍”。因为服务差别化战略不仅能使制造商实现差别化，增多顾客的价值，而且还可以击败竞争对手，保持与顾客牢固的关系。汽车产品属于技术密集型产品，因此服务差别化更是行之有效的。在汽车营销中，服务差别化主要体现在：订货、用户培训、咨询、维修和其他多种服务上。汽车企业应该抓住这些方面努力提高自己的服务水平，从而吸引更多的潜在客户。

强调服务战略并没有贬低技术质量战略的重要作用。如果产品或服务中的技术占据了价值的主要部分，这种战略就是行之有效的。但是，如果竞争者之间技术差别很小，则这种战略作用的空间也越小。一旦众多厂商掌握了相似的技术，技术领先就难以在市场上有所作为。原克莱斯勒公司董事长雅科卡在《幸福》杂志的一则广告中做出以下结论：“只有拥有最先进的分销系统和最优良服务的公司才能尝到胜利的滋味——因为你在其他方面无法长时期地占据领先地位。”因此，高技术质量很可能仍是制胜之道，但不是成功的唯一要素。

3. 人员差别化战略

企业可以通过聘用和培训比竞争者更为优秀的人员，以获取人员差别的竞争优势。实践早已证明：市场竞争归根到底是人才的竞争。其实，一支优秀的人员队伍，不仅能保证产品质量，还能保证服务的质量。通常情况下，一个经过严格训练的人员必须具有如下良好的特征：具有从事工作所需要的技能和知识，对工作称职；对客户热情友好，体贴周到；具有诚实可信的品质；能始终如一、正确无误地提供标准化服务；对顾客的请求能快速地作出反应，对出现的问题能及时解决；能够较好地与客户沟通，并清楚、准确地向顾客传达相关信息。

4. 形象差异化战略

即使产品的核心部分与竞争者相类同，购买者依然可以根据产品的形象作出选择。为企业或产品成功地塑造形象，需要具有创造性的思维和设计。任何品牌，都不可能在一夜之间便在公众头脑中树立起形象，也不能仅靠一种媒体进行传播，形象的建立必须利用企业所能利用的所有传播工具，而且要持续不断。例如，奔驰和宝马都属于高档车，但它们在消费者心中的形象却不同，前者代表了尊贵，后者则体现了动感和时尚。

四、市场定位步骤

汽车企业可以通过识别潜在竞争优势、企业核心竞争优势定位和制定发挥核心优势的战略三个步骤实现产品的市场定位。

（1）识别潜在竞争优势　识别潜在竞争优势是市场定位的基础。通常汽车企业的竞争优势表现在两方面：成本优势和产品差异化优势。成本优势是企业能够以比竞争者低廉的价格销售相同质量的汽车产品，或以相同的价格水平销售更高一级质量水平的汽车产品。产品差异化优势是指产品独具特色的功能和利益，与顾客需求相适应的优势，即企业向市场提供在质量、功能、品种和外观等方面比竞争者能够更好地满足顾客需求的汽车产品。为实现此目标，首先，企业必须进行规范的市场研究，切实了解目标市场需求特点以及这些需求被满足的程度。一个企业能否比竞争者更深入、更全面地了解顾客，这是能否取得竞争优势，实现产品差异化的关键。其次，企业还要研究主要竞争者的优势和劣势，知己知彼，方能战而胜之。评估竞争者可以从以下三个方面着手：一是竞争者的业务经营情况，例如，估测其近3年的销售额、利润率、市场份额、投资收益率等；二是评价竞争者核心营销能力，主要包括产品质量和服务质量的水平等；三是评估竞争者的财务能力，包括获利能力、资金周转能力以及偿还债务能力等。

（2）企业核心竞争优势定位　所谓核心竞争优势，是与主要竞争对手相比，企业的某些核心优势和营销能力。诸如产品开发、服务质量、销售渠道、品牌知名度等，在汽车市场上较竞争者可获取明显的差别利益的优势。显然，这些优势的获取与企业营销管理过程密切相关。因此，识别企业核心竞争优势时，应把企业的全部营销活动加以分类，并对各主要环节在成本和经营方面与竞争者相应环节的成本和经营状况进行比较分析，最终定位和形成企业的核心竞争优势。

（3）制定发挥核心优势的战略　企业在市场营销方面的核心能力与优势，不会自动地在市场上得到充分表现。对此，企业必须制定明确的市场战略来充分表现其优势和竞争力。例如，通过广告传导核心优势战略定位，使企业核心优势逐渐形成一种鲜明的市场概念。这种市场概念能否成功，又在于它是否与顾客的需求和追求的利益相吻合。

第四节　汽车市场营销竞争战略分析

在现代汽车市场上，企业固然要针对市场需求展开正确的营销活动，充分满足市场需要。此外，企业还必须针对竞争者的营销活动加强本企业的营销管理，使本企业处于相对优势地位。因此，企业加强对竞争战略与策略的研究，使本企业在目标市场上处于最优地位，对企业的生存和发展具有重要的意义。

一、分析企业的竞争者

汽车企业处在一定的竞争环境中，承受来自多方位竞争的压力。因此，有效的营销战略和策略需要对竞争者作充分的了解，竞争者的经历可以作为企业的前车之鉴，竞争者的现状可以作为企业市场定位的依据，竞争企业的发展战略可以作为企业的参考，只有知己知彼，才能百战不殆。企业必须经常将自己的产品、价格、分销渠道和促销策略与竞争对手进行比较。这样，企业才能确定竞争者的优势与劣势，从而使企业能够发动更为准确的进攻，以及在受到竞争者攻击时能及时进行有效的防卫。

1. 汽车企业分类

根据各企业在市场竞争中所处地位的不同，可以将汽车企业分为以下四种：

（1）主导企业　指在市场上具有高市场占有率的企业，如通用汽车公司和丰田汽车公司等。主导企业在价格变动、新产品开发、分销渠道和促销策划等方面处于行业的主宰地位，是市场竞争的导向者，也是其他企业挑战、效仿或回避的对象。

（2）挑战型企业　指市场竞争地位仅次于主导企业，并能够经常向主导企业或其他竞争者发起挑战的企业，如日本汽车市场上的日产和本田汽车公司。

（3）市场追随者　指跟随、模仿主导企业，并从事与之类似产品的生产与服务的企业。这类企业的市场竞争地位处于挑战企业之后，一般不向其他企业发起挑战。

（4）市场补缺者　指精心服务于某一细分市场，通过专业化经营来占领有利市场位置的企业。这类企业大多是竞争实力不强的中小企业或新企业，一般不与骨干企业竞争。我国许多客车、专用车和特种汽车制造厂都属于这类特色的企业。

2. 竞争者分类

根据产品替代的程度，可以将竞争者分为如下四种类型：

（1）品牌竞争者　即以与本企业相同的价格向同一顾客群提供同样产品的其他企业。对于汽车行业来说，品牌之间的竞争十分激烈，如大众公司、丰田公司和通用公司之间的竞争。

（2）行业竞争者　一个企业可以将所有生产同样产品或同类产品的企业均作为自己的行业竞争者。例如，福特公司可以将所有其他汽车生产企业视为自己的竞争对手。

（3）形式竞争者　对于一个企业来说，还可以更加广泛地把所有提供相近产品与服务的企业都看成形式竞争者。例如，一个轿车生产企业可以认为自己不仅与其他轿车制造商竞争，而且还在与摩托车、自行车等进行竞争。

（4）一般竞争者　一个企业可以把所有为争取相同顾客的支付能力而竞争的企业看做其竞争者。例如，一个汽车企业会认为自己与那些销售主要耐用品和房地产开发等企业，为得到顾客的货币支付而进行着广泛的竞争。

3. 评估竞争者的优势与劣势

评估竞争对手的优势与劣势，有三种变量对于汽车企业来说是比较重要的：①市场份额，竞争者在目标市场的销售份额；②心理占有率，即在回答“举出汽车行业中你首先想到的公司”这个问题时提名竞争者的顾客在全部顾客中所占的百分比；③情感占有率，即在回答“举出你喜欢购买其产品的汽车公司”这一问题时提名竞争者的顾客在全部顾客中所占的百分比。这三个变量之间存在密切的关系，一般情况下，稳定提高心理占有率和情感占有率的企业必定会提高市场份额和盈利能力。因此，对于汽车企业来说，重要的并不在于企业在某一特定年份获利的高低，而在于企业是否能随时间的变化稳步建立起顾客知晓度并为顾客所偏爱。

4. 竞争者的反应类型

通常情况下，竞争者的反应类型有以下几种：

（1）从容型　某些竞争者对某一特定竞争者的行动没有迅速反应或反应不强烈。这可能是他们觉得顾客是忠诚于他们的，或者是对竞争者的反应迟钝，或者他们没有作出反应所需要的资金。企业必须努力弄清楚竞争者之所以从容不迫的原因。

（2）选择型　竞争者可能只对某些类型的攻击作出反应，而对其他类型的攻击则无动于衷。比如，汽车企业可能经常对削价作出反应，证明自己在这方面有抗衡的能力，但对广告费的增加可能不作任何反应，认为这构不成威胁。了解主要竞争者会在哪些方面作出反应，可为企业采取可行的攻击方案提供线索。

（3）凶狠型　这类企业对向其所占领域发动的任何进攻都会作出迅速而强烈的反应。其用意在于向整个市场的竞争者显示自己的实力和表露奋战到底的决心，从而使竞争者望而却步。

（4）随机型　有些竞争者并不表露出可预知的反应模式。这类竞争者在特定的情况下可能作出反应也有可能不作出反应。竞争对手根据掌握的有关信息，无法判断和预见其可能会做什么。许多小公司都是随机性竞争者，当他们发现能承受这种竞争时就站在前沿竞争；

而当竞争的成本太高时，他们就选择退守。

二、汽车企业的竞争战略与策略

（一）汽车企业的竞争战略

市场竞争战略就是汽车企业为了自身的生存和发展，为在竞争中保持或提高其竞争地位和市场竞争力而确定的企业目标及为实现这一目标而采取的各项策略的组合。参与市场竞争的不同汽车企业，应根据竞争领域和竞争姿态的不同，以及各自营销目标和资源条件的不同，制定不同的市场竞争战略。基本的三种市场竞争战略如下所述。

1. 成本领先战略

成本领先战略是指通过有效的途径，使企业的全部成本低于竞争对手的成本，以获得同行业平均水平以上的利润。实现成本领先战略需要一整套的具体措施，即要有高效率的设备、积极降低经验成本、紧缩成本和控制间接费用以及降低研究开发、服务、销售和广告等方面的成本。日本的丰田公司就是通过此战略来不断提高自己的市场竞争地位的。

2. 差异化战略

所谓差异化战略，是指为使企业与竞争对手的产品有明显的区别，形成与众不同的特点而采取的战略。这种战略的重点是创造被全行业和顾客都视为独特的产品和服务以及企业形象。实现差异化的途径多种多样，如产品设计、品牌形象和用户服务等。

3. 集中战略

集中战略是指企业把经营的重点目标放在某一特定购买者集团或某一特定地区上，以此来建立汽车企业的竞争优势及其市场地位。例如，20 世纪 90 年代，天津汽车公司面对进口轿车和合资企业生产轿车的竞争，将经营重心放在微型汽车上，该厂生产的“夏利”微型轿车，价格不贵又适合在城市狭小街道行驶，因而受到了出租车市场的青睐。

（二）汽车企业的竞争策略

由于各个汽车企业在汽车市场上所处的竞争地位不同，所以不同类型的企业应采取不同的竞争策略。

1. 市场领导者

所谓市场领导者，是指在汽车行业市场占有率最高的企业。一般来说，它在价格调整、新产品开发、配销覆盖和促销力量方面处于主导地位。作为市场领导者来说，其营销战略重点更多的是维持其市场份额和保持其市场地位，在此基础上，进一步扩大市场份额。市场领导者一般有三种主要的竞争战略：

（1）扩大市场总需求　一般来说，当一种产品的市场需求总量扩大时，受益最大的是处于市场领导地位的企业。企业领导者可以从三方面来扩大市场需求量：发掘新的使用者、开辟产品新用途以及扩大产品的使用量。

（2）保护市场占有率　处于市场领导地位的企业，在努力扩大整个市场规模时，必须注意保护自己现有的业务，防备竞争者的攻击。市场领导者防御竞争者的进攻最有效的策略是不断创新。领导者不可能保有其在整个市场上的所有阵地，因此，他们必须善于准确地辨认哪些是值得防守的，哪些是可以放弃的阵地，以便集中使用防御力量。具体来说，这种战略主要包括阵地防御、侧翼防御、反击式防御、收缩防御等。

（3）提高市场占有率　市场领导者设法提高市场占有率，也是增加收益、保持领导地位的一个重要途径。这种战略的主要做法有：产品创新、质量策略、多品牌策略、广告策略以及有效的销售促进等。

2. 市场挑战者

市场挑战者是市场占有率位居市场主导者之后而位于其他竞争对手之前的企业，是市场中最具进攻性的企业。市场挑战者可以选择两类战略策略：一种是可以攻击市场领导者和其他竞争者，向他们提出挑战，以夺取更多的市场份额；也可以参与竞争但不扰乱市场的竞争格局，做一个市场追随者。

对于要做市场挑战者来说，下面的攻击战略分析是比较实用的。

（1）确立战略目标和挑战对象　战略目标的确立是同挑战对象的选择紧密相连的。针对不同的挑战对象，应有不同的挑战目标。对于挑战者来说，可以选择以下三种企业作为挑战对象：

1）市场主导企业。这种挑战富有刺激性且风险较大，挑战者应认真分析成功的机遇和失败的风险。挑战企业应抓住市场主导企业的某些弱点展开猛烈攻击，或者在填补市场主导企业留下的某些真空方面做出成绩。日本汽车企业成功登陆美国市场就是这方面一个很好的例证。然而，挑战所达到的目标一般不可能给市场主导企业以全面的打击，而只能从局部给以重创。随着本企业与市场主导企业实力对比的改变，再适时地调整竞争战略，从而实现企业以弱胜强的长远目标。

2）实力相当者。挑战者可以选一些与自己实力相当的汽车企业作为攻击对象，夺取他们的市场。企业与实力相当者竞争，关键是信心要足，决心要大，意志要坚强，要有持久作战的思想准备。而对此类竞争者，企业既可以击败对手，也可以打击对手作为竞争的目标，这应视有关政策、法律及企业的需要而定。当企业以击败对手为目标时，应迅速扩大战果；当以打击对手为目标时，企业则应适可而止。

3）弱小企业。企业将实力不如自己的竞争对手逐出竞争领域或吞并他们来扩大自己的规模和势力。在我国汽车工业大发展的今天，各个企业应认真选择好自己的竞争对手，确立正确的竞争目标，抓住发展的有利时机，以使本企业获得更大的发展。

（2）选择进攻策略　主要有两种可供选择的进攻策略：

1）正面围堵进攻。进攻者针对对手的强项或全方位大规模地展开进攻，胜负将取决于谁更有实力和持久力。此种竞争策略适合针对实力相当或弱小的对手，常用方法有：产品对比、价格战、采用具有攻击性的广告等。

2）侧翼进攻。再强大的对手也会有未加防备的侧面，因此这种战略就是集中优势力量攻击对手的弱点或者避开对手的锋芒间接地攻击对手。侧翼进攻是一种比较经济和有效的手段。单纯的侧翼进攻是把力量集中在填补竞争者领域的市场缺口上，而包围战略则是从几条战线上同时发起攻击，使竞争对手必须同时保卫它的前方、边线和后方。这一战略是挑战者试图攻入对手的领域中去，因此，挑战者必须有比对手强的资源优势，并坚信包围能够完成且能足够快地击垮对方的抵抗意志。侧翼进攻是一种最间接的进攻战略，它避开任何直接的竞争对手，向较容易进入的市场发动进攻，以扩大自己的资源基础。通常的方法有：多样化经营无关联产品，将现有产品打入新地区的市场来进行多样经营，跳跃式地进入新技术领域以取代现有产品，建立自己的占优领域等。

市场挑战者也可在下列条件下采取固守策略：①当所在行业的市场需求呈总体缩小或是衰退时；②估计竞争对手会对所遭受的进攻作出激烈反应，而本企业缺乏后继财力难以支持长期消耗战时；③企业已有更好的投资发展领域并已开始投资，但前景不明时；④主要竞争对手调整了战略或采用新的战略目标，一时不能摸清对手的战略意图和战略指向时。

3. 市场追随者

市场追随者一般不需自己投资研制新产品，获利能力可能并不差。这类企业多属实力不强的中小企业。市场追随者必须懂得如何维系现有顾客，并争取一定数量的新顾客。具体来说，跟随策略有如下两种：

（1）紧跟模仿 这种策略即在企业营销活动的各个方面尽可能多地模仿市场领先型企业，这种跟随者有时好像是挑战者，但只要他们不从根本上危及领导者的地位，就不会发生直接冲突。

（2）有差异模仿 这种策略即模仿者只在一些主要方面模仿市场领先型企业，而在其他方面又保持差别，或自成特色。也就是说，他们不是盲目地追随，而是择优追随，在追随的同时还要发展自己的独创性。常见的市场追随者多执行此策略。

4. 市场补缺者

几乎每个行业都有些小企业，他们专心致力于市场中被大企业忽略的某些细分市场。此类企业的竞争性策略主要是寻找竞争对手所忽略的市场空隙，致力于在空隙中生存和发展。他们只要仔细经营，通过为用户提供满意的产品和服务，通常可以获取较大的投资收益率，利润率常常超过大型企业。他们也被称为市场利基者。

一个企业获取利润的主要战略是补缺，也就是专业化。这一概念可以大概描述为：企业以专门的产品并以专门的方式服务于专门的顾客，企业总是以补缺的角色出现。在这一过程中，市场补缺者的竞争策略主要有以下几项：

1）最终用户专业化。公司致力于专门为某一类型的最终用户服务。

2）纵向专业化。公司专门致力于生产—分销循环周期的某些垂直的层次经营业务。

3）顾客规模专业化。公司可集中力量，向小型、中型或大型的客户销售。许多补缺者专门为小客户服务，因为后者往往被大公司所忽视。

4）特定顾客专业化。公司把销售对象限定在一个或少数几个主要的顾客。

5）地理区域专业化。公司把销售只集中在某个地方、地区或世界的某一区域。

6）产品或产品线专业化。公司只有一种产品线或只生产一种产品。

7）产品特色专业化。公司专业化于生产具有某种产品特色的产品。

8）客户订单专业化。公司按照客户的订货单生产预订的产品。

9）质量与价格专业化。公司选择在低档或高档的市场开展业务。

10）服务项目专业化。公司专门提供一种或多种其他公司所没有的服务。

思 考 题

6-1 什么是市场细分？市场细分有什么作用？市场细分的原则和标准是什么？

6-2 市场细分的四个层次是什么？

6-3 举例说明差异性市场营销战略和集中性市场营销战略各有什么优缺点？

6-4 市场定位的概念是什么？有哪些方式？

6-5 市场定位战略都有哪些？我国汽车企业目前都采取何种定位战略？

6-6 处在不同竞争地位的汽车企业应该使用哪种竞争策略来发展自己的业务？

第七章　汽车产品策略

第一节　汽车产品与产品组合策略

一、汽车产品的概念

产品概念具有极其宽广的外延和深刻而丰富的内涵。从现代营销的观念来看，产品并不仅仅局限于有形的劳动生产物，它还包括无形的信息、知识、版权、实施过程以及劳动服务等内容。而对于汽车产品也是如此，它既包括传统意义上实物的形式，也包含汽车服务、汽车保险和汽车金融等各种形式。

市场营销的过程是一个满足用户需要的过程，除了具有物质实体的是汽车产品外，凡是能满足汽车消费者某种欲望和需要的服务都是汽车产品；另一方面，对于汽车企业来说，它们提供的产品不仅是物质实体本身，也包括与销售实物同时售出的汽车服务，如维修网点、上门服务等等。

例如，奔驰汽车公司认识到提供给顾客的产品不仅是一个交通工具，还应包括汽车的质量、造型、功能与维修服务等，以整体产品来满足顾客的系统要求，不断创新，产品从小轿车到255t的大型载货汽车共160种、3700多个型号，以创新求发展是该公司的一句流行口号，推销网与服务站遍布世界主要汽车市场的各个大中城市。

根据菲利普·科特勒等学者的观点，可用以下五个层次来表述整体产品的概念。

1. 汽车实质产品层

汽车实质产品层是产品的本质层次，它也是满足用户需要的核心内容，即用户所需要的基本效用或利益。对于汽车产品来说，实质产品层就是运客、运货、满足交通运输需要的功能。这一层次是汽车消费者对其所选购的汽车产品的基本要求，同时，对于汽车生产商来讲，他们所提供的产品必须首先保证满足这一产品层次的基本效用，即交通运输。

2. 汽车形式产品层

形式产品是实质产品借以实现的形式，又称为汽车基础产品层。所谓形式，是向市场提供的实体或务实的外观。任何汽车产品总具有实体，汽车产品的外观指汽车产品出现在市场上时，具有可触摸的实体和可识别的外貌等等，并不仅指是否具有外形。汽车消费者不仅要求所购买的汽车产品具有使用需要的功能，还要求有一定的质量水平来满足一定的水平需要。汽车的形式产品由结构形式、质量品质、特色、式样（款式）、商标（品牌）等方面构成。汽车产品的基本效用必须通过某些具体的形式实现，因而汽车企业应首先着眼于汽车消费者购买汽车时所追求的实际利益，以求完善地满足汽车消费者的需要，从这点出发，再去寻求实际利益得以实现的形式，进行汽车产品的设计。

3. 汽车期望产品层

汽车期望产品层指汽车消费者购买汽车产品时期望得到的，与产品密切相关的整套属性和条件。例如，汽车消费者大部分期望得到舒适的车厢、音响设备、导航设备和安全保障设备等。这种期望是否能够得到满足，将影响到消费者的购买决策。因此，企业从实质产品出发进行市场营销的同时，还必须完整地了解消费者的期望。

4. 汽车延伸产品层

汽车延伸产品层又称为汽车附加产品层，是指汽车消费者购买汽车产品时所能得到的汽车附加服务和利益，如提供信贷、储运、装饰、维修、保养和售后服务等。例如，美国的汽车业通常提供四种担保：基本担保、动力装载担保、腐蚀担保以及排放物担保。由于汽车消费者购买是为了满足某种需要，因而希望购买后能得到与满足这种需要有关的一切事物。可见，汽车企业所出售的也必须是一个整体，要充分了解消费者的需要，向消费者提供具有更多实际利益、更完美满足其需要的汽车产品，才能在竞争中获胜。

上海社会科学院经济研究所副所长周振华曾把汽车价值链作了四种延伸，第一种是纵向延伸，也就是从汽车的研发、制造、销售到售后服务的价值链的延伸。在这个价值链的延伸过程中，除了制造外，研发、销售、售后服务，实际上都是综合性的服务。第二种是波及延伸，不能把汽车仅仅看成是一个产品或物质实体，汽车的波及延伸实际上是一种生活方式，从更宽泛的意义上讲汽车是一种文化。第三种是内向延伸，内向延伸也就是加强现有的服务方式。尽管这会增加服务成本，但是通过运用增值技术，却能创造新的附加价值。第四种是交叉延伸，把汽车服务和其他服务进行系统整合，进行打包，提供给客户的是一个完整的服务包，来增强综合消费的功能。比如，由交通银行上海分行、上海永达（集团）股份有限公司与上海公共交通卡股份有限公司联袂推出的“永达太平洋一卡通”，已经把汽车服务和金融服务组合在一起了。

5. 汽车潜在产品层

汽车潜在产品层是指包括现有汽车产品的所有延伸和演进部分在内，最终可能发展成为未来汽车产品的潜在状态的汽车产品。它指示着汽车产品未来的发展前景，如普通汽车可能发展为水陆两用汽车或者移动餐厅。

对于汽车产品这五个层次的内容（图 7-1），实质产品是核心，企业必须首先保证实质产品，不断开发创新，生产出适合顾客需要的新品种。形式产品是顾客购买商品时首先获得的印象，对激发顾客购买欲望具有促进作用。期望产品用于企业检查其形式产品或延伸产品是否很好地满足用户或消费者的期望。延伸产品是顾客购买商品后的进一步要求，企业若能在顾客购买商品的同时提供这些服务，顾客就会放心购买，同时对其他顾客也能起到一种广告作用。汽车延伸产品主要是针对今天的汽车产品，而汽车潜在产品则代表着今天的汽车产品可能的演变，并为企业改进、开发产品提供了方向。

二、汽车产品组合策略

1. 汽车产品组合策略的概念

产品组合是指一个企业提供给市场的全部产品线和产品项目的组合或搭配，即企业的业务经营范围。企业为了充分有效地满足目标市场的需求，必须设计一个优化的产品组合。

汽车产品组合通常由若干产品线（产品系列）组成。汽车产品线是指产品组合中的某一产品大类，是一组密切相关或相似的产品，通俗地说就是车型系列。汽车产品线（产品系列）又由若干汽车产品项目组成。产品项目，是指一个车型系列中各种不同档次、质量和价格的特定品种。

例如，一汽集团的产品在我国汽车行业中是最多的，它生产重型载货汽车、中型载货汽

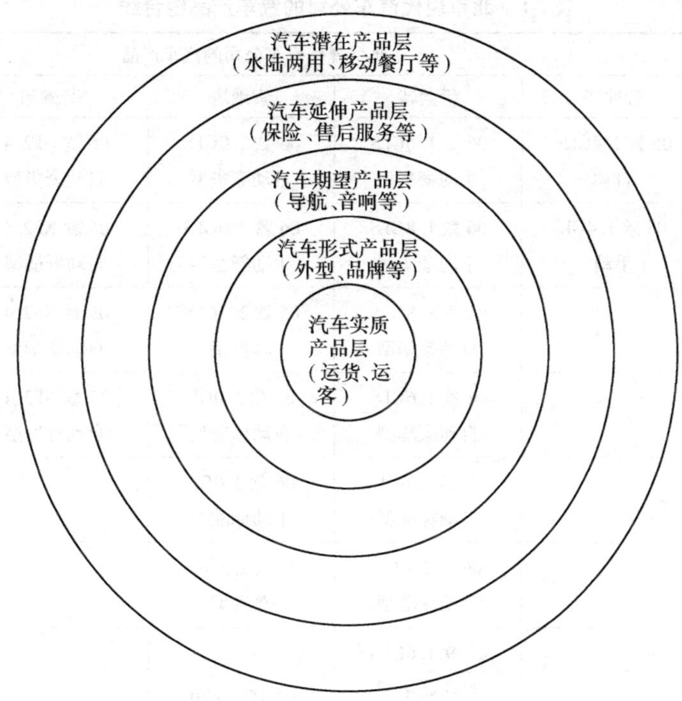

图 7-1　汽车整体产品层次图

车、轻型载货汽车、高级轿车、中级轿车、普及型轿车、微型轿车等多个产品系列，就是产品组合。每一个系列又有数个、甚至数十个品种（产品项目）。

汽车产品组合策略，指汽车企业如何根据消费市场实际，合理地进行产品组合决策。产品组合多，表明产品覆盖面宽；产品组合少，表明产品覆盖面窄。在进行产品组合决策时，常需注意以下三个方面：①企业所拥有的资源条件的限制；②市场基本需求情况的限制；③竞争条件的限制。

汽车产品组合决策对企业的营销决策有着重要意义：增加产品组合宽度，扩大经营范围，减少车型单一的风险；增加产品组合的长度，可使产品线丰满；同时给每种产品增加更多的变化因素，有利于企业细分市场；提高产品的市场占有率和用户满意率。

2. 汽车产品组合的分析和评价

汽车产品组合的广度，指汽车企业生产经营的汽车产品系列（线）的数量，包含的产品线越多，广度就越宽。例如，北京现代汽车公司的产品组合广度为 5，即包含雅坤特、伊兰特、索纳塔、NF 御翔和途胜五条汽车产品线。

汽车产品组合的深度，指每一汽车产品系列（线）所包含的汽车产品项目的多少。包含的项目越多，深度就越大。例如，索纳塔系列包含 2. 5GLS 尊贵型和 2. 0GL 自动标准型等项目。

汽车产品组合的长度，指汽车产品组合中的汽车产品品种总数。汽车企业有多少种汽车产品，汽车产品组合的长度就为多少。例如，上汽集团一共有 30 种汽车产品，汽车产品组合的长度为 30。表 7-1 是北京现代汽车公司的汽车产品组合线，北京现代汽车公司一共有 27 种汽车产品，汽车产品组合的长度为 27。

表 7-1　北京现代汽车公司的汽车产品组合线

产品组合广度	北京现代汽车公司的汽车产品				
	雅坤特	伊兰特	索纳塔	NF 御翔	途胜
产品线深度	06款1.4GLS 自动	06款1.6GLS 手动豪华型	06款2.0GLS 自动豪华型	06款NF2.4 自动豪华型	06款2.0 手动
	06款1.4GL 手动	06款1.8GLS 手动豪华型	06款2.0GLS 手动舒适型	06款NF2.4 自动舒适型	06款2.7V6 手自一体
		06款1.8GLS 自动豪华型	06款2.5GLS 尊贵型	05款NF2.4 自动豪华型	05款2.0 手动
		06款1.6GLS 自动豪华型	06款2.0GL 自动标准型	05款NF2.4 自动舒适型	05款2.7V6 手自一体
		06款1.6GL 自动标准型	06款2.0GL 手动标准型		
		06款1.6GL 手动标准型	05款2.5GLS 尊贵型		
		05款1.6GLS 自动豪华型	05款2.7V6 尊贵型		
		05款1.6GLS 手动豪华型			
		05款1.6GL 自动标准型	05款2.7GLS 自动豪华型		

汽车产品组合的相关性，指各条产品线在最终用途、生产条件、细分市场、分销渠道、维修服务或者其他方面相互关联的程度，又称为组合相容度。不同的汽车产品组合相容度不同。

汽车产品组合具有广度性组合和深度性组合两种类型。汽车超市和汽车专营店所体现的就是这两种不同的组合类型，表 7-2 给出了汽车超市与汽车专卖店组合对比。

表 7-2　汽车超市与汽车专卖店组合对比

	组合广度	组合深度	组合长度	组合相容度
汽车超市	宽	浅	长	差
汽车专卖店	窄	深	短	好

汽车产品组合为企业分析自己的利润支点提供了手段。汽车企业可以通过对其所有的汽车产品项目、产品线进行销售额、利润等方面的统计和比较，为分析、评价、调整和优化产品组合提供依据，剔除不好的产品项目或产品线，找到具有发展前途的产品项目或产品线。例如，2003 年上海大众公司推出的高尔轿车，作为当年下线的第一款经济型轿车，是国内第一款双开门轿车以及上海大众公司推出的第一款 10 万元以下轿车。但高尔轿车投放市场后却遭受到冷遇，尤其是售价 7.5 万元的导入型，因其连最基本的制冷空调和收音机都没有配备而遭到不少非议。因此，上海大众公司对其产品组合进行了调整。目前，高尔的两门基本型等车型已经停产。

又如，一汽大众公司推出的捷达轿车，从1991年12月5日第一辆捷达下线到今天，14年来销售业绩辉煌。捷达的优势就是实用，同时还在于捷达不断地推陈出新。从1996年至2005年，捷达新产品开发和新技术应用的间隔平均为四个月，也就是说每四个月推出一个技术升级版本。由此可知，捷达的长盛不衰与一汽大众公司对产品组合的调整是密切相关的。

3. 汽车产品组合策略的类型

汽车企业在进行了产品组合分析之后，还要进行产品组合决策，即汽车企业对其产品组合进行决策。汽车产品组合决策过程应成为优化产品组合的过程。常见的汽车产品组合策略类型有：

(1) 产品项目（汽车品种）发展策略　如果企业增加汽车产品品种可增加利润，那就表明产品线太短；如果减少汽车品种可增加利润，那就表示产品线太长。产品线长度以多少为宜，主要取决于企业的经营目标。目前我国汽车买方市场已形成，各汽车企业又增加产品线长度，不断丰富产品品种的趋势。目前市场上的车型基本上都有不同形式，比如帕萨特，除基本型外还有豪华型和变型车，奇瑞QQ也有标准型、舒适型和豪华型等等。

(2) 产品线（车型系列）发展策略　当企业预测现有产品线的销售额和盈利率在未来可能下降时，或其他经营条件发生改变时，就必须考虑在现有产品组合中增加产品线，或加强其中有发展潜力的产品线。

(3) 产品线延伸策略　产品线延伸策略指全部或部分地改变原有产品的市场定位，分为向下延伸、向上延伸和双向延伸三种实现方式。

1）向下延伸，指汽车公司的汽车产品最初定位为高档汽车产品，随后将汽车产品线向下发展。例如，宝马汽车公司一向秉承“专属独尊”的贵族理念，实行高档品牌战略，但如今也正在计划生产小型货车。

2）向上延伸，指在市场上定位于低档汽车产品的公司，可能打算进入高档汽车产品市场。例如，奇瑞汽车公司推出QQ车型后，又推出了定位为中高档车的东方之子。

3）双向扩展，指定位于市场中端的公司可能会决定朝向上、向下两个方向扩展汽车产品线。例如，上海通用公司在推出中级车别克之后，又推出了小型车赛欧和高档豪华车凯迪拉克。

第二节　汽车产品生命周期与营销策略

一、汽车产品生命周期

（一）汽车产品生命周期的概念

汽车产品生命周期（Product Life Cycle），指产品从完成试制并投放市场开始，直到最后被淘汰退出市场为止的全部过程所经历的时间。所谓生命，并不是指汽车产品的使用寿命，而是指汽车产品的市场寿命，其长短受汽车消费者需求变化、汽车产品更新换代速度等多种市场因素的影响。产品生命周期就是产品从进入市场到退出市场所经历的市场生命循环过程，进入和退出市场标志着周期的开始和结束。随着科技的飞速发展，企业间的竞争日趋激烈，市场的变化不断加快。对于汽车产品来说，新产品的生命周期从20世纪90年代的5~8年降至目前的3~5年。

如图 7-2 所示，根据产品销售量、销售增长率和利润等变化曲线的拐点，可以定性地把产品生命周期划分为四个典型形态阶段：

（1）市场导入期（Introduction stage） 是指在市场上推出新产品，产品销售呈缓慢增长状态的阶段。新产品投入市场，便进入了导入期。此时顾客对产品还不了解，除了少数追求新奇的顾客外，几乎没有人实际购买该产品。在此阶段，产品生产批量小，制造成本高，广告费用大，产品销售价格偏高，销售量极为有限，企业通常不能获利。从图 7－2 中曲线可以看出，导入期产品销售额增长缓慢，企业获利极少甚至为负数。

（2）市场成长期（Growth stage） 是指该产品在市场上迅速为顾客所接受、销售额迅速上升的阶段。当产品进入导入期，销售取得成功之后，便进入了成长期。这是需求增长阶段，由于竞争者纷纷涌入，同时生产成本得到降低，需求量和销售额迅速上升，生产成本大幅度下降，利润迅速增长，这时生产效率和市场占有率均显著提高。如图 7-2 所示，产品从导入期转入成长期，销售额曲线和利润曲线都迅速上升。

（3）市场成熟期（Maturity stage） 是指大多数购买者已经接受该车型，市场销售额缓慢增长或下降的阶段。经过成长期之后，随着购买产品的人数增多，市场需求趋于饱和，产品便进入了成熟期阶段。此时，销售增长速度缓慢直至转而下降。由于竞争的加剧，导致广告费用再度提高，利润下降。如图 7-2 所示，第三阶段成熟期的产品销售额基本稳定，利润开始减少。

（4）市场衰退期（Decline stage） 是指销售额急剧下降、利润渐趋于零甚至负值的阶段。随着科技的发展、新产品和替代品的出现以及消费习惯的改变等原因，产品的销售量和利润持续下降，产品从此进入了衰退期。产品的需求量和销售量迅速下降，同时市场上出现替代品和新产品，使顾客的消费习惯发生改变。此时，成本较高的企业就会由于无利可图而陆续停止生产，该类产品的生命周期也就陆续结束，产品普及率迅速降低，以至最后完全撤出市场。如图 7-2 所示曲线，衰退期销售额下降，利润也明显下降。

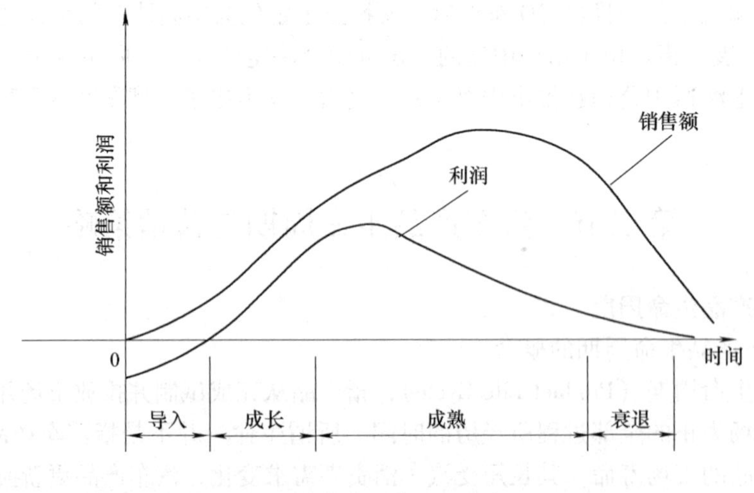

图 7-2 PLC 及其阶段划分

各种档次、各种类型的汽车产品不同，其汽车产品生命周期及其经历各阶段的时间长短和形态也不同。目前，我国的汽车市场不是所有的产品生命周期都缩短了，而是有区别的。像主流产品的生命周期跟国外的差不多，还是要五六年；但是非主流产品，有可能几个月之后就走的是国外要经过好几年走的路线，很快上升，过不了几个月就往下滑。比如，有些车型的生命周期比较长，比较典型的是桑塔纳、捷达、富康以及夏利几个品牌或者车型。据统计，2004 年这些品牌车的销售量占全年整体轿车销量的近 15%。与此相反，赛纳和毕加索的生命周期较短，从上市到最终退出汽车市场仅仅两三年的时间。此外，同样的车型在国外的生命周期长，在国内未必就长。国外汽车产品的周期一般是 5 ~7 年，而国内的一些汽车产品的生命周期往往不足三年。

（二）汽车产品生命周期所处阶段的判断

能否正确判断产品处在生命周期的哪个阶段，对企业制定相应的营销策略非常重要。企业最常用的判断产品生命周期阶段有下述两种方法：类比法和增长率法。

1. 类比法

该方法是根据以往市场类似产品生命周期变化的资料来判断企业产品所处市场生命周期在哪个阶段。

2. 增长率法

该方法就是以某一时期的销售增长率与时间增长率的比值来判断产品所处市场生命周期阶段的方法，如表 7-3 所示。

表 7-3　不同比值下所处市场生命周期阶段

比值 k	所处生命周期阶段
$k < 0.1$	导入期
$k > 0.1$	成长期
$-0.1 < k < 0.1$	成熟期
$k < -0.1$	衰退期

二、汽车产品生命周期各阶段的营销策略

（一）导入期的营销策略——瞄准市场，先声夺人

导入期是产品成功的开始，但是，往往很多新产品在向市场投放以后，还没有进入成长期就被淘汰了。因此，企业要针对成长期的特点，制定和选择不同的营销策略。可供企业选择的营销策略，主要有以下四种类型。

1. 迅速夺取策略

迅速夺取策略指以高价格和高促销水平推出新产品的策略。采用此策略必须具备如下条件：产品鲜为人知；了解产品的人急于购买，并愿意以卖主的定价支付；企业面临潜在的竞争，必须尽快培养对本产品“品牌偏好”的忠实顾客。

2. 缓慢夺取策略

缓慢夺取策略指以高价格和低促销水平推出新产品的策略。它适用于这样一些情况：市场规模有限，顾客已经了解该产品，顾客愿意支付高价，没有剧烈的潜在竞争。

3. 迅速渗透策略

迅速渗透策略指用低价格和高水平促销费用推出新产品的策略。采用此策略必须具备的条件如下：市场规模大，顾客并不了解该新产品，市场对价格比较敏感，有强大的潜在竞争对手存在。例如，伊兰特上市时，以较高的性价比，在 10 万 ~15 万元档的车型中取得了较大的优势。虽然在这一价格档次中的竞争车型较多，如凯越、宝来、福美来、捷达等，但消

费者对这一档车型的价格比较敏感。伊兰特就是以较低的价格上市，仅三个月销售就上万辆，成为中级车销售的冠军，其采取的就是迅速渗透的策略。

4. 缓慢渗透策略

缓慢渗透策略指以低价格和低促销水平推出新产品的策略。采用此策略必须具备的条件如下：市场规模大，产品有较高的知名度，市场对价格敏感，存在潜在的竞争对手。

图 7-3 给出了导入期不同促销策略的对比结果。

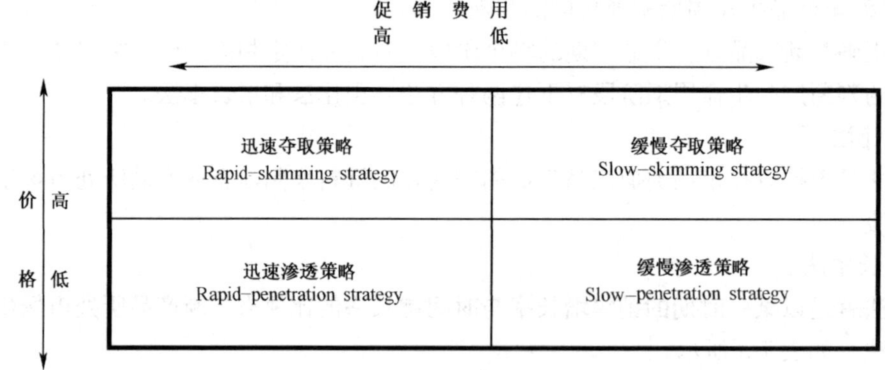

图 7-3　导入期促销策略对比

（二）成长期的营销策略——顺应增长，质量过硬

企业在成长期的主要目的是尽可能维持高速的市场增长率。为此，可以采取以下市场推广策略：

1）改进产品质量，增加花色品种，改进款式、包装，以适应市场的需要。比如波罗，从两厢到三厢，十几种个性化色彩，正从单纯可爱型向个性化阶段发展。2004 年的全新蒙迪欧也是以增加产品功能来创造竞争优势的例子。

2）进行新的市场细分，从而更好地适应增长趋势。

3）开辟新的销售渠道，扩大商业网点。

4）改变广告宣传目标，由以建立和提高知名度为中心转变为以说服消费者接受和购买产品为中心。

5）适当的降低价格，以提高竞争能力和吸引新的顾客。2005 年 10 月 25 日，波罗最高降价 2 万元，在丰富产品款式的同时，又使出了价格竞争的利器。

（三）成熟期的营销策略——改革创新，巩固市场

成熟产品是企业理想的产品，是企业利润的主要来源。因此，延长产品的成熟期是该阶段的主要任务。延长产品成熟期的策略可以从以下三个方面考虑：

1）发展产品的新用途，使产品转入新的成长期。

2）开辟新的市场，提高产品的销售量和利润率。

3）改良产品的特性、质量和形态，以满足日新月异的消费需求。比如，2005 年 10 月上海大众公司推出的新款帕萨特 1.8T；10 月 11 日南京菲亚特公司推出的周末风 1.5FSX“十运吉祥版”；10 月 18 日东风标致 307 2.0L 驾御版上市，使 307 车型从 1.6 ~ 2.0L 拥有多达 9 种不同的配置；赛拉图 1.8 L 运动版的推出等，都是为了满足消费者的个性化需求而改良产品的特性。

（四）衰退期的营销策略——面对现实，见好就收

处于衰退期的产品常采取维持策略、缩减策略和撤退策略，但有的企业也常常运用一些方法延长其衰退期。

1. 维持策略

维持策略即汽车企业在目标市场、价格、销售渠道和促销等方面维持现状。由于这一阶段很多企业会先行退出市场，因此，对一些有条件的企业来说，并不一定会减少销售量和利润。使用这一策略的汽车企业可配以商品延长寿命的策略。汽车企业延长产品寿命周期的途径是多方面的，最主要的有以下几种方法：

1）通过价值分析，降低生产成本，以利于进一步降低汽车价格。

2）通过科学研究，增加产品功能，开辟新的用途。

3）加强市场调查研究，开拓新的市场，创造新的内容。

4）改进汽车设计，以提高产品性能、质量、包装和外观等，从而使产品寿命周期不断实现再循环。如捷达轿车每四个月推出一个技术升级版本对产品进行改进，以适应市场的需要，延长生命周期。

2. 缩减策略

缩减策略即汽车企业仍然留在原来的目标上继续经营，但是根据市场变动的情况和行业退出的障碍水平在规模上进行适当的收缩。如果把所有的营销力量集中到一个或者少数几个细分市场上，以加强这几个细分市场的营销力量，也可以大幅度降低市场营销的费用，以增加当前的利润。

3. 撤退策略

撤退策略即企业决定放弃经营某种商品以撤出该目标市场。在撤出目标市场时，企业应该主动考虑以下几个问题：

1）将进入哪一个新区域，经营哪一种新产品，可以利用以前的哪些资源。

2）品牌及生产设备等残余资源如何转让或者出卖。

3）保留多少零件存货和服务，以便在今后为过去的顾客服务。

产品生命周期是一个很重要的概念，它和企业制定产品策略以及营销策略有着直接的联系。管理者要想使其产品有一个较长的销售周期，以便赚到足够的利润来补偿在推出该产品时所作出的一切努力和经受的一切风险，就必须认真研究和运用产品的生命周期理论。此外，产品生命周期也是营销人员用来描述产品和市场运作方法的有力工具。表 7-4 给出了产品生命周期各阶段的特点与营销目标

表 7-4　产品生命周期各阶段的特点与营销目标

	导入期	成长期	成熟期	衰退期
销售量	低	剧增	最大	衰退
销售速度	缓慢	快速	减慢	负增长
成本	高	一般	低	回升
价格	高	回落	稳定	回升
利润	亏损	提升	最大	减少
顾客	创新者	早期使用者	中间多数	落伍者

（续）

	导入期	成长期	成熟期	衰退期
竞争	很少	增多	稳中有降	减少
营销目标	建立知名度，鼓励试用	最大限度地占有市场	保护市场，争取最大利润	压缩开支，榨取最后价值

第三节　汽车新产品开发策略

一、汽车新产品

（一）汽车新产品的概念

新产品是指在一定的地域内第一次生产和销售的，在原理、用途、性能、结构、材料和技术指标等某一方面或几个方面比老产品有显著改进、提高或独创的产品。这一概念在现代市场营销学中，是从“产品整体”来理解的。产品整体概念中有任何一个层次的更新和变革，就使产品有了新的结构、功能、品种或服务，从而给消费者带来新的利益，与原产品产生差异，这便可视为新产品。

具体来说，新产品可以分为以下几种：

（1）全新产品　指技术新发明应用于生产所制造出来的过去从未有过的整体新产品，比如汽车取代马车就属于全新产品。

（2）革新产品　指运用现代化科技对市场上已经出售或普及的产品进行较大的技术革新而出现的部分更新产品。例如，电动汽车的发明，使汽车动力由内燃机转变为电力驱动，就属于革新新产品。

（3）改进产品　只对现有产品的性能、规格型号等进行改进，以提高质量或实现多样化来满足不同消费者需求的新产品。例如，06 款君威 2.5 豪华版在原 G2.5 车型基础上，增加了双层电动天窗、真皮座椅以及倒车雷达等配置，成为进入 20 万元价格以内极具性价比优势的 V6 发动机产品；而 2.0 舒适版则对原 2.0 豪华版进行调整，采用米色布饰座椅、四向手动调节驾驶员座椅。这些就属于汽车改进新产品。

（4）引进新产品　指第一次进入本地市场的进口或外埠产品，可给消费者带来新的利益。例如，昌河铃木引进利亚纳，使铃木生产的经济型车除了北斗星之外，又增加了新车型。

（二）汽车新产品与创新

创新是汽车新产品开发的灵魂。研究表明，新产品的上市成功率约为 10%。影响新产品上市成功的两个最重要的因素：一是行业类型；二是创新程度。主要的创新模式有：

（1）连续创新　指创新产品同原有产品只有细微差异，对消费模式的影响也十分有限。消费者购买新产品后，可以按原来的方式使用并满足同样的需求，没有质的改变。

（2）非连续创新　指引进和使用新技术的创新，要求消费者必须重新学习和认识创新产品，彻底改变原有的消费模式。它是创新的另一个极端，如汽车刚发明时的创新，可以说汽车是最典型的非连续创新之一。

（3）动态连续创新　指介于连续创新和非连续创新之间的状态，它要求对原有的消费模式加以改变，但不是彻底打破，如集装箱式汽车、MPV。

二、新产品开发的界定

汽车新产品具有新颖性、市场适应性、时效性和可生产性等诸多特点。汽车新产品的新颖性是显而易见的；市场适应性包括满足用户对汽车产品功能、用途、质量、可靠性、使用和价格等方面的要求；时效性是指汽车新产品的时间性很强，而且一般寿命期有限，它必须在适当的时机投放市场，如果投放市场的时机不当，新产品就不能发挥应有的作用；可生产性是指新产品能以市场可接受的价格进行工业化生产。

新产品开发是指企业对汽车新产品的研究、试制，以扩大和完善产品品种的一系列工作。新产品开发是一项复杂的系统工程，它涉及项目确定、市场预测、科学研究、设计和工艺生产准备、质量标准、设备投资、成本核算以及市场销售等各方面的工作。为了保证开发质量，取得良好的技术经济效果，企业必须了解新产品开发的实际内涵，以便掌握合乎客观规律的方法和步骤，作出正确的决策，保证新产品开发的成功。

企业要根据自身的科研技术条件、技术发展、市场状况和社会环境等情况来选择具体的产品开发方式，大体有自行研制设计、技术引进、自行研制设计与技术引进相结合、合作开发四种形式。自行研制设计是企业在掌握国内外先进科学技术及本企业积累的生产经验的基础上，自行设计的全新产品或结构有重大变化的产品，一般要求企业有比较雄厚的科研实力和完善的试验设备。例如，红旗轿车就是一汽集团自行研制的车型。技术引进是利用外国、外省（或市、自治区）已有的成熟技术从事新产品开发的一种形式，它对于研究开发能力较弱但制造能力较强的企业更为适用，可以节省产品的研制费用，迅速提高企业自身的技术力量。我国20世纪80年代轿车市场开始对外开放，技术较为落后，桑塔纳、捷达以及北京吉普等车型都是在这一时期引进的车型。自行研制设计与技术引进相结合是在充分消化引进技术的基础上，结合本国、本地区和本企业的特点进行创新，或在充分利用本企业技术的基础上引进新技术。这种形式较适合于企业已具有一定的科研技术基础，外界又具有新产品开发较成熟技术的情况。在我国汽车行业中，许多车型的研制都是采取引进技术与自行研制相结合的方式，例如华晨中华、哈飞中意。合作开发可以是企业间的强强联合，自愿结成技术联盟，也可以实施产学研联合，优势互补，实现多方共赢。例如，华晨骏捷就是华晨公司和意大利宾尼法尼亚公司、德国保时捷公司合作开发的车型；再如哈飞赛豹，是采用了日本三菱公司的发动机，与意大利、英国等国家共同合作开发的。

对于汽车新产品的开发，中国汽车企业应该学习借鉴日本和韩国在自主创新方面成功的经验。韩国汽车工业也提出过“市场换技术”，但是政府同时对引进技术作出限制，而且要求企业在引进一项技术的同时，需要用10倍的研发投入去消化。日本政府对汽车产业采取了很多保护性的政策，引导企业走集群化的道路，努力发展经济型轿车，企业也坚持独立自主，自主创新，树立自己的品牌。

三、汽车新产品开发的一般原则和步骤

（一）汽车新产品开发的一般原则

汽车新产品开发的一般原则概括起来应包括以下几条：

1）从社会实际情况出发，依靠科技进步，不断创新，努力生产出适应市场需求的新产品。例如，SUV、MPV等多种车型的出现，丰富了市场上的汽车产品种类，也给了消费者多种选择的机会。

2）保持新产品开发的连续性。开发新产品既要多样化，又要保持前后衔接，使企业能持续地以新颖、适销对路的产品供应市场。目前，几乎所有车型在开发之后，都在不断地改进更新，以便更适应消费者的需求。例如，飞度在进入中国时采用了三厢先行的做法，2003年9月三厢飞度投产，一年后推出的飞度两厢版上市。

3）提高产品开发通用化、标准化和系列化水平。这既能减少设计、制造的工作量，加速新产品开发和制造的进程，也便于使用、维护和保养，从而降低开发制造和使用过程的费用。对于汽车生产商来说，推出新产品时可配置舒适型、豪华型等不同版本的车型，以适应不同消费群体的需求。

4）符合国家颁布的政策、法令和法规。企业若不注意相关的法令和法规，会使其付出巨大人力和财力开发出的新产品，因不符合国家的能源、环保、技术等方面的规定而被扼杀在摇篮之中，使企业遭受难以弥补的损失。例如，北京市环保局规定，国三标准的汽油2005年7月1日开始在北京全面使用。这意味着在北京市销售的机动车必须达到国三标准，若不达标，就意味着失去北京市场。

（二）汽车新产品开发的步骤

企业开发新产品的过程，并没有固定的模式或统一的程序。但一般的新产品开发都是分阶段、分步骤进行的，大致包括图7-4所示的几个具体步骤。

1. 市场调查与预测

企业新产品开发的前期工作首先是要做好市场调查与预测，这项工作做得是否细致和充分，对新产品开发的准确性有直接的影响。尤其我国的汽车市场变化较大，预测较为困难，因此需要更加认真充分地做好这项工作。

就企业新产品开发和制定产品规划而言，调查应包括的内容有以下五项：

1）市场调查，具体包括用户需求和市场容量及构成调查。调查途径大体有用户例会、特约经销商例会、改装厂例会以及对外调查部门例会等几种。

2）宏观环境调查，其中包括有关汽车产品的技术法规以及社会运输状况调查。

3）竞争者调查，主要包括各公司商品及其市场评价、商品价格以及他们的动向调查。

4）汽车产品技术发展调查。

5）本企业的技术实力及经营状况评价。

2. 制定产品开发规划与计划

制定产品开发规划与计划是企业新产品开发的重要依据，对新产品开发的成功具有至关重要的作用。一般是在做好市场调查的基础上，集合本企业技术实力等内部条件，科学地制定产品开发规划与计划。同时，产品发展规划也是企业经营战略规划的重要内容之一。要制定出符合本行业和企业发展的新产品开发计划，首先要为企业的新产品开发活动规定总体范围，

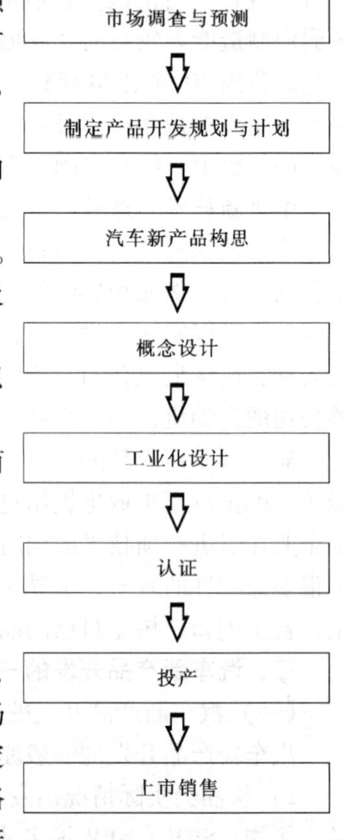

图7-4　新产品开发程序

然后设定目标，接着制定为实现这些目标所需采取的总体政策。

国外汽车公司一般都要作出今后 5 ~ 10 年的产品发展规划。该规划包括两种情况：一是在一定的时间内，在企业当前的产品线中增加一种新的品种（开发新产品）；二是对现有某种产品在一定的时候进行换代。企业根据产品发展规划再确定某一项新产品的具体开发计划。如果该汽车产品概念属于高技术产业，目前该领域的研究成果很少或没有，企业就需要制定该产品开发的长远规划。例如，电动汽车、燃料电池汽车、混合动力汽车的研发，都属于全新的高技术产品，很少有经验可以借鉴，并且对于社会绿色健康发展很有意义，所以需要进行长远规划。如果该产品概念所需基础研究很少，本行业、本地区已有相关的理论可供借鉴，则企业只需建立产品项目即可。例如，一个汽车企业研发一款新车型，只要对同档次车型进行研究并吸取经验就足够了。

新产品开发计划一般包括产品特点、目标市场、竞争情况、预计销售量、价格、研制时间及费用、制造成本以及投资收益率等内容。虽然新产品研发项目采用不同的开发规划，最终能够导致项目的结果殊途同归，但可能会引起研发项目在投入成本、开发周期、产品的质量性能、客户满意度等方面大相径庭。例如，上海通用汽车公司在开发赛欧车型时，采用的是在现有产品欧宝的基础上改进开发的策略，直接运用欧宝的底盘、平台和发动机，结果比从头开始的全新开发缩短了 50% 的开发时间，节省了 43% 的开发成本，产品性能也更好地满足了国内市场的需求。华晨汽车公司采用了花巨资委托国外专业公司设计、开发中华轿车，而不是自己开发的策略，不仅使中华轿车提前两年面市，而且使该车的技术性能一步达到国际水准，并且能够独家拥有该车的全部知识产权，也使华晨汽车一夜之间进入国内中高档轿车市场。由此可见，为了缩短开发周期，节省投资成本，保证产品质量和提高客户满意度，提高整个开发过程的效率和效益，在进行新产品研发之前必须从总体上制定出项目的战略计划。

3．汽车新产品构思

新产品构思包括以下七项内容：

1）该产品的目标。

2）确立设计原则。设计的产品是保持企业原有风格，还是创造新风格；是一种传统派的 3 厢 4 门车，还是一种现代派的车；是尽量与老车型通用，还是尽量开发新的零部件或系统等等。

3）计算销售目标价格、生产成本和销售量。

4）确定生产方式（如何组织生产）和投产日期。

5）车型的系列化，包括排量范围、车身形式（两厢、三厢；两门、四门；旅行车等）、驱动方式以及装备分级等。

6）设计车型的技术参数、系统结构和总成结构及参数。

7）质量目标，包括保修里程、寿命周期以及维修费用目标等。

新产品构思常常不止一种，这就需要筛选构思，即选出最优的构思，剔除不好的构思，必须根据企业内部和外部的具体条件正确地筛选，全面分析衡量，审慎地决定取舍。

构思不是凭空瞎想，而是有创造性的思维活动。由四种不同原理派生出下述四种不同的构思方法：

（1）属性分析　在审视已有产品过程中产生新的产品概念。

（2）需求分析　通过考察一种产品的用户（公司或个人）产生新构思。例如，根据汽车消费者的反馈信息，对汽车产品进行改进，这样开发出来的新产品往往更适应大众的需求。

（3）关联分析　以一种新的独特方式去看待事物，在正常看来毫无关系的事物之间发现联系。

（4）全体创造力　依靠集体的智慧，由一人提出一种想法，另一人对此作出反应，其他人再对上述反应作出反应。这主要是在头脑风暴法的基础上发展起来的。

以上每一种方法中又包含若干具体的方法，这里就不再一一列举。

新产品构思一旦完成，就应确定产品开发的基本任务书，交由设计部门进行概念设计。

4. 概念设计

概念设计就是把构思变成实物，从造型和整车设计到结构设计和试制出样车。这样，可使消费者形成一种产品印象，如企业认为有必要时，可以将样车拿到一组目标顾客中测试，请他们参考样车，作一个问卷调查。这样可以帮助企业更好地修改概念设计，开发出一种适销对路的新产品。同时，还有利于企业了解预计销售量。

概念设计完毕后，企业就应确立正式的产品开发基本任务书，交由设计部门进行工业化设计。

5. 工业化设计

工业化设计就是要把构思变成能大量生产的图样和技术文件。实际过程中要把设计原则、成本控制和满足用户要求协调地贯彻在设计思想中。汽车产品的设计是不可能面面俱佳的。高性能和豪华与经济实惠相矛盾，高自动化与高成本也是直接联系在一起的，过于流线型与尺寸控制和低成本也是相矛盾的，良好地协调这些矛盾才能设计出为市场接受的产品。某公司曾在设计一种经济实用但不失气派的轿车时贯彻的思想是：

1）产品可靠，使拥有者感到自豪。

2）产品使用时间越长，其造型越让人感到美观，并能够充分体现公司形象。

3）价格合适。

4）易于操作驾驶，符合使用要求，视野开阔令人爽快。

5）内部空间宽敞，让一家人乘坐感到舒适，行李箱容量足够大。

6）足够的性能提供理想的行驶特性，可靠的空调和暖气装置。

7）易于保养，维护工作量少，使用费用适中。

工业化设计之后，企业一方面投入生产设备，另一方面便是将新产品请有关产品认证机构进行产品认证。

6. 认证

一个汽车新产品要想进入国内市场，必须经过相关政府部门认证认可，才能获得销售资格。对于我国的汽车产品管理来说，一直走的是欧盟的路子，终极目标就是实施型式认证。即汽车制造商只需向一个政府部门进行申报，对产品进行一种认证，粘贴一种认证标志，产品就可以在全国销售、上牌照。目前，国内汽车产品需进行以下认证：国家发改委（国家改革与发展委员会）的《车辆生产企业及产品公告》、中国质量认证中心的《CCC 认证》（中国强制性认证）、国家环保总局的《国家环保目录》及地方政府规定的部分认证，如北京（南京、广州）环保局的《地方环保目录》认证等。

(1)《车辆生产企业及产品公告》 国家发改委的《车辆生产企业及产品公告》(以下简称《公告》)是国家对汽车产品实施管理的重要手段，目前它仍是汽车在地方车管所上牌照的最重要的依据之一。《公告》的前身《车辆生产企业及产品目录》(以下简称《目录》)管理产生于1985年，当时是为了把汽车生产像管计划生育那样进行强化管理。最初《目录》上的整车企业只有60多家，而现在整车企业却达200多家。从2001年起，《目录》逐渐过渡到了《公告》，这是对《目录》的重大改革。现在《公告》在产品检测、监督等方面，十分接近于“欧洲型式认证制度”，只是管理的内容还比较少，如防盗、内部凸出物等几乎没有列入进去，同时我国现在还存在其他认证型式。国家发改委产业政策司汽车新产品申报办公室具体受理《公告》的申报，如果产品是从国外引进的，还要经过国家发改委工业司的审批。

(2)《CCC认证》(中国强制性认证) 其“CCC”为英文“China Compulsory Certification”的缩写。强制性产品认证是政府为保护广大消费者人身和动植物生命安全，保护环境、保护国家安全，依照法律法规实施的一种产品合格评定制度，它要求产品必须符合国家标准和技术法规。《CCC认证》的政府主管部门是国家认监委，中国质量认证中心只是受理汽车产品CCC认证的中介机构，而且也是唯一一家得到国家认监委授权的汽车产品CCC认证机构。CCC认证要求，汽车产品只有获得CCC认证后，并加贴CCC认证标志方能生产、销售。CCC认证制度是从2002年5月1日开始实施的。需要注意的是，3C标志并不是质量标志，而只是一种最基础的安全认证，它的某些指标代表了产品的安全质量合格，但并不意味着产品的使用性能也同样优异，因此购买商品时除了要看它有没有3C标志外，其他指标也很重要。

(3)《国家环保目录》 是国家环保总局为了贯彻《中华人民共和国大气污染防治法》，加强对新生产机动车执行国家机动车排放标准的监督管理力度，对达到排放标准的车型和发动机机型开展的型式核准工作。未经国家环保总局核准公布的车型和发动机机型不得制造、销售、注册登记和使用。《国家环保目录》的申报工作始于2001年。

(4)《地方环保目录》 是地方(北京、南京和广州)为改善本地大气环境质量，减少机动车排放污染，对在当地市场销售的车辆实施比全国其他地区更严格的排放标准进行核准的措施。对没有获得当地《地方环保目录》的车型，不准在当地办理注册登记手续。

国内目前存在的上述认证型式都需要对汽车整车及相关零部件进行检测，其中，国家发改委的《车辆生产企业及产品公告》需要48项检测、中国质量认证中心的《CCC认证》(中国强制性认证)需要47项检测、国家环保总局的《国家环保目录》需要3项检测、北京环保局的《北京环保目录》需要2项检测(上述检测项目均指大项)。

由于受诸多因素的制约，汽车业一直备受“多头管理”的困扰。“多头管理”不但增加了汽车企业的负担，而且也严重制约汽车业的快速发展。政府部门正积极采取行动，汽车业管理正在逐渐走向联合。《国家汽车产业发展政策》要求，依据汽车产业发展政策和国家认证认可条例建立统一的道路机动车辆生产企业和产品的准入管理制度。符合准入管理制度规定和相关法规、技术规范的强制性要求并通过强制性产品认证的道路机动车辆产品，登录《道路机动车辆生产企业及产品公告》，由国家发改委和国家质检总局联合发布。公告内产品必须标识中国强制性认证(3C)标志。公安交通管理部门依据《道路机动车辆生产企业及产品公告》和中国强制性认证(3C)标志办理车辆注册登记。

汽车的认证是依据法律、法规来进行的，汽车的法律、法规主要是围绕解决发展汽车产生的社会矛盾，即交通安全、环境污染、节约能源等为核心来制定的。这些法律、法规直到20世纪70年代才形成美国、欧洲和日本三大体系。这三大法律、法规体系各具特色，其认证方式也各不相同。

美国：美国的汽车型式认证分为安全认证和环境保护认证两个部分。安全认证采用由汽车厂家自我申报、政府实施监督的自我认证制度，即DOT认证。汽车厂家按法规对汽车产品进行检查和试验，在产品开始销售以前，必须将有关车辆的安全性、排放物数值和油耗等内容分别报告给国家公路交通安全署（NHTSA）、能源署（CAFE）以及环保署（EPA）。NHTSA将公布其所获得的撞车试验结果，用★数来表示安全性级别；CAFE公布各企业所有车型的平均油耗；EPA要求排放不能高于联邦法规。各州政府也要执行自己的法令。对已经上市销售的汽车，政府部门将随时进行复查。如果发现问题将责令限期改正，发现伪造证据或舞弊行为将依法处理。环境保护认证采用EPA方式，由制造厂提出申请，并提交车辆或发动机运行5万mile或1500h的耐久性试验报告，政府部门选择样机进行测试。以后还要接受政府部门的复查，发现问题则限期整改，对不符合EPA法规的车辆要进行回收处理。进口汽车及发动机要填写有关报告书和保证书，提供必要的证据，否则不得进口。

欧洲：欧洲汽车及挂车的型式认证采用EEC指令。按照EEC指令，汽车产品的认证由汽车厂家向一个成员国提出申请，附送有关的报告试验资料，经成员国审查合格后予以批准，同时将批准书副本送交各成员国有关部门。另外，欧洲还有联合国欧洲经济委员会法规（ECE）体系，除此以外，欧洲各国还有自己的认证。

德国：TÜV是隶属于德国技术监督协会的具有法人资格的民办机构。该机构只接受政府的委托，不接受其指令；不属于任何党派，以信誉求生存。检测和认证汽车只是其繁杂的工业品社会抽查内容的一部分。TÜV相当于中国的质量技术监督局、商检局和消协等三个部门的结合。TÜV的工作内容从检查汽车零部件安全性，直到整车的安全性和社会车辆的年检工作。

日本：日本的机动车认证由运输省管理，采用型式认定和型式认可两种方式，对排放和噪声控制还设定了单独的型式认证制度，对进口车还有一些特殊的条款。对大批量生产的车、小批量生产的特性车以及进口车，分别制定了《型式指定制度》、《新型汽车指定制度》、《进口汽车特别管理制度》。型式认定适用于批量生产的车型，因此日本大多数机动车都申请车型认定，只有重型货车、大型客车采用车型认可。首先由汽车生产厂家提出申请，提交试验报告和资料，还要提供样车，运输省审查后发出认定或认可文件，正式投产后还要进一步检查，再次确定是否符合安全标准。日本汽车认证机构只有运输省一家。

7. 投产和上市销售

经认证的新产品便可投入生产和销售。汽车新产品一旦定型，就应当不失时机地立刻将之推向市场。汽车产品投产之后，汽车企业的实际营销活动要紧随开始，且要与其他活动紧密联系，如建立销售网络、训练并激励销售人员、安排好广告与促销等。技术人员要从事生产线的扩大或产品的进一步改进。营销人员要考虑周详，反复修订，最后制定出耳目一新的战术和战略计划，来应对各种可能的市场变化。尤其对于汽车这类新产品，投放市场一定要选好时机，一定情况下可以先进行小范围的试销。当然，并不是所有的汽车产品都必须经过市场试销。有些选择性不大的汽车产品，而且汽车企业对之又抱有信心，具有成功的把握，就无需进行市场试销。

同时，评价人员要对技术和营销活动进行适时跟踪，对市场预测的关键变量作出准确估计，对出现的偏差及时修正，确保汽车产品的商业成功。

在新产品开发的过程中，不仅要遵循以上的开发程序，还要进行适时的调整，以适应具体的情况，否则会造成新产品的失败。例如，1952 年，为了与处于上升势头的通用汽车公司和克莱斯勒公司竞争，福特汽车公司启动了“E”型轿车开发计划，投入 4.5 亿美元才开发完成。福特汽车公司随后在全国范围内开展品名征集活动，收到约 2000 份建议，最后亨利福特以他唯一的儿子埃德索（Edsel Ford）的名字为这款轿车命名。第一批埃德索轿车下线后，福特公司制定的市场推广计划，为每辆车投入 10000 美元作推广，这差不多是该车生产成本的两倍。但在埃德索下线的当天，原计划发放各地分销商处的 75 辆埃德索只有 68 辆能开动，现场的电视直播就摄下了一辆熄火而无法开动的埃德索轿车。随后的市场推广中，埃德索也没能得到消费者的青睐。时隔 6 年之后的 1958 年，福特汽车公司不得不放弃埃德索轿车的开发和推广计划，其付出的代价不仅仅是 4.5 亿美元的开发成本，还包括 110847 辆的埃德索库存车。

无人可以否认，福特汽车埃德索项目中的技术创新肯定不是问题。埃德索项目中，福特公司也肯定继承了技术立厂的传统，但与市场、流程和组织创新的互动，以及多维的协调是不是做得好，看结果就知道了。还有，从“T”型车到“E”型车，福特企业的创新中，多体现的是老板个人的想象力，而非科学决策，不仅在协调进行多维选择中犯了错误，在协调好个人与创新组织的相互关系上，福特恐怕也存在不小的问题。

四、我国汽车企业实施新产品开发应注意的几个问题

1. 发扬创新精神

积极转变产品开发观念，不断创新，努力生产出适应市场需求的新产品。在我国由计划经济向市场经济转轨的过程中，企业一定要彻底摒弃原先那种惧怕风险、因循守旧、抱残守缺的思想，树立以新养新的新观念，这是企业长远发展的必然要求。当前，中国的汽车产业实质上走的是一条以引进为主和以组装为主的产业依附型发展道路。到 2005 年，中国已经成为全球第三大汽车销售国和第四大汽车生产国。自主创新能力虽然有所增强，但依然是大而不强，无论在技术层面、研发制度，还是研发投入、研发手段等方面，都与国外企业存在较大差距。20 世纪 80 年代，我国在轿车工业起步阶段采取了“以市场换技术”的方式，对于迅速获取国外先进技术和管理经验、形成生产能力具有积极意义。但是长期以来由于重引进、轻消化吸收，使我国在整车设计、汽车发动机、变速器和底盘等关键技术方面没有形成自主开发能力。在短期内选择此条路线，既可以迅速填平市场供求缺口，又可以借助外力很快提高国内汽车的产业技术水平。但是从长远看，中国不能永远走引进——落后——再引进之路，也不能永远是世界汽车巨头的装配车间，中国应该走引进——消化——开发——自主创新的产业主导型发展道路。

当前，中国国内生产的汽车大部分都是“戴着洋帽子的中国制造”。自主开发能力弱、引进多、模仿多、拥有自主知识产权的少。一汽、上汽、东风主流汽车企业以车型引进为主，而奇瑞、吉利等少数几家二线汽车企业则更注重自主开发。此外，企业要在市场经济中获取持续的竞争优势，必须在高起点上不断地进行技术创新、管理创新和制度创新，注重人才培养，大力进行新产品的技术开发和营销开发，并使两者有机结合，持续不断地向市场推出高技术含量、高附加值的新产品。

2. 提高经济效益

完善汽车企业的投资管理体系，节约开发成本，注重提高新产品的经济效益。在我国的大部分汽车企业中，新产品的开发投入不足销售额的1%，有的企业甚至根本就没有拿出专项资金进行新产品开发；而国外汽车公司用做新产品开发的基金一般占到3% ~5%。由于缺乏资金保障，使企业的产品链断层，严重影响到企业的发展。此外，在资金使用上存在重生产能力的形成轻开发技术的提高、重硬件投入轻基础研究、重局部问题的解决轻系统集成能力的提高等问题，使用于研究攻关和新产品开发的资金投入受到很大制约。因此，企业应该完善投资管理体系，多方开拓融资渠道，要单独设立新产品开发基金和奖励基金，对作出重大贡献的科技人员给予重奖，并将年度考核与每年的新产品开发计划挂钩，充分调动他们的积极性。同时，也要制定一套严密的控制程序，对产品开发的各个阶段进行有效监督，坚决杜绝一切形式的浪费，最大限度地提高经济效益。

2003 年，一汽集团研发投入 8. 82 亿元，占其自主销售收入的 1. 65%；上汽集团自主研发投入 4. 92 亿元，占其自主销售收入的 2. 09%，分别相当于福特公司 68. 37 亿美元研发投入的 1/65 和 1/116。美国通用汽车公司每年用于开发新品种的经费高达 50 亿 ~60 亿美元，而我国汽车产业一年开发经费之和才有 20 亿元人民币。日本的一些企业经过总结得出结论：企业的研究和开发费用，如果只有商品销售总额的 1%，肯定要失败；若占到 3%，可勉强维持下去；若占到 5%，可与其他企业竞争；若达到 8%，才能有所发展。在国外，开发一个新车型大约需要 10 亿 ~20 亿美元，而 2003 年我国汽车行业的研究开发费用只占汽车工业销售总额的 1. 28%，我国 2003 年全年汽车行业的销售额不过 680 亿美元。如果继续按照这一比例提取研发费用，我国整个汽车行业积累的研发费用尚不足开发一辆新车型所需的资金投入。

3. 加快开发速度

加快产品开发速度，把握好上市时机，抢占市场份额。加快产品开发速度，缩短开发周期，也就相当于延长了产品寿命，进而增加产品的销售收入和利润，提高市场占有率。如果企业能早于竞争者进入市场，就可以利用价格和成本优势增强企业的盈利能力。把握好上市时机是新产品开发能否获取商业成功的关键因素之一。新产品快速上市也能改善企业形象，增强企业的市场竞争力。2001 年以后，面对汽车市场日趋白热化的竞争，进入中国的国外汽车厂商，纷纷向中国市场投放最具竞争力的新产品。2002 年，全国汽车整车投放新产品 90 种，其中轿车 38 种。在所有的新产品中，属于合资或技术引进的占 61 种，其中轿车为 34 种。2003 年中国汽车市场又投放了 50 种新产品（轿车）。自 2004 年开始，国内汽车市场的新品上市更是急剧增加；2005 年，新车上市数量达到新高。据不完全统计，2005 年上市的新车已经超过 80 款，平均每 4 天就有一款新车型推出，面对如此迅速的更新换代，动作稍慢的企业就难免吃亏。

例如，从 2002 年开始，神龙公司中方的技术人员和营销人员就与法方一起参与开发凯旋，神龙公司的 20 多家供应商也参与了这款车的结构设计。经过四年的开发，凯旋于 2006 年才上市，其装备的科技先进性和安全性虽然受到普遍好评，但却错过了最好的上市时机。2002 年，2. 0L 排量被称为黄金排量区间，无论对于厂商，还是市场，都追捧这个排量。到了 2006 年凯旋上市时，昔日的黄金排量区间已经被帕萨特、雅阁、马自达 6、御翔等一干竞争对手占据了细分市场。

4. 注重社会效益和生态效益

注重产品的社会效益，进行绿色开发，从而提高企业形象和长期竞争优势。社会效益主要是指产品在寿命周期内的使用费用的节约以及对环境的影响等，它要求汽车产品开发从概念形成、方案论证、设计、工艺技术等各个过程都要从社会公共利益的角度认真思考。对产品开发实施绿色管理，降低环境污染和过量的能源消耗，将经济效益、社会效益和生态效益三者有机结合，使新产品获得稳定协调的发展。这对于汽车产品尤为重要，汽车作为一个能源消耗品，节能、环保的汽车将是未来发展的方向。目前，电动汽车、混合动力汽车、燃料电池车都在开发中，而每年车展上1L以下小排量的概念车也倍受关注。

五、新产品的市场扩散

在新产品的市场扩散过程中，由于社会地位、消费心理、产品价值观和个人性格等多种因素的影响制约，不同顾客对新产品的反映具有很大的差异。图7-5是不同消费者的认知扩散过程（罗杰斯模式）。

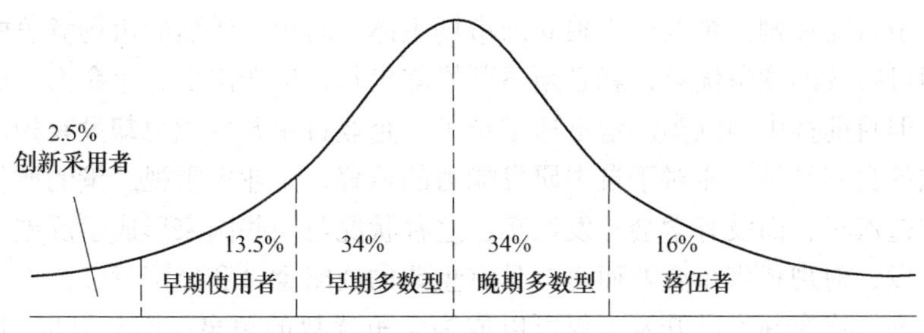

图7-5 消费者认知扩散过程（罗杰斯模式）

1. 创新采用者（Innovators）

他们通常富有个性，受过高等教育，勇于革新冒险，性格活跃，消费行为是很少听取他人意见；经济宽裕，社会地位较高。广告等促销手段对他们有很大的影响力。这类消费者是企业投放新产品时的极好目标。

2. 早期采用者（Early adopters）

他们一般也接受过较高的教育，年轻而富于探索，对新事物比较敏感，并且有较强的适应性，经济状况良好，他们对早期采用新产品具有自豪感。这类消费者对广告及其他渠道传播的新产品信息很少有成见，促销媒体对他们有较大的影响力。但与创新采用者比较，他们一般持较为谨慎的态度。这类顾客是汽车企业推广新产品极好的目标。

3. 早期大众（Early majority）

他们一般较少有保守思想，接受过一定的教育，有较好的工作环境和固定的收入；对社会中有影响的人物，特别是自己所崇拜的“舆论领袖”的消费行为具有较强的模仿心理；他们不甘落后于潮流，但由于他们特定的经济地位所限，在购买高档产品时，一般持非常谨慎的态度。他们经常是在征询了早期采用者的意见之后才采纳新产品。但早期大众和晚期大众构成了产品的大部分市场。因此，研究他们的心理状态、消费习惯，对提高产品的市场份额具有很大的意义。

4. 晚期大众（Late majority）

他们是较晚跟上消费潮流的人，其工作岗位、受教育水平及收入状况往往比早期大众略差；他们对新事物、新环境多持怀疑态度，对周围的一切变化抱观望态度；他们的购买行为往往发生在产品成熟阶段。

5. 落伍者（Laggards）

这些人受传统思想束缚很深，思想非常保守，怀疑任何变化，对新事物、新变化多持反对态度，固守传统的消费行为方式。因此，他们在产品进入成熟期后期以至衰退期才能接受。

因此，汽车新产品的推出首先要考虑的是早期大众和晚期大众的反应，把握汽车产品在这一群体中的销售。企业的创新是一个体系，创新的对象包括从汽车产品到售后服务；创新的策略包括从渐进型到转变型，再到突破型；而创新的领域则包括了汽车新技术，更包括汽车市场、销售流程、组织管理和汽车文化。这些都使得企业的创新仅靠一项“独门绝技”就能竞争制胜的时代已经过去了。

六、汽车企业进行新产品开发的意义和作用

随着我国社会主义市场经济体制的逐步完善，尤其是在中国加入 WTO 以后，汽车企业面临的市场竞争日益加剧。企业作为独立的市场主体，若想在激烈的市场竞争中立于不败之地，获取长期可持续的竞争优势，就必须不断推陈出新，生产出更有生命力、更符合市场要求的新产品。但目前，中国汽车产量迅速增长了，企业自主开发能力却没有相应提高，也没有形成有影响的自有品牌。相对于自主研发能力的培育，企业更重视产量的增长，十几年合资，只学会制造汽车，而没有学会开发汽车，这种状况与一些国家形成了反差。因此，大力搞好新产品开发，对现代汽车企业而言，具有重要的战略意义和经济意义。

在战略方面，汽车新产品开发不仅可以成为竞争优势的源泉，而且可以加强战略优势。利用新产品开发战略，既可以使新企业在市场上确立其自身地位，也可以让老企业继续巩固和扩大现有市场份额，增强竞争能力。另外，新产品开发还可以提高公司形象和品牌权益。能够不断向市场推出强有力的新产品，这本身就是对汽车企业管理、研发、设计、生产、营销等能力的一种综合体现，能够增强消费者对企业的信心。如果企业能够拥有一批认识到企业品牌价值的忠实客户，那么就存在在该品牌名称下扩展新产品的可能性，从而提高企业的品牌权益。但是，如果新产品滥用现有品牌的信誉，就会损害到整个企业的利益。对于品牌忠诚度较差的汽车市场，利用这一战略必须要慎重。

在经济方面，汽车新产品开发要想在市场上取得成功，必须具有比老产品更好的经济效益。新产品或降低制造成本，或节约使用费用，或提高劳动生产率，或降低材料能源消耗，以上各种形式都能提高经济效益，增加企业财富。有效地进行新产品开发，也可以降低经营风险，稳定企业利润。对于未能按其生产能力运营的企业，新产品开发可以充分利用现有生产和经营资源，改善生产能力利用率。

案例：成功的典范——MPV

克莱斯勒公司产品的发展也是经过了一番波折，但很快以领先的技术占据了优势。其中，最值得称道的就是首创了新的车型概念——MPV，“捷龙系列”就是它成功的典范。

事实上，早在 1977 年，克莱斯勒就启动了“T—115”工程，秘密研发厢式旅行车，到 1983 年 11 月，世界上第一辆 MPV 诞生，刚一上市就受到消费者的热捧，在一年内销售了 21 万辆，被称之为“神奇旅行车”的车型。众所周知，20 世纪 80 年代世界经济处于低迷期，这一销售数字是相当惊人的。正是因为 MPV 兼顾了轿车乘坐的舒适性和商用车特有的宽敞性，所以它们在欧洲市场才带来了连克莱斯勒工程师们都难以想象的销售热潮。直到今天，在美国市场上，克莱斯勒集团 MPV 的总销量仍是通用公司和福特公司的两倍，是本田公司的 3 倍。虽然 MPV 只有仅仅 20 年历史，但相比其他车型，无论是技术创新速度还是市场扩张速度，MPV 都毫不逊色。其首创者克莱斯勒大捷龙在 20 年间创造了 MPV 领域 50 多项发明，荣获了 150 多个奖项，全球销量更是达到 1000 万辆之多。由于其对 MPV 的突出贡献，克莱斯勒大捷龙被业界赋予“MPV 教父”的美誉。

第四节　汽车产品品牌战略

一、汽车品牌概述

1. 汽车品牌的概念

关于品牌的概念，有如下几点值得注意：其一，品牌是产品的标识。品牌是一个名称、术语、标记、符号或设计，或是它们的结合，用于把一个或一群销售者与他们的竞争者相区别。品牌的差异来源于产品的功能性价值和附加性价值。其二，品牌是顾客对产品的认知。品牌作为标识代表了同种产品之间的差异或特征，然而这种差异和特征并不纯粹是客观的，而是在顾客（主体）对产品（客体）的认知关系中形成的。例如，看到宝马，就使人联想到豪华；劳斯莱斯和宾利总共没有多少辆，却成为全世界公认的贵族的品牌，被视为身份和地位的象征。其三，品牌是企业与顾客之间的关系性契约。品牌认知是重要的，但认知并不是目的，品牌认知是为了进行购买决策。品牌存在的最终价值或意义是促进顾客的实际购买，并维持和巩固各种交易关系，直至使顾客产生品牌忠诚。这才是品牌的核心含义。

2. 品牌的作用和功能

（1）给消费者带来的好处　品牌名称形同产品质量，使消费者一看到品牌就对该品牌的车型有一定的认识，可以提高消费者的采购效率。比如，飞度未上市前就有相当一批消费者预定该车，因为他们看到广州本田的品牌，就对之产生信任，哪怕还未看到汽车的实体。此外，品牌能促使消费者注意可能对其有用的新产品。

（2）给厂商带来的好处　使厂商在处理订单或售后跟踪上较为便利；品牌和商标是受法律保护的，每一家汽车企业都拥有自己的品牌，这样也使该企业便于被认知。品牌能使公司吸引忠诚的顾客，顾客看到品牌就如同看到车型，看到质量与服务；此外，品牌有助于厂商细分市场，从而打造不同的品牌适应不同的消费群体。

在全球 20 大品牌排行榜中，有三家汽车品牌名列其中，品牌价值都在 100 亿美元以上，奔驰汽车的品牌价值高达 200 亿美元。而中国前 20 大品牌中，汽车品牌只有一汽集团一家入选，但品牌价值只有 10 亿美元，可见中国汽车品牌与世界汽车品牌之间存在着巨大的差距。中国汽车品牌的差距还表现在产业规模上和思路观念上。由于文化和价值观是无形的，个性品牌是难以模仿的。由价值和文化所造就的品牌个性才能维持品牌长久的竞争优势。简单地讲，中国汽车产业发展的关键将集中表现在我们汽车企业所拥有的品牌数量与质量上。对于汽车企业来讲，汽车品牌的口碑也就是中国经济在世人面前的口碑。

（3）品牌的功能

1）识别功能。品牌是区分标志，能在视觉和法律上区别于竞争产品。

2）信息功能。品牌是沟通代码，浓缩了所有接触点上的信息刺激。

3）担保功能。品牌是承诺和保证，能够提供优势利益并确保持续提升。

4）价值功能。品牌是无形资产，能产生无形资产带来的收益。

二、汽车品牌策略

1. 品牌设计策略

在消费者的购车过程中，品牌经历了一条“认知——熟悉——考虑——候选——购买”的“购买通道”。在购买通道的每个环节，消费者关注的重点各不相同，其期望也不同，因此存在不同的购买障碍。

品牌设计包含：品牌体系规划、企业形象规划、产品形象规划等。品牌设计要求：首先品牌应该与产品密切联系，暗示产品效用或质量；其次，应力求简捷明快，易于认读、识别和记忆，尤其是与众不同的特色或寓意深刻才能引人注目；再次，品牌应符合传统文化，有些品牌是直接以创始人名字命名的，如超级跑车兰博基尼，就是以它的创始人兰博基尼先生的名字命名的。

2. 品牌定位策略

品牌定位策略是企业根据消费者对产品主要属性的不同要求，确定符合消费者需求的产品的优点和个性的一种策略。品牌定位策略可以描绘企业的形象和其所提供的价值，表现企业或产品区别于其他品牌的特征，使消费者正确认识和理解企业或其产品定位的细分市场与其他品牌之间的差异。品牌定位策略主要从形象、观念、价格和功效等几个方面考虑。

（1）形象定位策略　即为某一种品牌设计一种支撑该品牌的形象，通过宣传拥有该品牌产品时的形象、生活氛围或风度给人以美的享受，从而吸引消费者的策略。形象定位策略要求赋予品牌某种个性、特征，赢得消费者的认同，并使其崇拜、向往该形象。

（2）观念定位策略　即改变消费者固有的习惯，赋予其新的消费观念，从而吸引消费者的注意并引导消费的策略。

（3）价格定位策略　是突出某种品牌的产品与其他品牌产品的价格比较差异的策略。它使品牌成为产品的质量、消费品位、档次和价格的代表，从而拥有一个固定的消费群体。企业可以根据不同的需求采取不同的价格定位，具体包括低价定位、高价定位和特价定位等。不能一概采取高价定位策略，而应该根据不同企业的发展需要制定不同的价格定位策略。

（4）功效定位策略　即从产品功能出发，在品牌宣传中突出某种品牌的产品与众不同的特异功效，使该品牌的产品与同类产品有明显区别，以增强消费需求的策略。

除了上述几种品牌定位策略以外，企业还可以采取“技术定位”和“服务定位”等策略。实施品牌定位策略要做到定位准确、适当，避免定位过高或过低，同时要保持品牌定位的统一性，避免定位混乱。

3. 品牌管理策略

消费者的购买行为往往带有浓厚的感情色彩，因此要积极地扩大品牌对他们的影响力，关键是要建立消费者对品牌的忠诚度。目前，中国的汽车消费者对于汽车品牌还没有建立起很高的忠诚度。要建立消费者对品牌的忠诚度，首先应了解在购买通道中各环节上消费者的喜好、情感和习惯以及购买竞争品牌的消费者的喜好、情感和习惯；其次，结合品牌特点有针对性地大力推广统一的品牌形象；再者是实施积极的品牌管理。

常用的品牌管理策略主要包括以下几种：

（1）生产者品牌与销售者品牌　生产者品牌，是由生产者所拥有的品牌。采用生产者品牌对于制造商来说，有利于其对市场的控制，有利于树立品牌的形象，有利于减少品牌的推广费用。但当生产者及所生产产品的品牌知名度比较低时，采用生产者品牌不利于把新产品推向市场。

销售者品牌，是由经销商所拥有的品牌。采用经销商品牌有利于把新产品推向市场，特别是对于一些知名度不是很高的企业，在把新产品推向新的市场时，采用经销商品牌会取得较好的效果。但采用经销商品牌不利于制造商对市场的控制。采用此策略是因为一些大型商业企业在长期经营中形成了自己的声誉，在汽车消费者心目中产生了较好的评价；而对一些小型企业，如自身无力发展品牌，为便于销售，往往采用此策略，接受销售者的品牌。

销售者品牌与生产者品牌连用。有些大型商业企业想建立自己的品牌，以便能更有效地控制价格，控制生产者；但为了获得汽车消费者的信任，维持高水平的品质，不得不使用生产者的品牌而将两种品牌连用。有的大型商店除销售本身品牌的某种产品外，也同时销售其他品牌的同类产品，使之与自己的品牌竞争。上海大众公司的 VW 品牌就和上海汽车工业销售总公司的 SAISC 品牌连用。

(2) 统一品牌与个别品牌　统一品牌。当企业对所生产的所有产品都采用一个品牌时，称统一品牌策略，也有的称家族品牌策略。采用统一品牌有利于降低销售与推广费用，有利于新产品的推广。统一品牌策略的缺点是不利于形成差异化，消费者也感受不到企业的创新性。它比较适合专业性比较强、产品线比较窄、所生产的各种产品的品质与信誉都比较好的企业。

个别品牌。如果企业对所生产的不同产品采用不同的品牌时，称个别品牌策略，也有的称单个品牌策略或多品牌策略。个别品牌策略有利于企业根据消费者的不同需求生产不同的产品，形成差异化，它不会使企业的某个品牌的失败而影响企业的整体形象。但会增加产品的促销费用，新产品的推广也可能不能从企业已建立的形象和信誉中受益。

个别或统一品牌。按产品系列或产品大类划分，同一产品系列的产品采用统一品牌，不同系列的产品采用不同品牌，因为不同产品系列之间关联性较低，而同一产品系列之内的产品项目关联程度较高。对德国大众公司来说，VW 品牌的产品基本上是中低档汽车；而 Audi 是高档轿车。这种品牌策略下，消费者很容易接受每种品牌所带有的意义。

将企业名称与个别品牌相结合。这是汽车行业中常见的一种品牌策略，即在企业各种产品的个别品牌名称之前冠以企业名称，可以使企业产品正统化，享受企业已有的信誉；而个别品牌又可使产品各具特色。例如，通用汽车公司生产的各种轿车分别使用凯迪拉克、雪佛兰、庞蒂克等品牌，而每个品牌前都另加“GM”字样，以表明是通用汽车公司的产品。

(3) 多重品牌　多重品牌策略是指一种产品使用两个或两个以上的品牌，使不同品牌的统一产品在市场上彼此开展竞争，有时会导致两者销售量之和大于原先单一品牌的先期产品总销售量。不同质量等级的同一产品也可采用不同品牌或商标，以示两者的区别。采用多重品牌的主要目的在于扩大市场份额。但也要注意其可行性，如不能扩大销售量则徒然增加费用，导致适得其反的不良后果。

对于汽车产品来说，积极的品牌管理主要包括以下三个方面：

(1) 锁定极具潜力的顾客群　了解细分市场是做好品牌管理的第一要素，然而很少有公司能清楚地掌握每一种产品所要针对的顾客群究竟在哪里。日本汽车厂在20世纪70年代，认定细分市场后推出的产品获得了成功，他们针对婴儿潮时代的年轻人推出了品质可靠的入门车种，广受欢迎。之后便锁定这群婴儿潮时代的年轻人为固定客户。

（2）突破购买瓶颈，扩大消费者的利益　据研究表明，几乎每一种产品都会在顾客购买筛选过程的某一阶段遭遇瓶颈，像销售人员的服务态度、橱窗的摆设方式等，都是品牌管理中维系顾客关系的关键。一旦疏忽了，顾客就可能打消购买的念头。掌握顾客关系和其购买过程，是汽车经销商突破瓶颈的不二法门。经销商可以在购买过程中的几个消费者接触点（touch point）安排特别活动，让顾客在实际接触经销商之前，就和品牌有较多的互动；也可以利用网站和顾客进行沟通；重新整修展示空间；提供销售人员更多的训练，以满足较为挑剔的上层客户需求；甚至可将展示车送到客户家里，提供上门试驾服务。在这方面，瑞典绅宝汽车（Saab）公司所采取的策略是，设立品牌信息中心，举办特别活动，或是邀请特定的潜在顾客试驾。如此一来，减少了以往希望顾客“当场就买”的销售压力，结果瑞典绅宝汽车公司的汽车销售量取得明显增长。

（3）做好对消费者的宣传　汽车产业可以运用的信息传播媒介琳琅满目，然而与其四处散发信息，希望有兴趣的买主能够刚好注意到，还不如效法制造业所采用的最佳实务做法——JIT策略。也就是说，基于不同客户群在每一购买阶段对每一车种的反应都不同，汽车厂商应据以慎选信息传播媒介和内容。

例如，新车买主曾使用因特网信息，帮助自己作出购车的决定，这等于就为经销商提供了观察顾客关系和影响顾客品牌经验的工具。但几乎所有的汽车公司网站都是单向的电子宣传文件，无法做到与顾客对话、互动。

广告信函也是很好的文宣方式，只是厂商往往未能完全发挥其功效。广告信函能够用来针对某一特定的顾客群，说明产品的优点，开发出潜在的客户。奔驰汽车公司在推出M-class运动休旅车时，曾寄出一系列共八封的广告信函给经济条件较为富裕且过去多半购买过奔驰车的美国家庭，向顾客描述新车开发的状况。这样的文宣策略为奔驰汽车公司建立了多达十万名的潜在客户，也让该公司顺利售出第一轮的M-class休旅车。

积极的品牌管理除了需要持续发展高品质的产品、对顾客进行深入的研究、安排广告造势活动外，还需要靠专家将不同的产品和行销方式整合起来。

由于历史、文化等因素的差异和企业自身策略不同，同一品牌在不同国家、地区的价值不同。在国外拥有极高知名度和美誉度的汽车品牌，在中国市场上未必会获得广泛的认知；而在中国市场上知名度和美誉度高的品牌，在国外却未必被认可甚至已经被淘汰。

总之，汽车品牌是汽车形式产品整体概念的重要组成部分。随着汽车产业的不断变化，竞争日益加剧，品牌的作用对于营销者和消费者都将越来越重要。因此，了解汽车品牌的作用，实施汽车品牌策略，加强汽车品牌管理，争取建立良好的品牌忠诚度是至关重要的。

思考题

7-1　汽车产品的整体概念包括哪几个层次？

7-2　什么是汽车产品组合？试分析上汽集团的汽车产品组合。

7-3　什么是汽车产品组合的深度？什么是汽车产品组合的长度？

7-4　汽车产品组合策略有哪几种类型？

7-5　什么是产品生命周期，生命周期各阶段有哪些营销策略？试分析桑塔纳、富康、伊兰特、花冠和标致 307 汽车产品的生命周期特点。

7-6　新产品开发的具体程序有哪些？举例分析一款成功开发的汽车新产品。

7-7　什么是品牌？品牌的作用和功能有哪些？汽车品牌策略包括哪些内容？分析说明奔驰、现代、丰田和通用公司几个品牌的内涵。

7-8　试分析奥迪、奔驰、宝马、皇冠、雷克萨斯、凯迪拉克以及沃尔沃几大汽车品牌在中国市场的品牌战略以及需要作出的调整。

第八章　汽车价格策略

第一节　汽车价格综述

汽车价格是汽车市场营销中的一个非常重要的因素，它在很大程度上决定着市场营销组合的其他因素。价格的变化直接影响着汽车市场对其的接受程度，影响着消费者的购买行为，影响着汽车生产企业盈利目标的实现。因此，汽车价格策略是汽车市场竞争的重要手段。

一、汽车定价的概念

《资本论》中指出："价格是物化在商品内的劳动的货币名称"，即产品价格是产品价值的货币表现。市场营销学的价格观认为，产品的价格固然不能脱离其价值而孤立存在，但是，产品价格的高低不仅由产品的价值决定，而是由市场需求关系以及企业的定价目的等多种因素共同作用的结果。对于汽车产品来说，汽车价值决定汽车价格，汽车价格是汽车价值的货币表现。但在现实汽车市场营销中，由于受汽车市场供应等因素的影响，汽车价格表现得异常活跃，价格时常同价值的运动表现不一致：有时价格高于价值，有时价格低于价值。

"产品或者劳务的价格，是指顾客为得到某一单位的产品或者劳务而支付的货币数量。"这个货币数量对于企业来说是必需的，对于消费者来说又是愿意的。必需而又愿意，是市场营销学产品定价的基本特点。

1. 汽车价格的构成

汽车价格由四个要素构成：汽车生产成本、汽车流通费用、国家税金和汽车企业利润。

（1）汽车生产成本　它是汽车价值的重要组成部分，也是制定汽车价格的重要依据。

（2）汽车流通费用　它是发生在汽车从汽车生产企业向最终消费者移动过程各个环节之中的，并与汽车移动的时间、距离相关，因此它是正确制定同种汽车差价的基础。

（3）国家税金　国家通过法令规定汽车的税率，并进行征收。税率的高低直接影响汽车的价格。

（4）汽车企业利润　它是汽车生产者和汽车经销者为社会创造和占有的价值的表现形态，是企业扩大再生产的重要资金来源。

从汽车市场营销角度来看，汽车价格的具体构成为

汽车生产成本 + 汽车生产企业的利税 = 汽车出厂价格

汽车生产成本 + 汽车生产企业的利税 + 汽车批发流通费用 + 汽车批发企业的利税 = 汽车批发价格

汽车生产成本 + 汽车生产企业的利税 + 汽车直售费用 + 汽车直售企业的利税 = 汽车直售价格

对于消费者目前在国内市场上买到的进口车，其价格主要包含了四个部分：①进口车价；②交纳给海关的进口关税、增值税和消费税；③仓储运输费用；④经销商的经营利润。

2. 影响汽车价格的因素

正如市场营销学的观点：汽车价格在很大程度上受到价值的影响，但是，我国汽车产品

价格存在变动剧烈、频繁、整体水平偏高、比价关系不合理等特征，主要源于市场发育不成熟、不完善，汽车价格变化受到非经济因素的影响过大。因此，影响我国汽车产品价格波动的因素除了价值量之外，主要因素大致有汽车市场长期存在的供给不足、原材料等生产成本的不稳定、现行管理体制、政策、税费以及宏观调控等。

因此，影响汽车价格的因素，除了汽车生产、流通等成本外，概括起来有以下几点：

（1）汽车特征　汽车特征是汽车自身构造所形成的特色。一般指汽车造型、质量、性能、服务、商标和装饰等，能反映汽车对消费者的吸引力。汽车产品是汽车企业整个营销活动的基础，在汽车定价前，必须对汽车进行具体分析，主要分析汽车产品的寿命周期、汽车性能、汽车的质量、汽车对购买者的吸引力、汽车成本水平和汽车需求弹性等。汽车特征好，该汽车就有可能成为名牌汽车、时尚汽车和高档汽车，就会对消费者产生较强的吸引力，这种汽车往往供不应求，因而在定价上占有有利的地位，其价格要比同类汽车高。

（2）汽车消费者需求　汽车消费者的需求对汽车定价的影响，主要通过汽车消费者的需求能力、需求强度、需求层次反映出来。汽车定价要考虑汽车价格是否适应汽车消费者的需求能力；需求强度是指消费者想获取某品牌汽车的程度，如果消费者对某品牌汽车的需求比较迫切，则对价格不敏感，企业在定价时，可定得高一些，反之则应低一些；不同需求层次对汽车定价也有影响，对于能满足较高层次的汽车，其价格可定得高一些，反之则应低一些。

（3）竞争者行为　汽车定价是一种挑战性行为，任何一次汽车价格的制定与调整都会引起竞争者的关注，并导致竞争者采取相应的对策。在这种对抗中，竞争力量强的汽车企业有较大的定价自由，竞争力量弱的汽车企业定价的自主性就小——通常，他们是追随市场领先者进行定价。

例如，奥迪 1997 年在国内上市，到 2002 年宝马国产化之前，奥迪独占了中国豪华车市场整整五年。当时在中国，“四环”成为了官车、豪华车的标志，奥迪就是身份的象征。作为当时国内唯一的国产高档豪华车，奥迪的市场份额最高时曾达到 90%，价格也高高在上。2002 年后，随着宝马、奔驰、凯迪拉克和皇冠等多款高档豪华轿车的陆续上市，同一排量的同款奥迪车型，价格由原来的 30 多万元降为 20 多万元，价格下降超过 30%。

（4）汽车市场结构　根据汽车市场的竞争程度，汽车市场结构可分为四种不同的汽车市场类型，即：

1）完全竞争市场，又称自由竞争市场。在这种市场里，汽车价格只受供求关系影响，不受其他因素影响。这样的市场在现实生活中是不存在的。

2）完全垄断市场，又称独占市场。这是指汽车市场完全被某个品牌或某几个品牌所垄断和控制，在现实生活中也属少见。

3）垄断竞争市场，指既有独占倾向又有竞争成分的汽车市场。这种汽车市场比较符合现实情况，其主要特点是：同类汽车在市场上有较多的生产者，市场竞争激烈；新加入者进入汽车市场比较容易；不同企业生产的同类汽车存在着差异性，消费者对某种品牌汽车产生了偏好，垄断企业由于某种优势而产生了一定的垄断因素。

4）寡头垄断市场。这是指某类汽车的绝大部分由少数几家汽车企业垄断的市场，它是介于完全垄断和垄断竞争之间的一种汽车市场形式。在现实生活中，这种形式比较普遍。在这种汽车市场中，汽车的市场价格不是通过市场供求关系决定的，而是由几家大汽车企业通过协议或默契规定的。

(5) 货币价值　汽车价格是汽车价值的货币表现，汽车价格不仅取决于汽车价值量的大小，而且还取决于货币价值量的大小。汽车价格与货币价值量成反比例关系。在分析货币价值量对汽车定价的影响时，主要分析通货膨胀的情况，一般是根据社会通货膨胀率的大小对汽车价格进行调整。通货膨胀率高，汽车价格也应随之调高。

(6) 政策和法规　为了维护国家与消费者的利益，维护正常的汽车市场秩序，国家制定有关法规来约束汽车企业的定价行为。因此，汽车企业在定价前一定要了解政府对汽车定价方面的有关政策和法规。

(7) 社会经济状况　一个国家或地区经济发展水平及发展速度高，人们收入水平增长快，购买力强，价格敏感性弱，有利于汽车企业较自由地为汽车定价。反之，一个国家或地区经济发展水平及发展速度低，人们收入水平增长慢，购买力弱，价格敏感性强，企业就不能自由地为汽车定价。

二、汽车价格体系

价格体系，是指整个市场经济中相互联系和相互制约的各种商品价格的有机整体。汽车价格体系是指在国家整个汽车市场中，各种汽车价格之间相互关系的总和。从价格学的角度来看，价格一般分为三个分体系，即比价体系、差价体系和体现我国价格管理体制的各种价格形式体系。比价体系是指国民经济不同部门所生产的不同种商品的价格之间的对比关系，主要有农产品比价、工业品比价和工农业产品比价等。差价体系是指同一种商品因购买与销售的环节、地区、时间的不同和商品质量不同而形成的价格差额关系，主要有购销差价、地区差价、批零差价、季节差价和质量差价。从汽车市场营销学的角度来看，汽车市场营销中的汽车价格体系主要指差价体系。汽车差价是指同种汽车因为购销环节、购销地区、购销季节以及汽车质量不同而形成的价格差异。

第二节　汽车定价的目标与程序

一、汽车定价目标

汽车企业在定价以前，首先要考虑一个与汽车企业总目标、汽车市场营销目标相一致的汽车定价目标，作为确定汽车价格策略和汽车定价方法的依据。

一般来讲，汽车企业可供选择的汽车定价目标有以下六大类。

1. 以利润为导向的汽车定价目标

汽车企业一般都把利润作为重要的汽车定价目标，这样的目标主要有三种：

(1) 利润最大化目标　以最大利润为汽车定价目标，指的是汽车企业期望获取最大限度的销售利润。通常已成功地打开销路的中小汽车企业，最常用这种目标。追求最大利润并不等于追求最高汽车价格。最大利润既有长期和短期之分，又有汽车企业全部汽车产品和单个汽车产品之别。

(2) 目标利润　以预期的利润作为汽车定价目标，就是汽车企业把某项汽车产品或投资的预期利润水平，规定为汽车销售额或投资额的一定百分比，即汽车销售利润率或汽车投资利润率。

汽车定价是在汽车成本的基础上加上目标利润。根据实现目标利润的要求，汽车企业要估算汽车按什么价格销售、销售多少才能达到目标利润。一般来说，预期汽车销售利润率或汽车投资利润率要高于银行存款利率。

以目标利润作为汽车定价目标的汽车企业，应具备以下两个条件：

1）该汽车企业具有较强的实力，竞争力比较强，在汽车行业中处于领导地位。

2）采用这种汽车定价目标的多为汽车新产品、汽车独家产品以及低价高质量的汽车产品。

（3）适当利润目标　有些汽车企业为了保全自己，减少市场风险，或者限于实力不足，以满足适当利润作为汽车定价目标。这种情况多见于处于市场追随者地位的中小汽车企业。

2. 以销量为导向的汽车定价目标

这种汽车定价目标是指汽车企业希望获得某种水平的汽车销售量或汽车市场占有率而确定的目标。

（1）保持或扩大汽车市场占有率　汽车市场占有率是汽车企业经营状况和汽车产品在汽车市场上的竞争能力的直接反映，对于汽车企业的生存和发展具有重要意义。因为汽车市场占有率一般比最大利润容易测定，也更能体现汽车企业的努力方向，因此有时汽车企业把保持或扩大汽车市场占有率看得非常重要。

许多资金雄厚的大汽车企业，喜欢以低价渗透的方式来保持一定的汽车市场占有率；一些中小企业为了在某一细分汽车市场获得一定优势，也十分注重扩大汽车市场占有率。

一般来讲，只有当汽车企业处于以下几种情况下，才适合采用这种汽车定价目标：

1）该汽车的价格需求弹性较大，低价会促使汽车市场份额扩大。

2）汽车成本随着销量增加呈现逐渐下降的趋势，而利润有逐渐上升的可能。

3）低价能阻止现有和可能出现的竞争者。

4）汽车企业有雄厚的实力承受低价所造成的经济损失。

5）采用进攻型经营策略的汽车企业。

（2）增加汽车销售量　这是指以增加或扩大现有汽车销售量为汽车定价目标。这种方法一般适用于汽车的价格需求弹性较大，汽车企业开工不足，生产能力过剩；只要降低汽车价格，就能扩大销售，使单位固定成本降低，汽车企业总利润增加的情况。

我国鼓励和保护公平竞争，保护汽车经营者和汽车消费者的合法权益，制止不正当竞争行为。国家制定了《反不正当竞争法》。在汽车定价时，不得以低于变动成本的价格销售汽车来排挤竞争对手；有奖销售的最高奖的金额不得超过5000元。

3. 以竞争为导向的汽车定价目标

这是指汽车企业主要着眼于竞争激烈的汽车市场上以应付或避免竞争为导向的汽车定价目标。在汽车市场竞争中，大多数竞争对手对汽车价格都很敏感。在汽车定价以前，一般要广泛收集市场信息，把自己所生产汽车的性能、质量和成本与竞争者的汽车进行比较，然后制定本企业的汽车价格。通常采用的方法有：

1）与竞争者同价；

2）高于竞争者的价格；

3）低于竞争者的价格。

汽车企业在遇到同行价格竞争时，常常会被迫采取相应对策。例如，竞相削价，压倒对方；及时调价，价位对等；提高价格，树立威望。在现代市场竞争中，价格战容易使双方两败俱伤，风险较大。因此，很多企业往往会开展非价格竞争，如在汽车质量、促销、分销和服务等方面下苦功夫，以巩固和扩大自己的汽车市场份额。

4. 以汽车质量为导向的汽车定价目标

这是指汽车企业要在市场上树立汽车质量领先地位的目标，而在汽车价格上体现出来。优质优价是一般的市场供求准则，研究和开发优质汽车必然要支付较高的成本，自然要求以高的汽车价格得到回报。

从完善的汽车市场体系来看，高价格的汽车自然代表或反映着汽车的高性能、高质量及其优质服务。采取这一目标的汽车企业必须具备以下两个条件：一是高性能、高质量的汽车；二是提供优质的服务。

5. 以汽车企业生存为导向的汽车定价目标

当汽车企业遇到生产能力过剩或激烈的市场竞争要改变消费者的需求时，它要把维持生存作为自己的主要目标——生存比利润更重要。对于这类汽车企业来讲，只要他们的汽车价格能够弥补变动成本和一部分固定成本，即汽车单价大于汽车企业变动成本，他们就能够维持住汽车企业。

6. 以汽车销售渠道为导向的汽车定价目标

对于那些需经中间商销售汽车的汽车企业来说，保持汽车销售渠道畅通无阻，是保证汽车企业获得良好经营效果的重要条件之一。

为了使得销售渠道畅通，汽车企业必须研究汽车价格对中间商的影响，充分考虑中间商的利益，保证对中间商有合理的利润，促使中间商有充分的积极性去销售汽车。

在现代汽车市场经济中，中间商是现代汽车企业营销活动的延伸，对宣传汽车、提高汽车企业知名度有十分重要的作用。汽车企业在激烈的汽车市场竞争中，有时为了保住完整的汽车销售渠道，促进汽车销售，不得不让利于中间商。

例如，1974 年的石油危机发生后，国际汽车市场受到严重冲击，因而汽车市场竞争异常激烈。日本的 MAZDA 公司为了推销汽车，规定每推销一辆汽车给中间商 500 美元的回扣奖励。这一政策的结果，使该公司保持住了完整的汽车销售渠道，保证了在 1976 年向市场投放的新型节油车型的销售获得了成功，使该公司获益匪浅。

综上所述，汽车企业可供选择的汽车定价目标归类如图 8-1 所示。

二、汽车定价程序

汽车企业在汽车新产品投放市场，或者在市场环境发生变化时，需要制定或调整汽车价格，以利于汽车企业营销目标的实现。由于汽车价格涉及汽车企业、竞争者和汽车消费者三者之间的利益，因而汽车定价既重要又困难。掌握汽车定价的一般程序，对于制定合理的汽车价格是十分重要的。一般来说，汽车的定价要经过以下几个步骤：

（1）明确汽车目标市场　在汽车定价时，首先要明确汽车目标市场。汽车目标市场是汽车企业生产的汽车所要进入的市场——具体来讲，就是谁是本企业汽车的消费者。汽车目标市场不同，汽车定价的水平就不同。分析汽车目标市场，一般要分析该汽车市场消费者的基本特征、需求目标、需求强度、需求潜量、购买力水平和风俗习惯等情况。

（2）分析影响汽车定价的因素　汽车定价不仅要了解汽车产品特征、竞争者行为、货币价值、政府的政策和法规等一般影响因素，更重要的是要善于分析不同经营环境下，影响汽车定价的最主要因素的变化状况。

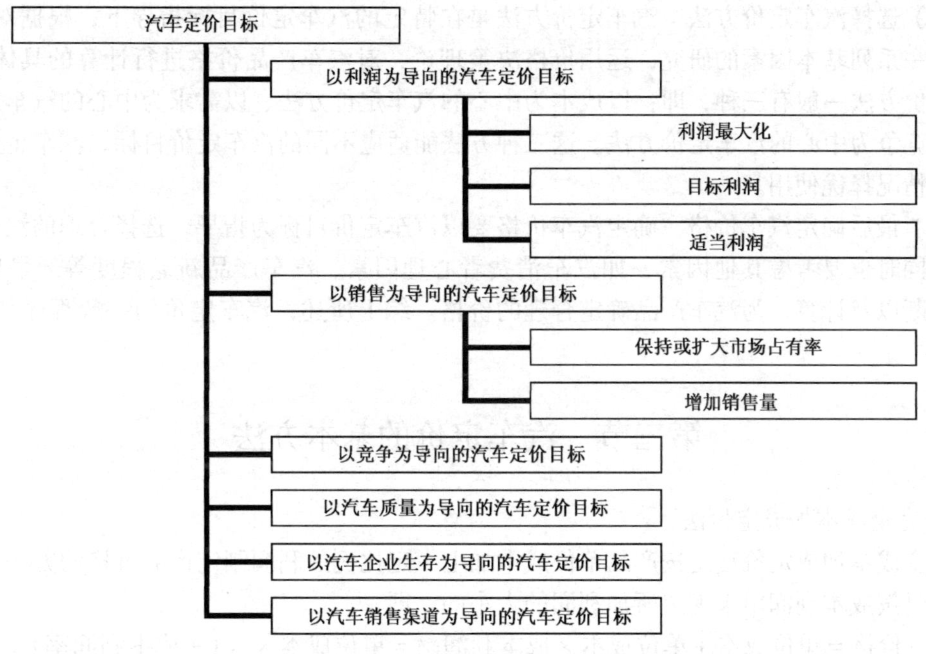

图 8-1 汽车定价目标

（3）确定汽车定价目标　汽车定价目标是在对汽车目标市场和影响汽车定价因素综合分析的基础上确定的。汽车定价目标是合理定价的关键。不同的汽车企业、不同的汽车经营环境和不同的汽车经营时期，其汽车定价目标是不同的。在某个时期，对汽车企业生存与发展影响最大的因素，通常会被作为汽车定价目标。

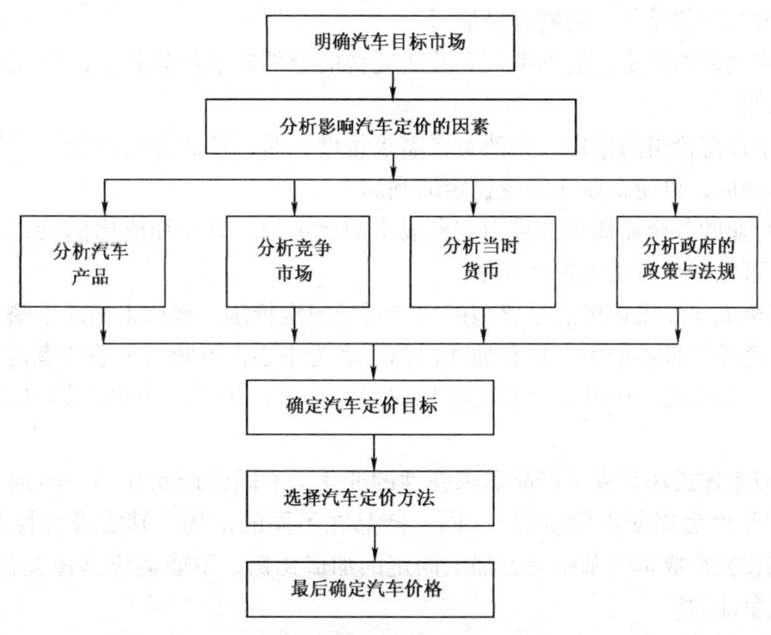

图 8-2 汽车定价的一般程序

（4）选择汽车定价方法　汽车定价方法是在特定的汽车定价目标指导下，根据对成本、供求等一系列基本因素的研究，运用价格决策理论，对汽车产品价格进行计算的具体方法。汽车定价方法一般有三种，即：以成本为中心的汽车定价方法、以需求为中心的汽车定价方法和以竞争为中心的汽车定价方法。这三种方法能适应不同的汽车定价目标，汽车企业应根据实际情况择优使用。

（5）最后确定汽车价格　确定汽车价格要以汽车定价目标为指导，选择合理的汽车定价方法，同时也要考虑其他因素，如汽车消费者心理因素、汽车产品新老程度等。最后经分析、判断以及计算，为汽车产品确定合理的价格。综上所述，汽车定价的一般程序如图 8-2 所示。

第三节　汽车定价的基本方法

1. 完全成本加成定价法

完全成本加成定价法是按产品单位成本加上一定比例的利润制定产品价格的方法。大多数企业是按成本利润串来确定所加利润的大小的。即

价格 = 单位成本 + 单位成本 × 成本利润率 = 单位成本 ×（1 + 成本利润率）

例如，某汽车企业全年生产某种汽车产品 10 万辆，产品的单位变动成本 10 万元，总固定成本 50 亿元，该企业要求的成本利润率为 20%，则该产品的价格 =（10 + 50/10）万元 ×（1 + 20%）= 18 万元。

由此可见，在产品单位成本一定的条件下，制定产品价格的关键在于确定成本利润率。不同的产品加成比例不同，企业一般以同类产品的加成比例为参考依据进行加成。完全成本加成定价法是企业较常用的定价方法，它有以下优点：

1）计算方法简便易行，资料容易取得。

2）根据完全成本定价，能够保证企业所耗费的全部成本得到补偿，并在正常情况下能获得一定的利润。

3）有利于保持价格的稳定。当消费者需求量增大时，按此方法定价，产品价格不会提高，而固定的加成，也使企业获得较稳定的利润。

4）同一行业的各企业如果都采用完全成本加成定价，只要加成比例接近，所制定的价格也将接近，可以减少或避免价格竞争。

但是，完全成本加成定价法是典型的生产者导向定价法。现代市场需求瞬息万变，竞争激烈，产品花色品种日益增多。只有那些以消费者为中心，不断满足消费者需求的产品，才有可能在市场上站住脚。因此，完全成本加成定价法在市场经济中也有其明显的不足之处。如：

1）完全成本加成法忽视了产品需求弹性的变化。不同的产品在同一时期，同一产品在不同时期（产品生命周期不同阶段），同一产品在不同的市场，其需求弹性都不相同。因此，产品价格在完全成本的基础上，加上固定的加成比例，不能适应迅速变化的市场要求，缺乏应有的竞争能力。

2）以完全成本作为定价基础缺乏灵活性，在有些情况下容易作出错误的决策。

3）不利于企业降低产品成本。

为了克服完全成本加成定价法的不足之处，企业可按产品的需求价格弹性的大小来确定成本加成比例。

2. 目标利润定价法

该方法使产品的售价能保证企业达到一定的目标利润。与完全成本加成定价法的区别：目标利润定价法是根据预计的销量反算成本，完全成本加成定价法则是不管销量如何，先确定成本；目标利润定价法的目标利润率是企业根据需要和可能自行制定的，完全成本加成定价法则是按照行业惯例确定的。

目标利润定价法适合汽车产品生产企业，成本加成定价法则适合汽车产品贸易企业。

3. 边际贡献定价法

该方法是指确定的产品价格超过变动成本的定价方法。当企业不景气时，按正常价格出售商品有困难，又不愿意停止营业，这时企业只能降低价格。然而，商品售价必须足以回收全部变动成本，并且有一部分边际贡献，用来补偿一部分固定成本，减少亏损。边际贡献定价法适合企业正常价格销售困难的特殊时期，边际贡献定价法可以在回收全部可变成本的基础上，回收部分固定成本。虽然也是亏本经营，但与全面停产相比，企业遭受的损失要小得多。

例如，一家轿车企业年产中型轿车 1 万辆，单位全部成本 5 万元，其中全部固定成本分摊为 2 万元/辆，全部变动成本 3 万元/辆。正常情况，每辆轿车至少 5 万元才能保本。但是，按这一价格难以销售轿车。这时，企业可以考虑以边际贡献定价法，确定每辆轿车的售价为 4 万元，企业虽然每辆车亏损了 1 万元，但比起全面停产或减少生产所造成的每辆车 2 万元的固定成本损失，该车的生产销售对企业是有贡献的。

4. 理解值定价法

消费者对商品往往有自己的价值判断，这种价值判断实际上是商品的质量、功能、款式以及服务在消费者心目中的反应。这个价格便是消费者对商品价格的理解值。企业根据消费者（用户）对商品价值的理解值制定商品价格的方法，就是理解值定价法。这种定价方法的关键是企业必须对用户理解值有正确的估计，估计过高或过低都会造成定价失败或决策失误。因此，在进行理解值定价的操作时，务必进行全面、科学的调查研究。像汽车这样高技术含量的产品，调查研究应当以中间商、专业营销人员、技术专家、系统用户（大用户）的理解值为重要依据。

5. 差别定价法

差别定价法就是对同一种商品由于某种原因实行不同价格的一种定价方法。这种价格差别并非因为产品成本不同，而是由于供需方面的原因造成的。

例如，地区差别定价，在汽车产品的不同销售地区实行不同的价格。实行地区差别定价时，应当充分考虑地区市场特征和顾客的容忍程度，避免造成整体价格混乱，使企业丧失价格主动权。

6. 流行水准定价法

该方法是指以本行业中某种车型的平均价格水平作为定价标准，确定本企业产品价格的方法。流行水准定价法最适合于接近完全竞争条件下的产品定价。例如，国内微型客车行业，没有哪家企业处于显著的领导者地位，市场接近完全竞争。微型客车各生产企业无论其规模、成本状况如何，其产品价位都在 2.5 万～3 万元之间，这就是各微客生产企业普遍采取流行水准定价策略所致。流行水准定价法也经常为中、小企业所采用，以便使企业产品价格紧随市场价格的变动，与大企业同生存，共进退。

汽车企业应当在价格模式基础上，结合市场供求状况和企业一定时空范围内的营销目标等因素，采取适宜的定价策略，制定产品价格，扩大和稳定销售市场，保证企业营销目标的实现，还要灵活运用价格策略服务于企业整体营销战略目标。

第四节　汽车产品的定价策略

定价策略是指企业根据市场中不同变化因素对商品价格的影响程度采用不同的定价方法，制定出适合市场变化的商品价格，进而实现定价目标的企业营销战术。汽车价格竞争是一种十分重要的汽车营销手段。在激烈的汽车市场竞争中，汽车企业为了实现自己的营销战略和目标，必须根据产品特点、市场需求及竞争情况，采取各种灵活多变的汽车定价策略，使汽车定价策略与汽车市场营销组合中的其他策略更好地结合，促使和扩大汽车销售，提高汽车企业的整体效益。因此，正确采用汽车定价策略是汽车企业取得汽车市场竞争优势地位的重要手段。

一、新产品定价策略

(一) 新产品上市定价策略

新产品定价是特别困难的一个问题。产品的生命周期正变得越来越短，竞争优势也消失得越来越快，新竞争者的进入也越来越频繁。当企业为一个新产品定价时，所有这些因素都必须考虑进去。新产品的价格决策是唯一的机会，因为之后所有的定价措施都只不过是对既存价格的变动而已。对每一个产品而言，初始价格的设定只有一次机会！对于新产品来说，价格可以堪称事关成败的武器。新产品往往使企业比以往产品拥有更大的定价范围，但也因此会犯下更大的错误。许多新产品就是毁在错误的初始定价上。例如，利亚纳是日本铃木公司最高档的三厢轿车，在北美已经创下良好的销售成绩。2005 年 11 月 25 日，利亚纳在国内推向市场时，1.6 手动标准版售价 10.28 万元，1.6 手动特别版 10.78 万元，1.6 自动标准版 11.28 万元，1.6 自动特别版 11.78 万元。价格一出，网络调查问卷上认为价格偏高的在 80%（三厢利亚纳从 2005 年上市到 2006 年 2 月份，在约 3 个月的时间里，销量还不到 1500 辆。2005 年 12 月全国销量 604 辆，2006 年 1 月全国销量 536 辆，2006 年 2 月全国销量 344 辆）。2006 年 3 月利亚纳两厢在上海亮相，其价格分别为 EC 实用型 MT 8.88 万元，STD 标准型 MT 9.28 万元，STD 标准型 AT 10.28 万元，DLX 豪华型 MT 9.78 万元，DLX 豪华型 AT 10.78 万元。同时，利亚纳三厢车型全线降价 9000 元，与两厢利亚纳同配置车型价格均高 1000 元，将其价格区间调整为 8.98 万 ~ 10.88 万元。但先前过高的定价已为利亚纳的发展造成了一定的困难，错失先机后的降价也仅是亡羊补牢之举。

如图 8-3 所示，新产品的定价策略常用的有两种：一是撇脂定价策略；二是渗透定价策略。

1. 撇脂定价策略

撇脂定价策略又称撇油定价策略，是指企业在产品寿命周期的投入期或成长期，利用消费者的求新、求奇心理，抓住激烈竞争尚未出现的有利时机，有目的地将价格定得很高，以便在短期内获取尽可能多的利润，尽快地收回投资的一种定价策略。其名称来自从鲜奶中撇取乳脂，含有提取精华之意。即高开低走撇脂定价。这种定价策略在国内汽车产业中是比较常见的一种，尤其在汽车 CKD 生产模式下，任何一个国外的全新品牌新产品对于国内不少消费者来说都是陌生的。而对于那些想购买的人，高价并不是他们购买的障碍，相反，在某些情况下倒会鼓励对某些特殊产品的购买行为。当产品变得广为人知的时候，购买者对价格的敏感程度经常有较大的提高。采取逐渐降低价格的定价方法，按时间顺序制定几个不同的价格。这种策略的目的一方面是通过新品的唯一性赚取利润，另一方面是在产品尚未达到量化之前采取的周旋策略。其目的在于立即赚取丰厚的市场营销利润，正如海绵吸水或奶油蛋糕的脂肪一般，从中吸取高厚的利润。许多汽车企业都采取了这种定价策略，因而在极短的时间内获得暴利，但市场营销量与市场占有率可能无法相对提高，并且可能由于价格偏高导致产品的失败。

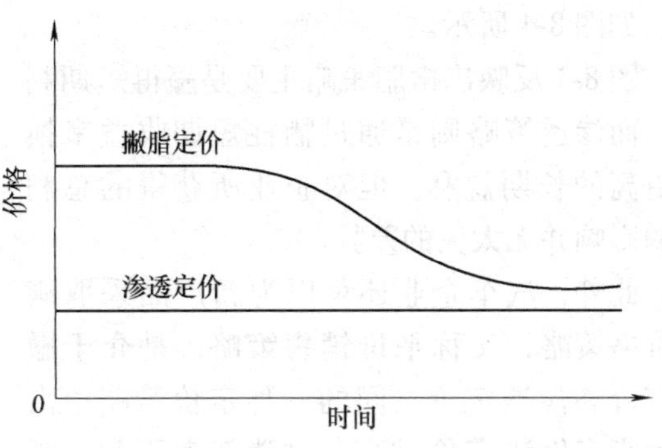

图 8-3　撇脂定价策略与渗透定价策略

例如，丰田公司在中国一直采用的是稳健、保守型的市场策略，在保证单车高利润前提下，逐渐占领市场。一汽丰田公司在 2002 年 10 月投放的首款产品威驰顶级版本定价高达 19.5 万元，而 2004 年上市的花冠也保持了对竞争产品 10% 以上的价格阶梯。但偏高的定价制约了丰田公司在中国市场份额的扩张，威驰在遭遇本田飞度阻击后高开低走，而花冠在 2004 年也未能完成 5 万辆的销售目标。

2. 渗透定价策略

渗透定价策略又称薄利多销策略，是指企业在产品上市初期，利用消费者求廉的消费心理，有意将价格定得很低，使新产品以物美价廉的形象吸引顾客、占领市场，以谋取远期的稳定利润。

渗透定价策略是遵循通过低价位进入市场，迅速提高销量和市场份额，从而建立起一个强大的市场优势的定价思路。这一策略在摄像机、电子消费品和汽车领域相当成功。在 19 世纪早期，即使像丰田 Lexus 这样的奢侈型汽车，也是通过与其价值相关的渗透定价而推入市场的。渗透定价策略有以下适用情形：

1）初始价格弹性很高时，以高产量和高销量为目标。

2）公司想通过各种方法阻止潜在进入者。

广州本田的“低价策略”曾让本田雅阁一度逆市而升，在国内不少地区出现断货和加价销售的现象。广本飞度曾经以 9.98 万元的价格进入市场，这个价格在当时的经济型轿车市场中是极具杀伤力的，它迫使菲亚特等 4 个品牌相继下调价格。

渗透定价策略的着眼点是市场份额，但由于渗透定价的成功依赖于较大的销售数量，因此企业必须在吸引大量消费者的同时提高产能。一个低而稳定的价格策略，很容易创造品牌的忠诚度，这也是广州本田的品牌策略中一枝独秀的原因。

3. 两种策略的比较

对比撇脂定价策略和渗透定价策略不难发现，这二者在策略方向上是完全相反的。但通过对大量事实分析，却发现一个出人意料的现象：两种策略对公司利润的影响并非截然对立，如图 8-4 所示。

图 8-4 反映出撇脂策略主要是赢得短期利润，而渗透策略则是通过牺牲短期收益来换取更高的长期盈利，但对企业所获得的总利润的影响并无太大的差异。

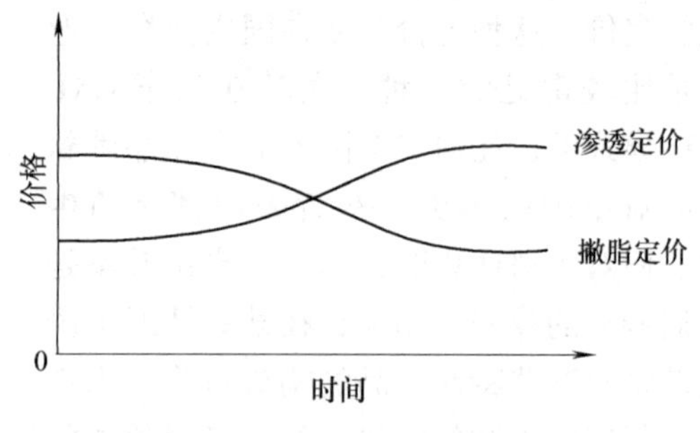

图 8-4　两种定价策略的比较

此外，汽车企业还可以为新产品采取满意价格策略，又称平价销售策略，是介于撇脂定价和渗透定价之间的一种定价策略。由于撇脂定价法定价过高，对消费者不利，既容易引起竞争，又可能遭到消费者拒绝，具有一定风险；渗透定价法定价过低，对消费者有利，对企业最初收入不利，资金的回收期也较长，若企业实力不强，将很难承受；而满意价格策略采取适中的价格，基本上能够做到供求双方都满意。

（二）新车上市定价现象分析

1. “未下线先公布价格”现象

伴随着汽车技术的同质化、汽车质量的同质化、汽车 4S 店服务模式的同质化，价格仍然被商家认为是最关键的竞争因素。对于一些对自己的产品非常自信，对细分市场认定较为清晰，并且已做好一系列宣传工作，准备好售后的汽车公司，车型未上市就会率先公布价格，这属于价格承诺式营销方式。这样企业承受的压力和风险也较大，对于那些已被消费者认可的汽车公司来说，可以选择这种方式。

例如，2005 年 9 月，尽管还没正式上市，一汽丰田锐志就已提前公布了价格，其中入门车型 2.5S 售价 21.38 万元，这样的定价显然比业内普遍预计得要低。先前，丰田公司在欧美市场之所以能快速攻城掠地，价格就是其重要的杀手锏，如今锐志的低价位则是丰田公司在中国开始低价攻势的表现。

2. “下线不定价”现象

与锐志的未上市先公布价格形成鲜明对比的是 2006 年许多车型下线后先经过市场预热期，再公布价格。在新车型上市速度不断加快、竞争对手底牌没有亮出之前，大多数商家不愿意率先把最关键的价格底牌亮出而成为竞争对手的靶子被动挨打，更希望的是把产品抛出，用产品特点吸引住消费者的视线，提前锁定那些痴迷的追随者和其他潜在的用户，来抢夺市场份额。目前，下线不定价已经成为商家制造声势、提前锁定某些消费群体、抢占市场份额的一种新的市场营销策略。例如，在 2006 年 2 月 18～27 日的 10 天时间里，骏捷、凯旋、君越、新东方之子、菲亚特靓彩版和马自达 3 等主流轿车生产企业的多个车型依次亮相。这些车型中除君越、菲亚特靓彩版外，其他企业并没有在新推出车型时公布其详尽的价格——骏捷、凯旋和马自达 3 这三个车型选择的是先下线后上市的营销策略，企业并没有同期公布厂家指导价；奇瑞公司虽然公布了新东方之子的厂家指导价，但该公司也只给出了东方之子的价格区间（9.9999 万～20.18 万元），而没有给出其他 7 款车的详细价格。

下线不定价可以提高商家价格策略的灵活性和主动性。产品下线只是商家产品市场策略中的一个关键的时间节点，下线仪式的造势也只是市场营销策略中的一环，在生产线不成熟、没有形成规模产能之前，不宣布价格，可以使商家有更多的时间去观察市场和竞争对手。一旦生产线成熟、生产规模形成，商家再宣布价格，不仅可以再次吸引市场的吸引力，而且可以采用主动、灵活的价格策略：要么可以采取低价策略快速占领市场，打对手个措手不及；要么可以采取利润优先的策略，在产品进入市场早期获取最丰厚的利润。这就使商家的价格策略可以变得更具灵活性和主动性。

这种“下线不定价”的现象同时也暴露出了很多商家对未来市场和自己产品竞争能力的预测缺乏信心，暴露出我国汽车市场预测技术难以满足汽车市场发展需求的现状。包括价格在内的营销策略能否达到预期的目标，很大程度上取决于商家对未来市场预测的准确性，没有科学准确的市场预测，就很难有成功的市场营销策略。在缺乏准确的市场预测的背景下，下线不定价在某种程度上就成为商家无奈的选择。

二、心理营销定价策略

心理营销定价策略是针对消费者的不同消费心理，制定相应的商品价格，以满足不同类型消费者需求的策略。心理营销定价策略一般包括尾数定价、整数定价、习惯定价、声望定价和招徕定价等具体形式。

1. 尾数定价策略

尾数定价又称零头定价，是指企业针对的是消费者的求廉心理，在商品定价时有意定一个与整数有一定差额的价格。这是一种具有强烈刺激作用的心理营销定价策略。

心理学家的研究表明，价格尾数的微小差别，能够明显影响消费者的购买行为。一般认为，五元以下的商品，末位数为9最受欢迎；五元以上的商品，末位数为95效果最佳；百元以上的商品，末位数为98、99最为畅销。尾数定价法会给消费者一种经过精确计算的、最低价格的心理感觉；有时也可以给消费者一种是原价打了折扣，商品便宜的感觉；同时，顾客在等候找零期间，也可能会发现和选购其他商品。

尾数定价法在欧美及我国常以奇数为尾数，如0.99，9.95等，这主要是因为消费者对奇数有好感，容易产生一种价格低廉、价格向下的概念。但由于“8”与“发”谐音，在定价中“8”的采用率也较高。例如，威姿——8.88万元；派力奥——8.19万元；赛欧——8.98万元；华普——7.29万元；千里马——8.58万元；奇瑞——8.38万元。

2. 整数定价策略

整数定价与尾数定价相反，针对的是消费者求名、求方便的心理，将商品价格有意定为整数。由于同类型产品的生产者众多，花色品种各异，在许多交易中，消费者往往只能将价格作为判别产品质量、性能的“指示器”。同时，在众多尾数定价的商品中，整数能给人一种方便、简洁的印象。

3. 习惯定价策略

某些商品需要经常、重复地购买，因此这类商品的价格在消费者心理上已经“定格”，成为一种习惯性的价格。对这些商品的定价，一般应依照习惯确定，不要随便改变价格，以免引起顾客的反感。善于遵循这一习惯确定产品价格者往往得益匪浅。例如，消费者认定的中档车价位为几十万元，而一款定位为中档的车型标价百万就会受到消费者的质疑。

4. 声望定价策略

这是整数定价策略的进一步发展。消费者一般都有求名望的心理，根据这种心理行为，企业将有声望的商品制定比市场同类商品更高的价格，即为声望性定价策略。它能有效地消除购买心理障碍，使顾客对商品或零售商形成信任感和安全感，顾客也从中得到荣誉感。

例如，德国的奔驰轿车，售价10万欧元。但是，采用这种定价法必须慎重，一般商店、一般商品若滥用此法，弄不好便会失去市场。

5. 招徕定价策略

招徕定价又称特价商品定价，是一种有意将少数商品降价以招徕吸引顾客的定价方式。商品的价格定得低于市价，一般都能引起消费者的注意，这是适合消费者“求廉”心理的。采用招徕定价策略时，必须注意以下几点：

1）降价的商品应是消费者常用的，最好是适合于每一个家庭应用的物品，否则没有吸引力。

2）实行招徕定价的商品，经营的品种要多，以便使顾客有较多的选购机会。

3）降价商品的降低幅度要大，一般应接近成本或者低于成本。只有这样，才能引起消费者的注意和兴趣，才能激起消费者的购买动机。

4）降价品的数量要适当，若太多则商店亏损太大，太少又容易引起消费者的反感。

5）降价品应与因伤残而削价的商品明显区别开来。

三、折扣营销定价策略

折扣营销定价策略是通过减少一部分价格以争取顾客的策略，在现实生活中应用十分广泛，用折让手法定价就是用降低定价或打折扣等方式来争取顾客购货的一种售货方式。

1. 数量折扣策略

数量折扣策略就是根据代理商、中间商或顾客购买货物的数量多少，分别给予不同折扣的一种定价方法。购买数量越多，折扣越大。其实质是将销售费用节约额的一部分，以价格折扣方式分配给买方，目的是鼓励和吸引顾客长期、大量或集中向本企业购买商品。数量折扣可以分为累计数量折扣和非累计数量折扣两种形式。

（1）累计数量折扣　是指代理商、中间商或顾客在规定的时间内，当购买总量累计达到折扣标准时，给予一定的折扣。累计数量折扣定价法可以鼓励购买者经常购买本企业的产品，成为企业可信赖的长期客户；企业可据此掌握产品的销售规律，预测市场需求，合理安排生产；经销商也可保证货源。

运用累计数量折扣定价法时，应注意购买者为争取较高折扣率在短期内大批进货对企业生产的影响。

（2）非累计数量折扣　是一种只按每次购买产品的数量而不按累计的折扣定价方法。其目的是鼓励客户大量购买，节约销售中的劳动耗费。

累计数量折扣和非累计数量折扣两种方式，可单独使用，也可结合使用。

2. 现金折扣策略

现金折扣策略，又称付款期限折扣策略，是在“信用购货”的特定条件下发展起来的一种优惠策略，即对按约定日期付款的顾客给予不同的折扣优待。现金折扣实质上是一种变相降价赊销，鼓励提早付款的办法。如付款期限一个月，立即付现折扣5%，10天内付现折扣3%，20天内付现折扣2%，最后10天内付款无折扣。有些零售企业往往利用这种折扣来节约开支、扩大经营，卖方可据此及时回收资金，扩大商品经营。

3. 交易折扣策略

交易折扣策略是企业根据各类中间商在市场营销中担负的不同功能所给予的不同折扣，又称商业折扣或功能折扣。企业采取策略的目的是为了扩大生产，争取更多的利润，或为了占领更广泛的市场，利用中间商努力推销产品。交易折扣的多少，随行业与产品的不同而不同；相同的行业与产品，又要看中间商所承担的商业责任的多少而定。如果中间商提供运输、促销、资金融通等功能，对其折扣就较多；否则，折扣将随功能的减少而减少。一般而言，给予批发商的折扣较大，给予零售商的折扣较少。

4. 季节性折扣策略

季节性折扣策略是指生产季节性商品的公司企业，对销售淡季来采购的买主所给予的一种折扣优待。季节性折扣的目的是鼓励购买者提早进货或淡季采购，以减轻企业仓储压力，合理安排生产，做到"淡季不淡"，充分发挥生产能力。季节性折扣实质上是季节差价的一种具体应用。例如，汽车企业一般在"五一"、"十一"黄金周会推出一定的优惠政策。

5. 推广让价策略

推广让价是生产企业对中间商积极开展促销活动所给予的一种补助或降价优惠，又称推广津贴。中间商分布广，影响面大，熟悉当地市场状况，因此企业常常借助他们开展各种促销活动，如刊登地方性广告，布置专门橱窗等。对中间商的促销费用，生产企业一般以发放津贴或降价供货作为补偿。

6. 运费让价策略

运费让价是生产企业为了扩大产品的销售范围，对远方市场的顾客让价以弥补其部分或全部运费。企业对远方市场，一般都采用运费让价策略。

四、地区定价

一般来说，一个企业的产品，不仅卖给当地顾客，而且同时卖给外地顾客，而卖给外地顾客，把产品从产地运到顾客所在地需要花一些装运费。所谓地区性定价策略，就是企业要决定：对于卖给不同地区（包括当地和外地不同地区）顾客的某种产品，是分别制定不同的价格，还是制定相同的价格。也就是说，企业要决定是否制定地区差价。地区性定价的形式有以下五种。

1. FOB 原产地定价

FOB 原产地定价，就是顾客（买方）按照厂价购买某种产品，企业（卖方）只负责将这种产品运到产地某种运输工具（如货车、火车、船舶、飞机等）上交货。交货后，从产地到目的地的一切风险和费用概由顾客承担。如果按产地某种运输工具上交货定价，那么每一个顾客都各自负担从产地到目的地的运费，这是很合理的。但是，这样定价对企业也有不利之处，即远地的顾客就可能不愿购买这个企业的产品，而购买其附近企业的产品。以德国为例，在德国市场上销售原产地的产品，厂家通常会在一款车型上给出 4 个价格。第一是"起价"，是指这一级别中最小排量车型的基本价格，或者说是这一级别全部车型中的最低价格。以宝马 3 系为例，其"起价"为 2.415 万欧元（含 16% 的增值税），是指宝马 316i 这款 3 系产品中排量最低车型的基本价格（国产宝马 3 系产品为 318i 以上的车型）；第二是"基价"，是指眼前这款车基本型的价格，或者说是这款车型的基本价格；第三是"选配价"，是一系列选装配置的总价；第四是"总价"，即这款车的"基价"与"选配价"之和。此外，如果不是亲自到原厂提车，用户通常还要另付 500 欧元左右的运费。

2. 统一交货定价

这种形式和前者正好相反。所谓统一交货定价，就是企业对于卖给不同地区顾客的某种产品，都按照相同的厂价加相同的运费（按平均运费计算）定价。也就是说，对全国不同地区的顾客，不论远近都实行一个价。因此，这种定价又叫邮资定价（目前我国邮资也采取统一交货定价，如平信邮资都是0.8元，而不论收发信人距离远近）。目前国内汽车市场普遍采用的是统一交货定价。

3. 分区定价

这种形式介于前两者之间。所谓分区定价，就是企业把全国（或某些地区）分为若干价格区，对于卖给不同价格区顾客的某种产品，分别制定不同的地区价格。距离企业远的价格区，价格定得较高；距离企业近的价格区，价格定得较低。在各个价格区范围内实行一个价。企业采用分区定价也有问题：

1）在同一价格区内，有些顾客距离企业较近，有些顾客距离企业较远，前者就不合算。

2）处在两个相邻价格区界两边的顾客，他们相距不远，但是要按高低不同的价格购买同一种产品。

4. 基点定价

即企业选定某些城市作为重点，然后按一定的厂价加上从基点城市到顾客所在地的运费来定价（不管产品实际上是哪个城市起运的）。有些公司为了提高灵活性，选定许多个基点城市，按照顾客最近的基点计算运费。

5. 运费免收定价

有些企业因为急于和某些地区做生意，负担全部或部分实际运费。这些卖主认为，如果生意扩大，其平均成本就会降低，因此足以抵偿这些费用开支。采取运费免收定价，可以使企业加深市场渗透，并且能在竞争日益激烈的市场上站稳脚跟。

对于汽车产品而言，同一产品在全球各地价格不同。雷克萨斯GS430在美国的制造商建议零售价为51500美元，大约相当于42469欧元，而在德国的“基价”为54200欧元，比美国市场高出27.6%；奇瑞东方之子在叙利亚卖出了3.7万美元的高价，约合30.6万元人民币；吉利豪情在马来西亚的定价可折合10万元人民币，都比国内市场的价格高出了一倍；相反，在有的国家市场上，奇瑞汽车的售价低于国内市场。所有这些价格的不同，都是这些市场诸多因素和条件不同的结果。

五、差别定价策略

所谓差别定价，也叫价格歧视，就是企业按照两种或两种以上不反映成本费用的比例差异的价格销售某种产品或劳务。差别定价有四种形式：

（1）顾客差别定价　即企业按照不同的价格把同一种产品或劳务卖给不同的顾客。例如，某汽车经销商按照价目表价格把某种型号汽车卖给顾客A，同时按照较低价格把同一种型号汽车卖给顾客B。这种价格歧视表明，顾客的需求强度和商品知识有所不同。

（2）产品形式差别定价　即企业对不同型号或形式的产品分别制定不同的价格，但是，不同型号或型式产品的价格之间的差额和成本费用之间的差额并不成比例。

（3）产品部位差别定价　即企业对于处在不同位置的产品或服务分别制定不同的价格，即使这些产品或服务的成本费用没有任何差异。

例如剧院，虽然不同座位的成本费用都一样，但是不同座位的票价有所不同，这是因为人们对剧院的不同座位的偏好有所不同。

（4）销售时间差别定价　即企业对于不同季节、不同时期甚至不同钟点的产品或服务也分别制定不同的价格。

六、提价与降价策略

1. 提价策略

提价常常会引起购买者、经销商的不满，但成功的提价会为企业带来可观的利润。企业提价常常是由于以下两种情况：

1）产品在市场上严重供不应求。

2）通货膨胀使企业的各项成本上升，企业被迫提价以维持利润水平。

2. 降价策略

企业采用降价策略往往会造成同行的不满和报复，引发价格竞争。但当汽车企业处于下列四种状况时，应采用降价策略：

1）产品严重积压，运用除价格策略外各种营销手段，仍难以打开销路。

2）价格竞争形势严峻，市场占有率下降。

3）企业的产品成本比对手低，但销路不畅，只有通过降价来提高市场占有率。

4）有时，有些实力雄厚的企业为了进一步提高市场占有率，也采用降价策略，一旦达到目的，价格就会上升。

降价策略又分为直接降价策略和间接降价策略。采用直接降价策略，可以刺激用户的购买欲，提高产品销售量。但如果降价时机选择不好，降价方式不适当，宣传不够，也会产生不良影响。

第五节　正确看待我国汽车市场的降价行为

近年来的汽车市场上，“汽车”与“降价”似乎成为一对形影不离的伙伴，没有哪个品牌能挺得住，包括大众汽车、通用汽车和本田汽车在内的主要在华跨国汽车企业都采取了一系列降价措施，“价格战”成为厂商吸引客户的主要手段。

面对我国汽车市场的降价行为，我们应该以一种理性的眼光看待。反观历史，往往会有惊人的相似，如同福特T型车价格和产量的变化历史，正在国内加速重演。

福特T型车是福特汽车公司最成功的经典车型之一。福特T型车实现了亨利·福特（1863－1947）让每个美国家庭都能拥有一辆自己的汽车的梦想，也成就了亨利·福特美国汽车大王的美誉。

福特汽车公司成立于1903年，由于第一批福特汽车实用、优质和价格合理，使得福特公司成立之初就生意兴隆。1907年福特总结经验，实行“薄利多销”，并在1908年适时推出了生产规格统一、品种单一、价格低廉、大众需要且买得起的著名的福特T型车。

1909年，福特T型车售价为900美元，销售量是5.8万辆；1916年，福特T型车降价至300美元，销量也达到了73万辆；至1927年福特T型车停产，累计销量达到了一千五百多万辆（15007033辆）。借助于福特T型车的成功，1918年，美国汽车保有量达到500万量；1924年，美国汽车普及率达到每7人拥有一辆汽车，与北京2006年的汽车普及水平相当（2006年北京常住人口约1500多万，汽车保有量270余万辆），而北京的汽车普及水平高于国内的其他城市。

福特T型车从1908年诞生到1927年停产这一阶段，正是美国汽车从开始进入家庭到迅速普及的阶段。而1909年到1916年，则是美国汽车工业“井喷”的年代（福特公司是当时美国最大的汽车公司，其产销增长速度，基本上反映了美国汽车市场的状况），短短的7年时间，福特T型车的产量从5.8万辆增加到73万辆，年平均增长率达到了43.6%；福特T型车的价格，也从900美元迅速降到了300美元，年平均降幅达到14.0%；而福特汽车公司的盈利更是从100多万美元，达到了5亿多美元。

从20世纪90年代末期开始，轿车开始进入中国家庭，目前正在快速普及。抛开社会的变迁和汽车技术进步等因素，从家庭轿车普及的角度来看，中国目前的状态和美国1909年到1916年的状况非常的相似，而年均43.6%的增长速度和年均14.0%的降价速度，与国内最近几年轿车的产销和价格变化竟又是如此的相似！从2001年赛欧10万元上市，到2005年的6万元，赛欧一直作为国内经济型家庭轿车的价格标竿，其3年的年均降价是18.6%；再看看国内其他车型的价格变化，年均15%左右的降价速度具有普遍的规律性。

福特T型车时代的美国汽车市场与中国汽车市场，同样的轿车普及阶段，同样的井喷经历，同样的快速降价过程。如此多的相似不是偶然的，而是汽车市场发展的必然规律。因此，回顾福特T型车的价格和销量的发展变化历史，总结最近几年国内汽车市场产销和价格的变化规律，对于中国汽车行业和汽车消费者正确面对目前国内汽车价格的变化，具有非常重要的意义。

历史的相似，市场规律的必然，使我们应该理性地看到，在可以预见的3~5年左右的时间内，汽车降价是一种常态。

思 考 题

8-1 什么是价格？汽车价格由哪几部分构成？

8-2 影响汽车定价的因素有哪些？

8-3 汽车定价目标有哪几大类？分别适合什么样的汽车企业？以一款10万元左右的家庭型轿车为例，分析说明定价的流程。

8-4 汽车定价的基本方法有哪些？

8-5 新产品的定价策略有哪些？分析宝来、奇瑞QQ、索纳塔的定价策略。

8-6 谈谈对目前我国汽车价格的认识。

第九章　汽车分销策略

第一节　汽车分销概述

分销策略是市场营销组合策略之一。它同产品策略、促销策略和定价策略一样，也是汽车企业能否成功地将其汽车产品打入市场、扩大销售、实现企业经营目标的重要手段。对于一个汽车企业来说，除了要有适销对路的产品和合理的价格，还必须通过适当的分销渠道，实现产品从生产者到用户的流通，才能克服生产者同用户之间存在的时间、地点、数量和所有权等方面的差异和矛盾，并不断增强企业抵御市场风险的能力。

一、汽车分销与分销渠道的概念

1. 分销渠道的概念

（1）分销的概念　是指某种产品或劳务的所有权，从生产者手中转移到消费者手中的过程。

（2）分销渠道的概念　又称商品的销售渠道或分销途径，是指商品从生产领域转移到消费领域所经过的路线和途径，是沟通生产者和消费者之间关系的纽带和桥梁。分销渠道包括中间商（这些人取得汽车产品的所有权）和代理中间商（这些人帮助转移汽车产品的所有权），以及处于渠道起点和终点的生产者和消费者或用户。在商品经济条件下，产品必须通过交换，发生价值形式的运动，使产品从一个所有者转移到另一个所有者，直至消费者手中，这称为商流，同时，伴随着商流，还有产品实体的空间移动，称之为物流。商流与物流相结合，使产品从生产者到达消费者手中，便是分销渠道或分配途径。

2. 分销渠道的结构

分销渠道由五种流程构成，即实体流程（图9-1）、所有权流程（图9-2）、付款流程（图9-3）、信息流程（图9-4）及促销流程（图9-5）。

（1）实体流程

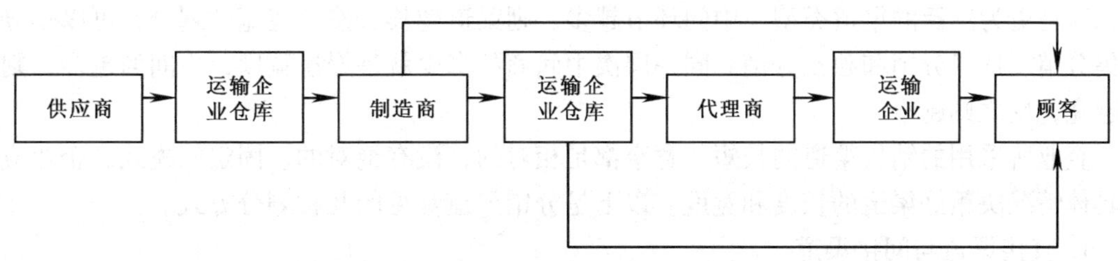

图9-1　汽车分销渠道中的实体流程图

（2）所有权流程

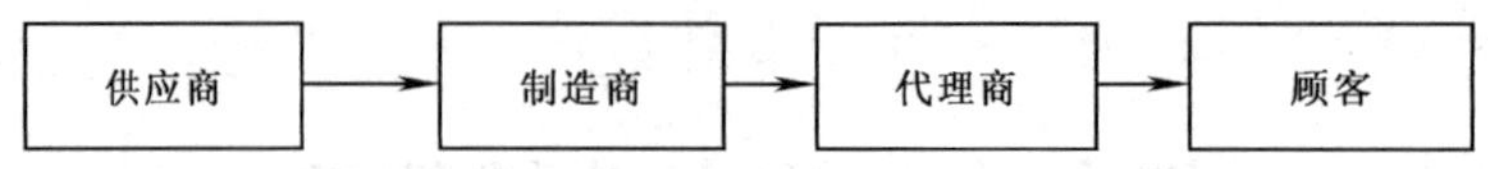

图 9-2　汽车分销渠道中的所有权流程图

（3）付款流程

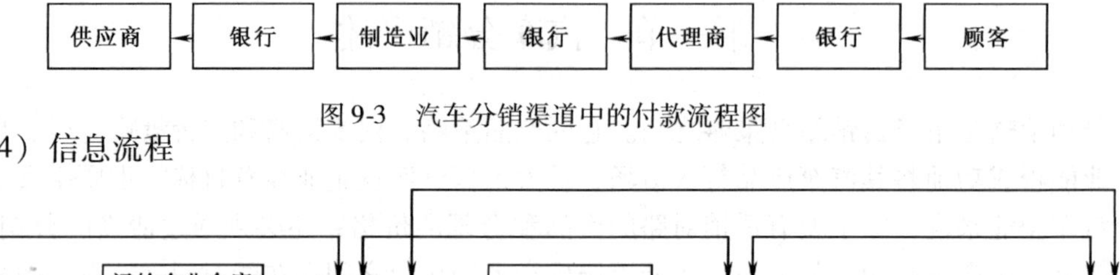

图 9-3　汽车分销渠道中的付款流程图

（4）信息流程

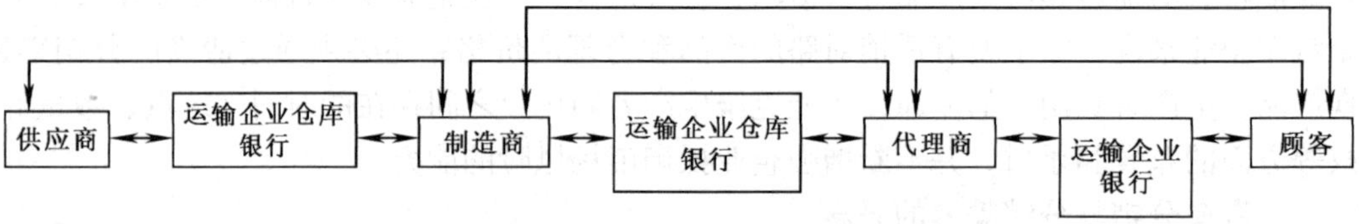

图 9-4　汽车分销渠道中的信息流程图

（5）促销流程

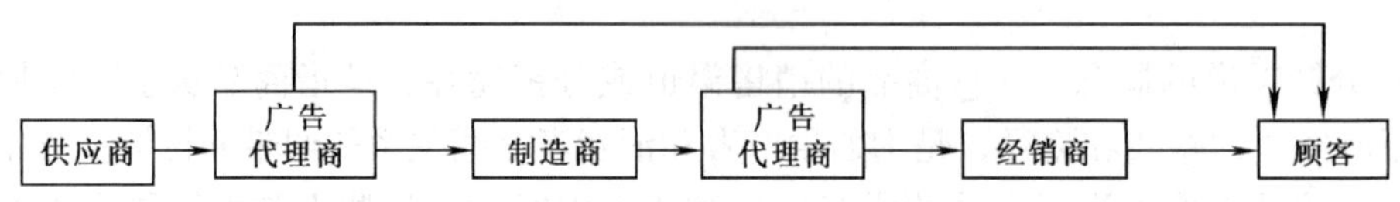

图 9-5　汽车分销渠道中的促销流程图

实体流程是指实体原料及成品从制造商转移到最终顾客的过程。所有权流程是指货物所有权从一个市场营销机构到另一个市场营销机构的转移过程。付款流程是指货款在各市场营销中间机构之间的流动过程。信息流程是指在市场营销渠道中，各市场营销中间机构相互传递信息的过程。促销流程是指由一单位运用广告、人员推销、公共关系、促销等活动对另一单位施加影响的过程。

二、分销渠道类型

分销渠道有许多划分方式，比如按渠道长度分为直接渠道和间接渠道两种类型。直接渠道没有中间环节，也称作“零级渠道”，是最短的销售渠道；间接渠道是存在中间环节的渠道，这是更为广泛的渠道类型。中间环节越多，则渠道越长。按渠道宽度划分，可以划分为密集分销、选择分销和独家分销。同一层次中间商的多少就是渠道宽度，中间商越多，则渠道越宽，反之则越窄。

企业所采用的销售渠道的长短、宽窄都是相对的，没有绝对的、固定的模式，企业应依据具体情况决策好渠道的长度和宽度。以下是分销渠道常见的几种划分方式。

1. 直接渠道与间接渠道

一般来说，按流通环节的多少，可将分销渠道划分为直接渠道与间接渠道；间接渠道又分为短渠道与长渠道。直接渠道与间接渠道的区别在于有无中间商。

直接渠道，即生产企业直接把产品卖给用户。具体形式有：推销员上门推销，设立自销机构，通过订货会或展销会与用户直接签约供货等形式。日本汽车在早期所采取的主要就是这种分销策略，并且取得了很大的成功。

间接渠道，指生产企业通过中间商环节把产品传送到消费者手中。间接分销渠道也是消费品分销的主要类型。

2. 长渠道和短渠道

分销渠道的长短一般是按通过流通环节的多少来划分，具体包括以下四层：

（1）零级渠道　即由制造商──→消费者。

（2）一级渠道　即由制造商──→零售商──→消费者。

（3）二级渠道　即由制造商──→批发商──→零售商──→消费者，或者是制造商──→代理商──→零售商──→消费者，多见于消费品分销。

（4）三级渠道　制造商──→代理商──→批发商──→零售商──→消费者。

可见，零级渠道最短，三级渠道最长。

3. 宽渠道与窄渠道

渠道宽窄取决于渠道的每个环节中使用同类型中间商数目的多少。企业使用的同类型中间商多，产品在市场上的分销面广，称为宽渠道。如一般的日用消费品（毛巾、牙刷、暖水瓶等），由多家批发商经销，又转卖给更多的零售商，能大量接触消费者，大批量地销售产品。企业使用的同类型中间商少，分销渠道窄，称为窄渠道。它一般适用于专业性强的产品，或贵重耐用消费品，由一家中间商统包，几家经销。它使生产企业容易控制分销，但市场分销面受到限制。

4. 单渠道和多渠道

当企业全部产品都由自己直接所设门市部销售，或全部交给批发商经销，称之为单渠道。多渠道则可能是在本地区采用直接渠道，在外地则采用间接渠道；在有些地区独家经销，在另一些地区多家分销；对消费品市场用长渠道，对生产资料市场则采用短渠道。

三、销售体制

世界上各大汽车公司的销售体制各有特点。从销售与生产的关系看，销售体制大体可以分为两种类型：产销分离型与产销结合型。所谓产销分离体制，就是生产和销售分别由两个不同独立核算的公司（一般都是独立法人）进行。按协议规定，生产公司只负责生产，销售公司只负责销售及售后服务工作。销售公司是生产公司销售业务的全权代理。

产销分离体制的典型例子：国外有丰田汽车集团（图9-6）、德国大众汽车集团（图9-7）；国内如一汽丰田销售有限公司，负责销售一汽与丰田公司各个合资汽车制造企业（天津一汽丰田、四川一汽丰田、长春一汽丰田）生产的各种车型，而一汽丰田公司的各个合资汽车制造企业则只负责生产。

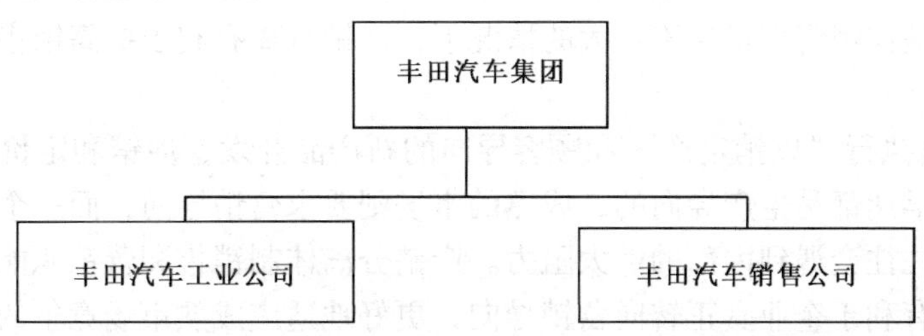

图9-6　丰田汽车集团的产销分离体制

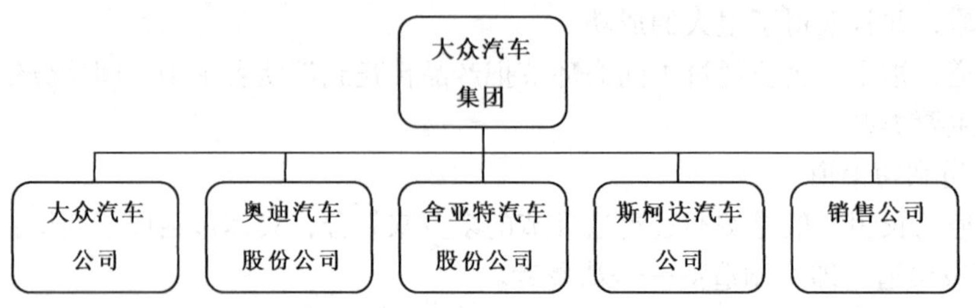

图 9-7　大众汽车集团的产销分离体制

在丰田、大众等公司成立之时，由于企业规模较小和未认识到销售的重要性，企业属于生产导向型，开始都是以产销结合体制出现的；当企业发展到较大规模，销售状况的好坏关系到企业能否进一步成长和壮大的关键时刻，这些公司立即转向销售导向型，把销售放到极其重要的地位，销售和生产并重，以打开销售局面来带动整个企业向前发展，又实行了产销分离体制；随后，在销售体系健全完善、企业具有国际竞争力的时候，企业又快速重组合并，采取统筹兼顾、便于协调、管理和指挥的产销结合体制，统一指挥，使企业活动简单、高效。这些企业根据自身不同发展阶段的要求，及时调整公司结构，以有利于实现组织目标，企业得到了适时发展。体制本身无优劣，应根据公司不同发展时期的需要而设定采用。

所谓产销结合体制，就是生产与销售分别由统一核算公司（法人）的不同职能部门负责，生产部门与销售部门同属于一个法人，均对同一法人公司的某一经营层负责，如昌河公司就是使用这种体制。该体制如图 9-8 所示。

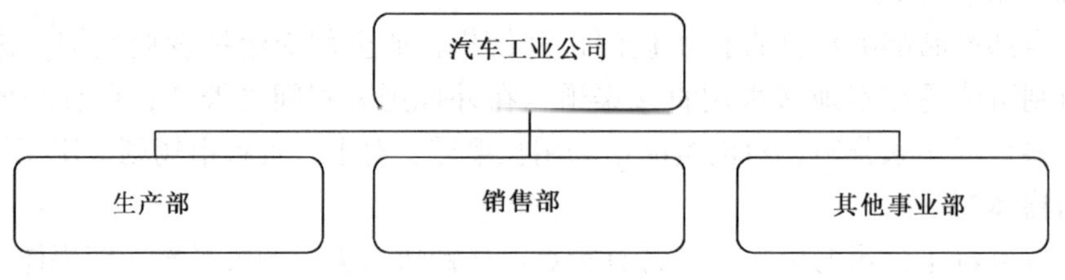

图 9-8　产销结合体制

1. 产销分离体制的优点

产销分离体制与产销结合体制相比，其优点有以下五点：

1）产销各自成为经营实体，可以充分利用分工的优势，调动各自的积极性和创造性，发展核心能力。这有利于各自集中精力，各司其职。生产公司致力于产品设计、产品改进、提高质量、降低成本；销售公司致力于各种营销活动和销售管理，包括市场调研、新产品推广、市场开拓、树立品牌、广告宣传、产品服务、推销员培养、市场管理、经销店管理、顾客管理等。尤其是在销售力量还不强大的情况下，产销分离有利于提高销售体系的核心能力和市场竞争力。

2）可以严格执行“以销定产”和顾客导向的新产品开发、促销和定价策略。对于汽车产品来说，企业早期都是生产导向的，成熟的市场则要求营销导向，而一个企业要由生产导向转向营销导向往往会遇到内部的巨大阻力。产销分离体制销售和营销职能与生产职能从组织上加以分离，有利于企业真正转向营销导向，更好地适应成熟市场竞争的要求，更好地满足不同顾客群体的不同需要。从这一角度来看，许多国际大公司都经历了一个由产销一体到产销分离的过程。

3）产销分离可以减少管理层次，提高决策效率和政策执行效率，有利于在成熟市场情况下，提高公司竞争力。产销分离之后，销售体系的决策层次至少可以减少两层。这有利于销售体系的重心下移，提高决策效率和反应速度。另一方面，销售公司决策层、核心层、销售组织和队伍相对稳定,有利于销售政策的连贯性和持续性,有利于企业突破销售“瓶颈”。

4）销售公司、生产公司都是利润中心，便于提高各自的积极性，尤其是可以充分发挥销售体系的积极性、创造性，有力地推动销售工作；也有利于各自加强管理，堵住漏洞，分清责权，提高各自效益乃至整个公司的效益。

5）在产销分离体制下，两个经济独立核算实体的成本控制较产销结合体制下将大大加强，这可以减少浪费、控制费用，使资本结构更趋合理，可以避免账款混乱、成本不清、利润不分的局面。

2. 产销分离体制的缺点

产销分离体制与产销结合体制相比，其缺点有以下四点：

1）两公司间资金融通的难度加大，资金相对分散，对自有资金的需求增多，要求企业筹措资金的能力更强。

2）产销分离使得生产公司与销售公司之间要有一套协调机构，工作变得复杂，集团的决策和政策执行效率将自然降低和受到一定程度的影响，这要求集团发展一套与过去不同的有效的协调机制。

3）生产公司对销售公司营销活动的参与和影响程度减少，容易对销售公司的经销渠道、定价、促销和广告等营销策略和政策感到不理解和产生抵制情绪，生产与销售的矛盾有可能加深和激化。

4）产销分离体制使生产和销售各自形成利润中心，企业效益有差别，两个公司的分配体制和员工收入不一，可能引起整个集团的内部矛盾，增加管理难度，处理不好会给企业带来负面影响。

四、汽车销售模式

（一）中国轿车分销渠道的演变历程

中国汽车分销渠道的模式，在中国所特有的国情下，经历了从不选择渠道到选择渠道、从单渠道模式到多渠道模式的发展历程，并在市场竞争中逐步走向了成熟。概括起来，中国的汽车分销渠道模式总共分为完全计划的分配渠道阶段、计划分配双轨制渠道阶段、汽贸分销渠道与机电设备分销渠道阶段以及多种渠道模式并存阶段等四个阶段。

1. 完全计划的分配渠道阶段

时间段是 1953 年 ~ 1979 年，汽车由国家统一下达指令性计划，各汽车制造厂生产以后，全部由国家物资部门按照国家计委下达的分配计划进行分配，其用户全部是国家政府和军警系统的单位。以天津汽车集团为例，那时还是天津汽车制造厂，只是生产吉普车和拖拉机，生产的产品基本上由天津市物资局进行分配。

其特点是没有市场观念，也没有通常意义上的汽车分销渠道，汽车只是国家重要的生产资料，汽车市场管理高度集权，国家对汽车资源进行集中统一的分配，其生产与流通渠道分离。相对于市场营销阶段来说，应处于生产与产品观念阶段。

2. 计划分配双轨制渠道阶段

时间为 1979 年 ~ 1985 年。汽车继续在国家计委下达指令性计划的指导下由汽车生产企业生产，生产以后的汽车大部分由国家物资部门按计划进行分配；同时由于汽车需求在中国进行改革开放的大环境下被激发出来后而远远大于供给，虽然政府消费依然是主流，但部分企事业单位在国家没有给分配计划指标的情况下，通过各方面的“关系”而搞到计划外的指标，从而买到一部分汽车，即汽车企业在计划外生产一部分汽车，销售或进贡给某些关键性的单位或部门。以天津汽车制造厂为例，在完成国家指令性计划生产任务的前提下，会计划外生产一定数量的汽车供天津市政府有关部门及其他重要关系单位购买。

其特点是计划分配渠道逐步松动，但计划分配渠道仍然占据绝对主导地位，一少部分汽车经过各种批条从“关系”渠道销售出去。汽车的产销管理权转入指导性计划和市场调节相结合的运行体制，资源配置实行“国家调节市场、市场指导企业”的模式。

3. 汽贸分销渠道与机电设备分销渠道阶段

时间为 1985 年 ~ 1997 年。随着中国改革开放的进一步深入，中国汽车分销渠道也发生了深刻的变化。这一阶段，中国也由计划经济时期逐渐向市场经济时期过渡。在这种转型期期间，原来是国家物资行政部门的一些机关也逐渐演变成具有独立法人地位的中央和各省市所属的公司。应运而生的中国汽车贸易总公司系统及中国机电设备总公司系统就是例证。他们凭借一部分计划内分配指标的垄断权力、雄厚的资金实力、政府机关部门的全力支持、员工大多与国家政府实权部门有着千丝万缕的关系及遍布全国的销售网络系统，在中国汽车分销渠道中占据了绝对领导地位，属于渠道首领的范畴，承担了中国国内大部分国产汽车与进口汽车的销售任务。在这一阶段，汽车生产企业的市场观念仍然不强，没有建立自已的分销渠道，生产与流通仍然是分离的。

其特点是单一经销渠道一统天下，厂家与渠道之间的关系仅仅是互相利用，一半是商业往来，一半是行政关系的往来。无品牌经营，特别是市场化时期，经销商多，市场混乱，层层批发。市场坚挺时一哄而起，争夺资源；市场疲软时，压价竞争。

4. 多种渠道模式并存，此消彼长、混合发展阶段

时间为 1997 年以后。由于中国市场经济的迅速发展，中国汽车市场化逐步深入，中国汽车分销渠道进入了巨大变革的阶段，尤其是各汽车生产企业在国家汽车工业产业政策的指导下，大力发展各自的生产能力，追求规模经济效应，导致生产能力的超速发展，严重超过市场需求的总规模，使部分企业的库存连续居高不下；又由于整个社会环境也发生了巨大变化，在中国汽车市场内涌现了很多汽车分销渠道的模式，例如，中国汽贸和机电设备分销渠道、企业自销渠道、代理渠道、汽车交易市场式渠道、专卖店分销渠道、类似北京亚飞汽车连锁总店这样的汽车连锁经营网络等等，呈现了多种渠道模式混杂、各有优劣、群雄割据的局面。

其特点是汽车品牌林立，渠道犬牙交错，多种渠道模式层出不穷，各有优劣，没有一种渠道模式占据主导地位，变革很大。

中国汽车分销渠道的发展演变之所以经历了以上四个阶段，主要是因为中国特殊的国情及中国汽车工业发展的不平衡。中国是一个社会主义国家，国家经济经历了由完全计划经济向市场经济的过渡，中国的汽车工业经历了从无到有的过程，在短短的 50 年时间内经历了很多转折；再加上国家地域辽阔、地区经济发展不平衡及中国从半殖民地半封建社会转变而带来的地方保护主义的影响等等，也导致中国汽车工业发展不平衡。中国汽车分销渠道的发展因此而经历了以上所述的四个阶段。

（二）当前我国汽车销售的几种模式

在当前的中国轿车市场中，存在着很多种轿车分销渠道模式，即各生产企业的自销渠道、代理渠道、汽车大棚式的汽车交易市场形式的渠道、专卖店分销渠道及网上购车渠道、百货店售车渠道、汽车连锁店经营等多种模式。应该说，任何一种轿车分销渠道模式，其目的都是一样的，那就是：让消费者迅速而方便地买到自己满意的轿车，并能得到良好的售后服务。但占据其中主流形式的销售模式有三种，即汽车专卖店模式、汽车交易市场模式和汽车超市模式。

1. 汽车专卖店

自从广州本田公司把4S店这一品牌销售和服务模式引进中国后，以4S店为代表的品牌销售和服务模式很快成为我国汽车流通领域的主流模式。这在轿车上表现得最为明显，几乎所有的轿车生产商都要求销售商建立合乎自己要求的3S、4S专卖店，原来货车生产商的要求相对宽松一些，但近两年来也开始走上要求销售商全部3S、4S化的道路。汽车专卖其实只是一个俗称，正规的或法律意义上的说法包括两个：特许经营及区域代理。

特许经营是指厂家将全国市场划分为若干片区，选择经销商进行特许授权，并通过地区分公司进行管理，其特点是片区内可以有一个或多个特许经销商，经销商之间允许在同一区域内竞争，但不允许进行跨片区销售，也不允许销售其他品牌的汽车。安徽江淮、武汉神龙等公司的经销商就是特许经营。

区域代理是指生产厂家在其划定的各区域内选择唯一的代理经销商进行买断经营，其特点是经销商在区域内是唯一的，且一般都是3S、4S性质，经销商不允许进行跨区域销售，也不允许销售其他品牌。一汽解放、广州本田、二汽风神等公司实行的就是区域代理。

汽车专卖店的优点和缺点同样明显。其优点是品牌突出、专业性强、店面形象较好、购物环境好、售后服务有保障。但是，随着买方市场的到来，在卖方市场下形成的具有中国特色的4S店这一主流品牌销售和服务模式的弊端越来越显现出来，比如单一品牌、没有比较、车型选择余地小；从经销商的角度来说，投资专卖店存在很大的经营风险，投资巨大，回收期长，经营回旋的余地很小。总体来说，我国汽车市场现有汽车专卖店销售模式的弊端有如下几个方面：

弊端之一，制造商处于绝对优势和控制地位，制造商制定游戏规则，经销商无条件服从制造商的游戏规则并负责4S店的全部投资。这种在卖方市场下形成的4S店模式，由于制造商几乎是零风险，因此，制造商在制定游戏规则时，当然希望4S店越大越好，越豪华越好，反正不需要自己承担任何投资风险，而且4S店越豪华，制造商从经销商手中可以赚取的4S店建设利润就越多。而经销商为了获得品牌经营权，有苦难言，只好争取把4S店建得更大、更豪华。这种畸型的关系，造就了今日4S店的豪华，形成了在第三世界的中国拥有世界最豪华4S店的奇怪现象。

弊端之二，设备投资存在巨大的浪费。每个品牌都需要建设4S店，在4S店建设中，除了土地和基建投资外，还有一大块投资是设备投资，如电脑检测设备、烤漆房、大梁矫正仪等等，如果经销商不能按照制造商指定的设备要求购置这些设备，品牌经营权肯定是拿不到的。不可否认，这些设备是满足客户要求所必需的，但问题是，像大梁矫正仪等这样的设备不仅价格昂贵，而且利用率特别低，从经营的角度，是否每家经销商都必须购买就值得探讨。特别是在一些大中城市，一个品牌的4S店往往不止一家，如果能够集中建设一家设备完善的中心4S店，而其他4S店以满足日常保养维护和基本维修为主，也许是一种不错的选择。这样既节省了4S店的投资，解决了大多数4S店维修业务不足的问题，也有利于中心4S店维修技术水平的提高和服务质量的提高。

弊端之三，网络布局盲目扩张，忽视4S店的生存空间。毋庸置疑，4S店越多，分布越密，汽车消费者就可以得到更便利的服务。但是，网络布局必须有度，必须考虑合理的服务半径。在中国这样幅员辽阔、经济发展极为不平衡的国家，不同地区的服务半径更不能统一要求。服务半径的确定，必须是在对当地居民经济状况、消费习惯、消费能力等充分调研的基础上来科学制定。服务半径确定的标准应该是在保证满足消费者服务要求的前提下，确保有足够的客户来保证经销商正常的生存空间。只有这样，才能实现制造商、经销商和消费者共赢的局面。否则，经销商客户不足，难以为继，不但消费者得不到应有的服务，而且对汽车品牌也是重大的损失。看看目前渠道价格最混乱的几个品牌，几乎都是由于盲目扩大服务网络造成的。事实上，在北京、深圳等大城市，目前汽车市场的竞争已经不仅仅是不同品牌之间的竞争，更多的是表现在同品牌4S店之间的恶性竞争。

因此，认清现有模式的弊端，改革现有品牌销售和服务模式是非常必要的。例如，许多不同品牌的汽车专卖店集合在一起形成专卖店集群，那么单个专卖店的缺点就将弱化，集群专卖店的优势会变得强大。

2. 汽车交易市场

汽车交易市场，即在一个大型的市场内，众多汽车销售商把各种各样品牌的车型集中在一起卖，消费者来到这里，几乎可以见到市面上的所有车型。交易市场既是汽车的集市，也是汽车销售商的集合。当前，我国各地兴建大型汽车交易市场的热潮方兴未艾，仅以北京市为例，全市已建及正在筹备和建设中的大型汽车交易市场就超过10个，分布于北京的东西南北四个方向。

汽车交易市场的优势是：品牌多样，车型齐全，可以做到货比三家；劣势在于：交易市场一般离主城区较远，交通不方便，现场条件较差，售后服务没有保障。

当前，因为多数消费者都是买自己的第一辆车，对车不太了解，肯定会有货比三家的过程，就希望多看一些品牌和车型，另外我国汽车交易的手续特别多，消费者在消费的过程中都烦办理各种手续，而大的汽车交易市场一般都有金融、税务、保险、车管等相关职能部门入驻现场服务，消费者买车很便利。从多数中国消费者的消费习惯来分析，各种车都有的大型交易市场这样的销售模式对消费者很有吸引力。从这个意义上说，大型汽车交易市场目前在我国具有强大的生命力。目前我国比较著名的有：北京亚运村、北方、北京中联、成都西部车城、广州广物汽贸、武汉竹叶山、重庆南坪等汽车交易市场。

3. 汽车超市（汽车城、汽车广场）

汽车超市是近几年来兴起的一种销售模式，和交易市场有很多相似之处，都是场地很大、多品牌经营、车型多而齐全；不同的是，汽车超市的环境、服务等软硬件要大大好于传统的交易市场，地理位置一般坐落于较繁华地段，交通也很方便。有了上述优势，汽车超市近几年发展很快，有红火之势。如成都莱克汽车广场等发展势头很好，上海、天津、江苏、浙江等地的各种汽车超市也都相继在筹备或建设中。汽车超市是一种对汽车经销商和消费者双方都极具吸引力的销售方式，有人称其为“永不落幕的汽车展”是有几分道理的。

汽车超市的缺点是场地租金较高，比交易市场要贵很多，另外受条件限制，多偏重于销售轿车等车型较小的车，体形较大的如重中型货车一般不在其考虑范围之内。

其他非主流模式如下所述。

1. 厂家直销

这种形式比较简单，就是汽车生产厂家或其销售部门直接设立销售点销售自家生产的汽车，一般在厂家所在地设立的是直销点，在其国内主要销售区域设立的是销售分公司或办事处。所谓自产自销，比较好理解。这种销售方式一般是大中型企业在自己总部所在地采用，另外很多客车企业也采用这种销售模式。厂家直销的优点是品牌优势，信誉好，货源有保证，售后服务有保障；缺点是影响范围有限，品牌单一，场地实物较少等。

2. 多品牌经营公司（往往开有连锁店）

一般是规模较大的股份公司性质的企业，经营多个汽车品牌，在当地有一定影响力，而且往往在当地或附近地区有多家连锁店。如上海永达汽车有限公司、上海东昌汽车管理有限公司就属于此类型的公司。东昌公司旗下就有20多家全资或控股的子公司和连锁店，经营的汽车品牌有几十个，几乎囊括国内外所有著名品牌。

3. 电子商务

所谓电子商务，是指利用计算机网络进行的商务活动，即交易各方以电子交易方式而不是通过当面交换或直接面谈方式进行的任何方式的商业交易行为。它通常有如下模式：

B2B（商家对商家），即企业与企业之间的商务模式，主要进行企业间的产品批发业务，因此也称为批发电子商务。它是将买方、卖方以及服务于他们的中间商（如金融机构）之间的信息交换和交易行为集成到一起的电子运作方式。

B2C（商家对消费者），就是企业与个人之间的商务活动，是指企业通过Internet为消费者提供一个新型的购物环境——网上商店，消费者通过互联网在网上购物。

C2C（个人消费者对个人消费者），即通过电子虚拟市场，消费者之间直接进行交易，一般交易的对象是消费者自己拥有的旧产品或者其他东西（如提供服务）。C2C型交易是通过一些提供网上中介服务的电子商务网站，由买卖双方通过网络达成协议并进行交易。目前，实现C2C型交易的新型电子中间商主要有两种形式：一种是提供一个虚拟开放的网上中介市场，在网上中介市场的消费者可以直接发布买卖信息，由买卖双方消费者自己达成交易，这种电子中间商主要提供一个信息交互平台；另一种是比较成功的新型电子商务模式，就是通过网上拍卖实现交易，交易双方达成的价格通过拍卖竞价确定。

C2B（个人消费者对商家）是指顾客（包括个人消费者、需采购的组织和企业）同企业（指提供产品和服务的企业，即供方企业）的交易。C2B型交易也需要通过一些电子中间商实现交易，达成这种交易的方式有三种：第一种方式是竞价拍买（也称为反向拍卖），是竞价拍卖的反向过程，消费者提出一个价格范围，求购某一商品，由商家出价，出价可以是公开的或隐蔽的，消费者将与出价最低或最接近的商家成交。第二种是集合竞价模式，就是将需求类似的消费者通过网络集结在一起，增加与商家的讨价还价能力，这种模式又称为Cs2B型交易。第三种方式是购买方企业通过建立电子虚拟采购市场，吸引供应商在电子虚拟市场按购买方要求提供产品和服务。如美国汽车的三大巨头通用、福特和戴姆勒—克莱斯勒公司建立网上原材料电子虚拟市场，提高在原材料市场的竞争力，加强与供应商的联系。

这是目前国外比较流行的销售方式，在我国正在慢慢兴起。但由于国内汽车市场仍很不成熟，互联网也还在普及之中，网络销售在我国现阶段只能是一种销售的补充手段，还不是作为直接、完整的销售方式而存在。网络更多的是被当做汽车生产、销售企业的资料发布场所和电子货币支付的方式，真正足不出户的全部网上交易（实现在家门口接车）是极少的，更多的人还是愿意亲自实地考察车辆的外观及内饰、亲身体验其性能和品质。

4. 定单销售

所谓定单销售，就是汽车生产厂商为了减少因降价带来的潜在损失，对产品提前制定一个销售价格，按照消费者的需求进行生产和销售。这种营销方式的好处是没有库存，既可以减少周转用的流动资金，又可以避免库存商品的降价损失，化解市场风险。定单销售是汽车厂商从“以产定销”到“以销定产”的一种改变。这种变化是中国汽车市场日益惨烈的竞争决定的，是降低生产成本、提高产品性价比、提升企业竞争力的一个重要方法。

5. 信贷销售

信贷销售就是汽车消费贷款。根据中国人民银行的规定，个人购车者只能申请一辆车的汽车消费贷款。汽车消费贷款按担保方式可为您提供汽车消费保证贷款、汽车消费质押贷款、汽车抵押消费贷款和房产抵押汽车消费贷款四种。

6. 汽车租赁

国际上将汽车租赁定义为：汽车租赁是一种特殊的贸易形式，其中，融资性租赁是以租用的方式使用汽车一段时间甚至很长的一段时间后，可获得汽车的产权。从经营模式上看，汽车租赁最重要的特点是车辆更新周期短，被更新车辆进入二手车流通领域。在汽车租赁经营中，收入随车辆经营年限的增加而减少，成本随车辆经营年限的增加而增加。一般说来，新车在投入 35 个月后收入与成本相抵，利润为零，也就是达到盈亏平衡点，此时如继续经营将出现亏损。汽车租赁经营者需要通过销售二手车获取利润。应该说二手车销售是汽车租赁经营的一个重要环节，而二手车价格是决定汽车租赁经营状况的重要因素。作为一个产业，在欧美等国家，汽车租赁的规模是相当庞大的，甚至超过了出租汽车业。国内汽车租赁业基本处在小、散、乱的状态，企业规模小、网络化程度低、发展不平衡、管理不规范。

（三）主要发达国家的汽车销售方式

（1）美国　在美国，汽车生产商直接销售车辆是违法的，因此直销方式在美国是不存在的。专营代理即品牌专卖是美国最普遍采用的销售方式，这里说的品牌既可能是大品牌的概念，也可能是分品牌。比如一家规模较大的专卖店，取得了通用公司所有子品牌的代理权，就可以专卖通用公司所有品牌的汽车，而一家规模较小的专卖店只取得了通用雪佛兰的代理权，就只能专卖雪佛兰。

美国汽车销售业非常发达，已经形成了一种买和卖都非常便利的“街区大卖场”模式，就是众多的汽车专卖店都集中在一条街道上或一个街区内，周围又有零部件、维修以及其他商业设施，形成一个巨大的汽车卖场，为买卖双方都提供了良好的环境和氛围。这些专卖店，往往是新车旧车一起卖，而且旧车的销量比新车还高。

（2）欧盟　欧盟各国不仅是汽车工业强国，也是汽车消费大国。汽车对欧洲的政治、经济、人民生活有着不可估量的影响，汽车销售作为流通的重要环节也因此受到各方的密切关注。

专卖店是欧盟大多数国家普遍采用的销售模式，这些专卖店不是一个个孤立存在的，而是以集群形式出现的，在交通干道上、加油站旁边或高速公路出入口处，少则十几个扎堆，多则几十上百个聚在一起。专卖店标志醒目，特色简单、实用，绝大多数是 4S 性质，而且一般新车、二手车同场销售。目前，大多数欧洲汽车经销商都只销售某一厂商的产品，这些产品可能是一个大品牌，也可能有几个不同的子品牌。如果经销商要销售多个厂商的产品，他就必须在不同地点设立由不同的管理者经营的多个独立的销售实体。事实上，有关法律规定已经在很大程度上限制了多品牌销售。

从2002年10月份开始，欧盟汽车销售服务新法规已正式实施，但旧法规有12个月的过渡期，这期间新旧法规将相互共存。新法规的主要内容有：汽车销售商可以选择采用区域销售（独家分销方式）或品牌代理（选择性分销方式）。区域销售（独家分销方式）是指：特许经销商应在指定营业区域内经营，不得在营业区域外从事主动销售业务，但被动销售是允许的；允许向汽车超市、互联网、其他独立经销商等转售产品；允许将售后服务业务转包。品牌代理（选择性分销方式）是指：特许经销商可以在整个欧盟范围内设立二级销售网点，允许向所有最终用户进行主动销售，但不允许从事转售业务；允许从事多品牌销售业务，但必须设立单独品牌的展厅。汽车厂商可以在质量和数量上采取限制措施。在售后服务方面：对于授权维修商，汽车制造商不得限制其数量，不得限制经营地点；对于独立维修商，汽车制造商应提供所有相关的技术信息和培训，并允许使用所有备件用于维修和保养。在备件供应方面：允许维修企业使用质量相当的备件修理汽车。

新法规对欧盟汽车大市场形成了巨大的冲击。从2002年9月起，欧盟各国的主要汽车制造商出现了统一价格和整合销售网络的新动向，汽车销售商也在观望中开始了行动。

（3）日本、韩国　日本和韩国由于国土面积都不大，汽车销售方式有相似的地方。直销方式在两国最普遍，都具有汽车生产商直接开销售分店和销售员上门推销两大特点。在日本，这种销售员上门推销的方式还被称为“独立大队式”。当然，两国也有专门从事汽车经销的销售商，但数量不多，其销售方式也以销售人员上门推销为主。

日本和韩国的这种直销、上门推销方式是与其国情息息相关的，即一是其国土面积小；二是国人对国产品牌非常信任、忠诚度高；三是其汽车社会化程度相当高，汽车在两国仅是普通消费品而已。这三条缺一不可，别的国家大概很难学习这种销售方式。

（四）我国汽车销售模式未来发展趋势分析

当前我国汽车市场虽然发展速度很快，但比照汽车发达国家，我们仍处于不成熟阶段或称为市场快速发展阶段。

我国汽车市场销售模式的未来发展趋势主要表现为以下三点：

1）专卖店及其集群模式成为汽车销售的主要渠道，超过60%的汽车是以这一模式卖出的。

2）位于大中城市较繁华地段的汽车超市成为一种重要的销售模式，销售数量仅次于专卖店。

3）条件简陋的大型交易市场在城市逐渐萎缩和衰落，但在向广大农村市场转移的过程中获得一定程度的新生。

第二节　汽车产品分销渠道

一、汽车销售中的中间商及类型

1. 批发商

汽车批发商是指供转售、进一步加工或变化商业用途而销售商品的各种交易活动。汽车批发商处于汽车流通的起点和中间阶段，交易对象是汽车生产企业和零售商。批发商一方面向汽车企业收购汽车，另一方面又向零售商批销汽车，并且是按批发价格经营大宗商品。其业务活动结束后，汽车仍处于流通领域中，并不直接服务于最终消费者。批发商是汽车流通的大动脉，是关键性的环节，是连接生产企业和商业零售企业的枢纽，是调节商品供求的蓄水池，是沟通产需的重要桥梁，对企业改善经营管理及提高经济效益、满足市场需求以及稳定市场具有重要作用。

批发商可分为四大类：

（1）商人批发商（或商业批发商） 商人批发商是独立企业，对其所经营的汽车产品拥有所有权，也被称为中盘商（批发商）、分销商，或者配售商，他们还可以进一步细分为完全服务批发商和有限服务批发商。

（2）经纪人和代理商 他们不拥有商品所有权，主要功能就是促进买卖，获得销售佣金。

经纪人的主要作用是为买卖双方牵线搭桥，由委托方付给他们佣金。他们不存货，不卷入财务，不承担风险。

汽车代理商有以下四种类型：

1）制造代理商。

2）销售代理商。

3）采购代理商。

4）佣金商（或称商行）。他们是取得商品实体所有权，并处理商品销售的代理商，一般与委托人没有长期关系。

（3）制造商和零售商的分部和营业所 其两种形式分别为，一是销售分部和营业所，汽车制造商开设自己的销售分部和营业所，销售分部备有存货，营业所不存货；另一个是采购办事处，作用与采购经纪人和代理商的作用相似，但前者是买方组织的组成部分。

（4）其他批发商 如拍卖公司等。

2. 连锁商店

连锁商店是指由一家大型商店控制的，许多家经营相同或相似业务的分店共同形成的商业销售网。其主要特征是：总店集中采购，分店联购分销。它出现在19世纪末到20世纪初的美国，到1930年，连锁商店的销售额已占全美销售总额的30%，20世纪50年代末、60年代初以来，欧洲、日本也逐渐出现了连锁商店，并得到迅速发展，到70年代后全面普及，逐步演化为一种主要的商业零售企业的组织形式。连锁方式有三种：

（1）正规连锁 同属于某一个汽车总部或总公司，统一经营，所有权、经营权、监督权三权集中，也称联号商店、公司连锁、直营连锁。分店的数目各国规定不一，美国定为12个或更多；日本定义为2个以上；英国是10个以上分店。共同特点有：所有成员企业必须是单一所有者，归一个公司、一个联合组织或一个人所有；由汽车总公司或总部集中统一领导，包括集中统一人事、采购、计划、广告等；成员店铺不具企业资格，其经理是总部或总店委派的雇员而非所有者；成员店标准经营，商店规模、商店外貌、经营车型以及陈列位置基本一致。

（2）自愿连锁 各店铺保留单个资本所有权的联合经营，多见于中小型汽车企业，也称自由连锁、任意连锁。正规连锁是大企业扩张的结果，目的是形成垄断；自愿连锁是小型汽车企业的联合，抵制大企业的垄断。自愿连锁的最大特点：成员店铺是独立的，成员店经理是该店所有者。自愿连锁总部的职能一般为：确定组织大规模销售计划，共同进货，联合开展广告等促销活动，业务指导、店堂装修、车型陈列，组织物流，教育培训，信息利用，资金融通，开发店铺，财务管理，帮助劳务管理等。

（3）特许连锁（FranchiserChain）　也称合同连锁、契约连锁。它是主导企业把自己开发的汽车、服务和营业系统（包括商标、商号等企业象征的使用，经营技术，营业场合和区域），以营业合同的形式给规定区域的加盟店授予统销权和营业权，加盟店则须交纳一定的营业权使用费，承担规定的义务。特点是：经营商品必须购买特许经营权，经营管理高度统一化、标准化。

二、分销渠道系统的发展

20 世纪 80 年代以来，分销渠道系统突破了由生产者、批发商、零售商和消费者组成的传统模式和类型，有了新的发展，如垂直渠道系统、水平渠道系统和多渠道营销系统等。

1. 垂直渠道系统

这是由生产企业、批发商和零售商组成的统一系统。垂直分销渠道的特点是专业化管理、集中计划，销售系统中的各成员为共同的利益目标，都采用不同程度的一体化经营或联合经营。它主要有三种形式：

（1）公司式垂直系统　指一家公司拥有和统一管理若干工厂、批发机构和零售机构，控制分销渠道的若干层次甚至整个分销渠道，综合经营生产、批发、零售业务。这种渠道系统又分为两类：工商一体化经营和商工一体化经营。工商一体化是指大工业公司拥有、统一管理若干生产单位、商业机构，如美国火石轮胎橡胶公司拥有橡胶种植园、轮胎制造厂，还拥有轮胎系列的批发机构和零售机构，其销售门市部（网点）遍布全国。商工一体化是指由大零售公司拥有和管理若干生产单位。

（2）管理式垂直系统　制造商和零售商共同协商销售管理业务，其业务涉及销售促进、库存管理、定价、商品陈列以及购销活动等。

（3）契约式垂直系统　指不同层次的独立制造商和经销商为了获得单独经营达不到的经济利益，而以契约为基础实行的联合体。它主要分为三种形式：

1）特许经营组织。这包含三种形式：其一，制造商倡办的零售特许经营或代理商特许经营。零售特许多见于消费品行业，代理商特许多见于生产资料行业。如丰田公司对经销自己产品的代理商、经销商给以买断权和卖断权，即丰田公司与某个经销商签订销售合同后，赋予经销商销售本公司产品的权力而不再与其他经销商签约，同时也规定该经销商只能销售丰田牌子的汽车，实行专卖，避免了经营相同品牌汽车的经销商为抢客户而竞相压价，以致损害公司名誉。其二，制造商倡办的批发商特许经营系统。如某汽车生产商与一些零部件厂商签订合同，授予在某一地区分装的特许权，和向零售商发运成品等的特许权。其三，服务企业倡办的零售商特许经营系统，多出现于汽车出租业。

2）批发商倡办的连锁店。

3）零售商合作社。它既从事零售，也从事批发，甚至生产业务。

2. 水平渠道系统

这是指由两家以上的公司联合起来的渠道系统。他们可实行暂时或永久的合作。这种系统可发挥群体作用，共担风险，获取最佳效益。

3. 多渠道营销系统

指对同一或不同的分市场采用多条渠道营销系统。这种系统一般分为两种形式：一种是生产企业通过多种渠道销售同一商标的产品，这种形式易引起不同渠道间激烈的竞争；另一种是生产企业通过多渠道销售不同商标的产品。

三、分销渠道的设计与选择

（一）影响分销渠道选择的因素

销售渠道的选择与设计，是企业面临的最复杂和最富有挑战性的决策之一，直接影响着企业市场营销目标的实现。销售渠道的设计应在充分考虑有关因素影响的基础上决定设计内容，并对设计予以评估，再按合理方案进行组织实践。

对于汽车企业来说，在渠道选择中，要综合考虑渠道目标和各种限制因素或影响因素，汽车产品较适合采用短而宽的间接渠道。

通常影响销售渠道的因素如下所述。

1. 市场因素

市场因素主要包括以下两点：

1）目标市场的大小。如果目标市场范围大，渠道则较长；反之，渠道则短些。

2）目标顾客的集中程度。如果顾客分散，宜采用长而宽的渠道；反之，宜用短而窄的渠道。

2. 产品因素

产品因素主要包括以下四点：

1）产品的易毁性或易腐性。如果产品易毁或易腐，则采用直接或较短的分销渠道。

2）产品单价。如果产品单价高，可采用短渠道或直接渠道；反之，则采用间接渠道。

3）产品的体积与重量。体积大而重的产品应选择短渠道，体积小而轻的产品可采用间接销售渠道。

4）产品的技术性。产品技术性复杂需要安装及维修服务的产品，可采用直接销售渠道；反之，则选择间接销售渠道。

3. 生产企业本身的因素

生产企业本身的因素主要包括以下三种情况：

1）企业实力强弱，主要包括人力、物力和财力。如果企业实力强可建立自己的分销网络，实行直接销售；反之，应选择中间商推销产品。

2）企业的管理能力强弱。如果企业管理能力强，又有丰富的营销经验，可选择直接销售渠道；反之，应采用中间商。

3）企业控制渠道的能力。企业为了有效地控制分销渠道，多半选择短渠道；反之，如果企业不希望控制渠道，则可选择长渠道。

4. 政府有关立法及政策规定

政府有关立法及政策规定，如专卖制度、反垄断法、进出口规定、税法、税收政策和价格政策等，都影响企业对分销渠道的选择，诸如烟酒实行专卖制度时，这些企业就应当依法选择分销渠道。

5. 中间商特性

各类各家中间商实力和特点不同，诸如广告、运输、储存、信用、训练人员以及送货频率方面具有不同的特点，从而影响生产企业对分销渠道的选择。

（1）中间商不同对生产企业分销渠道的影响　例如，汽车收音机厂家考虑分销渠道，其选择方案有以下四种：

1）与汽车厂家签订独家合同，要求汽车厂家只安装该品牌的收音机。

2）借助通常使用的渠道，要求批发商将收音机转卖给零售商。

3）寻找一些愿意经销其品牌的汽车经销商。

4）在加油站设立汽车收音机装配站，直接销售给汽车使用者，并与当地电台协商，为其推销产品并付给相应的佣金。

（2）中间商数目不同的影响　按中间商数目不同的情况，可选择密集分销、选择分销以及独家分销。

1）密集分销，指生产企业同时选择较多的经销代理商销售产品。一般说，日用品多采用这种分销形式。工业品中的一般原材料、小工具和标准件等，也可用此分销形式。

2）选择分销，指在同一目标市场上，选择一个以上的中间商销售企业产品，而不是选择所有愿意经销本企业产品的所有中间商。这有利于提高企业经营效益。一般而言，消费品中的选购品和特殊品，工业品中的零配件宜采用此分销形式。

3）独家分销，指企业在某一目标市场，在一定时间内，只选择一个中间商销售本企业的产品，双方签订合同，规定中间商不得经营竞争者的产品，制造商则只对选定的经销商供货。一般而言，此分销形式适用于消费品中的家用电器，工业品中的专用机械设备。这种形式有利于双方协作，以便更好地控制市场。

（3）消费者的购买数量　如果消费者购买数量小、次数多，可采用长渠道；反之，购买数量大、次数少，则可采用短渠道。

（4）竞争者状况　当市场竞争不激烈时，可采用与竞争者类似的分销渠道；反之，则采用与竞争者不同的分销渠道。

（二）评估选择分销方案

分销渠道方案确定后，生产厂家就要根据各种备选方案进行评价，找出最优的渠道路线。通常渠道评估的标准有三个，即经济性、可控性和适应性，其中最重要的是经济性标准。

1. 经济性标准评估

经济性标准的评估主要是比较每个方案可能达到的销售额及费用水平。

1）比较由本企业推销人员直接推销与使用销售代理商哪种方式销售额水平更高。

2）比较由本企业设立销售网点直接销售所花费用与使用销售代理商所花费用，看哪种方式支出的费用大。

企业对上述情况进行权衡，从中选择最佳分销方式。

2. 可控性标准评估

一般而言，采用中间商可控性小些，企业直接销售可控性大；分销渠道长，可控性难度大，渠道短可控性较容易些。企业必须进行全面的比较、权衡，从中选择最优方案。

3. 适应性标准评估

如果生产企业同所选择中间商的合约时间长，而在此期间，其他销售方法如直接邮购更有效，但生产企业也不能随便解除合同，这样企业选择分销渠道便缺乏灵活性。因此，生产企业必须考虑选择策略的灵活性，不签订时间过长的合约，除非在经济性或可控性方面具有十分优越的条件。

（三）分销渠道管理与控制

企业在选择渠道方案后，必须对中间商加以选择和评估，并根据条件的变化对渠道进行调整。

1. 控制的出发点

不应仅从生产者自己的观点出发，而要站在中间商的立场上纵观全局。通常生产者抱怨中间商：不重视某些特定品牌的销售，缺乏产品知识，不认真使用生产厂商的广告资料，不能准确地保存销售记录。

但从中间商角度，认为自己不是厂商雇佣的分销链环中的一环，而是独立机构，自定政策不受他人干涉；他卖得起劲的产品都是顾客愿意买的，不一定是生产者叫他卖的，也就是说，他的第一项职能是顾客购买代理商，第二项职能才是制造商销售代理商；制造商若不给中间商特别奖励，中间商不会保存销售各种品牌的记录。因此，要求制造商要考虑中间商的利益，通过协调进行有效的控制。

例如，付给经销商25%销售佣金，可按下列标准：保持适当存货水平（以防断档），付给5%；如能达到销售指标，再付5%，如能为顾客服务（安装维修），再付5%；如能及时报告最终顾客购买的满足情况，再付5%；如能对应收账款进行有效管理，再付5%。

2. 激励渠道成员

激励渠道成员，使其出色地完成销售任务。要激励渠道成员，必须先了解中间商的需要与愿望，同时要处理好与渠道成员的关系，包括以下三个方面：

（1）合作　生产企业应当得到中间商的合作。为此，采用积极的激励手段，如给较高利润，交易中获特殊照顾，给予促销津贴等。偶尔应采用消极的制裁办法，诸如扬言要减少利润、推迟交货、终止关系等。但对这种方法的负面影响要加以重视。

（2）合伙　生产者与中间商在销售区域、产品供应、市场开发、财务要求、市场信息、技术指导、售后服务等方面彼此合作，按中间商遵守合同的程度给予激励。

（3）经销规划　这是最先进的方法。这应由有计划的实行专业化管理的垂直市场营销系统，将生产者与中间商的需要结合起来，在企业营销部门内设一个分销规划部，与分销商共同规划营销目标、存货水平、场地及形象化管理计划、人员推销、广告及促销计划等。

第三节　汽车分销渠道的管理

汽车分销管理是一种集成的管理思想和方法，其围绕核心企业，执行供应链中从供应商到最终用户的物流、信息流、业务流和资金流的计划和控制职能，并通过分析、整合价值链来进行供应链管理。

一、分销渠道管理的理念

分销渠道管理的主要理念有：

1）摒弃“大而全”、“小而全”的传统“纵向一体化”管理思想，与供应商和经销商建立“合作—竞争”的战略伙伴关系，实行优势互补；选择供应链合作伙伴，以物流或产品为纽带构建供应链系统。

2）供应链不仅存在于公司价值链的各个环节，而且延伸到供应商和经销商的价值链。制造企业应成为供应链的管理者，对外通过业务外包实现企业外环资源的借用，对内则集中精力抓好关键性业务，建立持久的竞争优势。

3）借助先进的信息技术，建立供应链管理运行的支持系统和平台；通过信息共享和集成来减小协调过程中的不确定性，对整个物流渠道的产品、服务和信息实行管理，以获得最大的运行效率和效益。

4）通过第三方物流等技术来提高供应链的物流效率，降低物流成本，使价值链真正增值；充分考虑生产线的制造能力、零部件的供应能力、流通配送环节的运输能力等约束条件，致力于整个供应链的优化。

5）根据供应链管理的需要，与战略合作伙伴一起，以满足顾客需求为宗旨，不断修正和设计供应链的内外结构及业务流程，组合资源要素，增强整个供应链的竞争力。

二、汽车分销中的物流管理

（一）物流的定义

实体分配指对原料和最终产品从原点向使用点转移，以满足顾客需要，并从中获利的实物流通的计划、实施和控制。这也称为实体流或物流，即产品通过从生产者手中运到消费者手中的空间移动，在需要的地点、需要的时间里，达到消费者手中。

（二）物流管理的范围与目标

实体分配范围很广，第一任务是销售预测，公司在预测的基础上制定生产计划和存货水平。生产计划明确采购部门必须订购的原料。这些原料通过内部运输运到工厂，进入接受部门，并被作为原材料存入仓库。原材料被转变为制成品，制成品存货是顾客订购和公司制造活动之间的桥梁。顾客的订货减少了制成品的库存，而制造活动则充实了库存商品。制成品离开装配线，经过包装、厂内储存、运输事务所的处理、厂外运输、地区储存，最后送达顾客，并提供服务。

实体分配总成本的主要构成部分是运输（46%）、仓储（26%）、存货管理（10%）、接受和运送（6%）、包装（5%）、管理费（4%）以及订单处理（3%）。

实体分配必须解决：如何处理订货单，商品储存地点应该设在何处，应该有多少储备商品，如何运送商品。实体分配的目标就是妥善处理这四个问题。

1. 订单处理

实体分配开始于顾客的订货。订货部门备有各种多联单，分发给各部门。仓库中缺货的商品品目以后补交，发运的商品要附上发运和开单凭证并将单据副本送各部门。

2. 仓储

仓库数目多，就意味着能够较快将货送达顾客处，但是仓储成本也将增加。因此，数目必须在顾客服务水平和分销成本之间取得平衡。可选择的仓库包括：私人仓库、公共仓库、储备仓库、中转仓库、旧式的多层建筑仓库、新式的单层的自动化仓库。

3. 存货

存货水平代表了另一个影响顾客满意程度的实体分配决策。存货决策的制定包括何时进货和进多少货，其主要指标是最佳订货量。

最佳订货量可以通过观察在不同的可能订货水平上订货处理成本与存货维持成本之和的

情况来决定。单位订货处理成本随着订货量增加而下降，这是因为订货成本被分摊到更多的单位上去的缘故。单位存货维持成本则随订货量增加而上升，这是因为每单位的储存时间相对长了，这两条成本曲线垂直相加，即为总成本曲线。总成本曲线上弯向横轴的最低点，就是最佳订货量 Q。最佳订货量的数学公式为

$$Q = 2DS/IC$$

式中，D 为每期需求；S 为一次订货成本；IC 为每期单位维持成本。

该公式一般被称为经济订货量公式。其假设为：进货成本不变，单位存货维持成本不变，需求已知，无数量折扣。

4. 运输

公司可以选择的运输方式包括：铁路、公路、水路、管道、航空运输以及集装箱联运。在为某一项特定产品选择运输方式时，托运人应该考虑这样一些标准，如速度、次数、安全、容量、有效性和费用。如果托运人追求速度，空运和汽运就是主要的竞争对手；如果以费用低为目标，那么水路运输和管道运输就成为最重要的选择对象。汽运在大多数标准上都是名列前茅的，这正说明了它在运输量中的比重日益上升。

运输决策还必须考虑运输方式和其他分销要素的权衡和选择，如仓库、存货等要素。当不同的运输方式所伴随的成本随时间的推移而发生变化时，公司应该重新分析其选择，以便找到最佳实体分配安排。

（三）物流管理的战略方案

在设计实体分配系统时，常常要在几种不同的战略中进行选择。一般来讲，可供选择的战略主要有以下几种。

1. 单一工厂，单一市场

这些单一工厂通常设在所服务的市场的中央，这样可以节省运费；但是设在离市场较远的地方，也可能获得低廉的工地、劳动力、能源和原料成本。企业在两个设厂地点进行选择时，不仅应审慎地估计目前各战略的成本，更须考虑到未来各战略的成本。

2. 单一工厂，多个市场

（1）直接运送产品至顾客　这必须考虑：该产品的特性（如单位，易腐性和季节性），所需运费与成本，顾客订货多少与重量，地理位置与方向。

（2）大批整车运送到靠近市场的仓库　与直运相比，将成品大批运送到靠近市场的仓库，再从那里根据每一订单运送给顾客的方式，要比直运费用少。一般来说，增加新地区仓储所节约的运费与所能增加的顾客惠顾利益如大于建立仓储所增加的成本，那么就应在这一地区增设仓储。选择用仓库，有租赁和自建两种方式：租赁的弹性较大，风险较小，在多数情况下比较有利；只有在市场规模很大而且市场需求稳定时，自建仓库才有意义。

（3）将零件运到靠近市场的装配厂　建立装配分厂的最大好处是运费较低，有利于增加销售额；不利之处是要增加资金成本和固定的维持费用。建厂必须考虑该地区未来销售量是否稳定，以及数量是否会多到足以保证投下这些固定成本后仍有利可图。

（4）建立地区性制造厂　在诸多因素中，最重要的是该行业必须具有大规模生产的经济性。在需要大量投资的行业中，工厂规模必须较大才能得到经济的生产成本。

3. 多个工厂，多个市场

企业有两种选择目标：一是短期最佳化，即在既定的工厂和仓库位置上制定一系列由工

厂到仓库的运输方案，使运输成本最低；二是长期最佳化，即决定设备的数量与区位，使总分配成本最低。短期最佳化的有效工具是线性规划技术，而长期最佳化的有效工具是系统模拟技术。

三、汽车分销中资金流的管理

汽车产品的整个流动过程，不仅包括物流，还包括资金流。所谓资金流，就是指汽车产品在从生产企业至最终消费者的过程中发生的一系列的资金转移和流动。中间商的财务部是进行资金结算的管理部门和中间商内部执行会计、财务功能的职能部门，它对资金进行规划和控制。因此必须建立严格的财务管理制度，以确保资金结算、融资业务、财务评估等资金流的工作合理、有效的进行。

财务管理制度的内容如下所述。

（一）资金结算管理

地区分销商在总经销商的汽车销售体系中担负的主要使命是从总经销商处购进汽车，通过其所管辖的经销商将汽车销售给最终用户。地区分销商的其他一切活动都是为此目的服务的。

1. 工作内容

1）在地区分销商的销售人员决定将汽车销售给经销商时，财务部负责核对经销商开出的支票、汇票，以确定其具有真实的支付能力；复核本地区分销商的销售人员开出的向经销商售车的增值税专用发票，确定其中的价款等项内容填列正确。同时进行价格控制，监督、执行总经销商制定的销售价格政策。

2）财务部会计将收到的支票、汇票进账，回单联制作会计凭证。

3）地区分销商的出纳每天将销售收到的支票、汇票、现金等支付工具，送到派驻在地区分销商的总经销商的财务人员或当地银行处，便于其当天将售车款项通过银行汇给总经销商。

4）收到总经销商开出的地区分销商售车发票后，地区分销商对总经销商购入汽车的账务进行处理。

5）结算售车成本。

2. 工作要求

1）资金结算管理要严格遵循有关会计、税务的准则、法规和纪律。

2）资金结算管理要服务于汽车销售，同时也要对售车过程中的价格、手续等因素进行监督把关。

3）收到的支票、汇票等凭证必须当天送交总经销商派驻人或当地银行，保证车款流转畅通，不得擅自将车款滞压，同时要确保资金安全。

4）有关进车、售车的账务处理顺序为：在地区分销商向经销商开出提单之前，该车仍归总经销商所有；销出后，该车才从总经销商的账面上划到地区分销商的账面上。即先作售车账务，再作进车账务。

（二）内部财务管理

1. 工作内容

1）根据国家有关法规、准则和总经销商有关规定，制定地区分销商内部的财务、会计管理实施办法。

2）编制年度、季度和月份的销售收入、费用、利润和税金计划以及财务考核计划，及时报总经理和总经销商财务部门审批。

3）对地区分销商的固定资产、流动资金进行统一管理，严格执行现金管理制度和报销制度，有效履行会计监督职责。

4）定期对地区分销商进行财务分析，提交月份、季度、年度财务分析报告。

5）进行成本及费用管理，包括核算地区分销商的实际成本、费用。控制和监督成本和费用的开支范围，审查各部门各项费用、开支的科学性、合理性，为以后的财务计划、考核工作提供科学的依据。

6）进行税务管理，据实并及时地缴纳税金，逐月按期上缴，不拖欠。

7）进行账务管理，科学地设置会计科目和核算程序，按时登账、结账。

8）按时、按要求编制月、季、年度会计报表。

9）每年年末进行库存盘点，对在库车辆的盘盈、盘亏和损毁等情况进行详细记录，并进行相应的报告。

10）积累、整理分类和编号，保存账务、会计档案，保证会计档案的安全、完整。

11）配合总经销商的内部审计工作，严格执行账务审查、复核制度。

2. 工作要求

1）严格执行《会计学》、会计准则和国家的财经纪律，维护国家和企业经济利益。

2）会计凭证、会计账簿、会计报表及其他会计资料必须符合国家统一的会计制度规定，不得伪造、编造会计凭证、账簿或报送虚假会计报表。

3）各项财务计划必须及时、客观和可行，符合总经销商和地区分销商的发展战略和客观实际。

4）对资产的会计管理必须做到账证相符、账账相符、账物相符、手续齐备、交接清楚、责任明确以及资产完好。

5）根据可比性要求，结合行业特点和本地区分销商实际情况，适当选取一系列财务指标，采用恰当的分析方法，建立科学的评价体系。财务分析工作要定期进行，形成制度；要实事求是，为企业经营决策服务。

6）坚持将企业一切财务活动纳入计划，做到没有资金来源的项目不列入计划；没有计划的项目不予开支；未经批准的超计划开支不予报销。

7）要加强财会人员职业道德和岗位责任心的教育、培养。

（三）对经销商的财务评估

1. 工作内容

1）根据总公司有关规定，编制本分销中心对所属经销商的财务评估计划。

2）参与对经销商售车业务的审查，重点检查经销商售车时总经销商制定的售车价格政策的执行情况。

3）负责检查经销商为了提高售车服务质量、改善工作环境所进行的固定资产投资的情况，评估符合这些固定资产的账务处理以及其公允价值，为总经理提供向经销商支付“投资毛利”的数额、支付方式与计划等方面的建议。

4）通过与特许经销商的财务电算网络，每月对所辖特许经销商的财务状况进行分析，并将分析结果反馈给经销商，帮助其改进财务管理。

5）参与经销商综合服务水平的考核，结合每月网络财务分析结果，采取必要的年度考核手段，评定经销商的经营业绩、财务指标等方面的情况。

6）负责对经销商的信用记录和资信状况作出评价，为总经理对合格经销商进行移库销售提供决策依据。

7）根据对经销商的综合考评结果，拟定对所辖各经销商的奖励方案，包括给予各经销商奖金的等级、金额、支付方式和其他奖励条件等内容，报总经理批准。

2. 工作要求

1）对经销商的财务评估应坚持客观和公正的原则，做到经常化和制度化。

2）严格执行对经销商的考评办法，科学运用财务考核评价指标体系，全面反映经销商的综合财务情况。

3）考核要通过纵向、横向两方面比较，来分析所辖经销商的经营成果和财务状况。

4）通过财务考核，及时发现经销商的错误，并予以纠正。发现经销商会计能力不足者，应安排对其培训。

（四）融资售车业务管理

1. 工作内容

1）向地区分销商进行融资售车业务合作的承办行和协办行提供特许经销商的财务状况等有关资信评定的资料。

2）将本地区分销商的信贷需求计划与销售部提供的汽车计划一起报总经销商和承办行、协办行。

3）协助承办行和协办行做好汽车销售收入划转、筹资结算和资金清算工作。

4）在承办行、协办行开立结算账户。

5）参与、协调建立共管账户管理工作，并对共管账户涉及的汽车资源进行专项管理。

2. 工作要求

1）严格执行融资售车的有关管理办法。

2）与承办行、协办行共同做好融资售车工作，确保融资售车业务的资金安全和合理利用。

3）及时向总经销商与承办行、协办行报告融资售车业务中的问题，严格控制信用风险，防止经销商套取银行信用。

四、汽车销售渠道的信息流管理

在汽车销售渠道中有了物流和资金流，随之伴随而来的就是信息流。信息流几乎渗透到汽车销售渠道中的每一个环节（图9-4），控制和利用好这些信息流，可以收集有用的资料，及时掌握相关的信息，得到客户的意见反馈，从而制定合理的销售计划，并依此完善内部管理，扩大汽车企业的业务规模。

要对信息流进行及时、有效的控制和利用，必须建立信息管理系统。利用目前流行的Internet通信线路，使用统一的分销系统、营销模式和管理控制方式，来加强经销商自身的营销管理，提高总经销商的市场运作效率。信息系统应包括营销管理系统、条形码管理系统、库存管理系统、财务管理系统、PDI管理系统。利用这样一个先进、实用、可靠的分析信息系统，可以加强总经销商对市场信息的采集汇总，为总经销商的整个营销体系提供可靠的分析决策的基础信息，并且为经销商提供更加及时周到的服务，增强经销商的应变能力和在同类市场中的竞争能力，力求获得最大的效用，并向电子商务模式转换。

1. 信息系统的结构

信息系统的模块结构和运作结构如图 9-9 和图 9-10 所示。

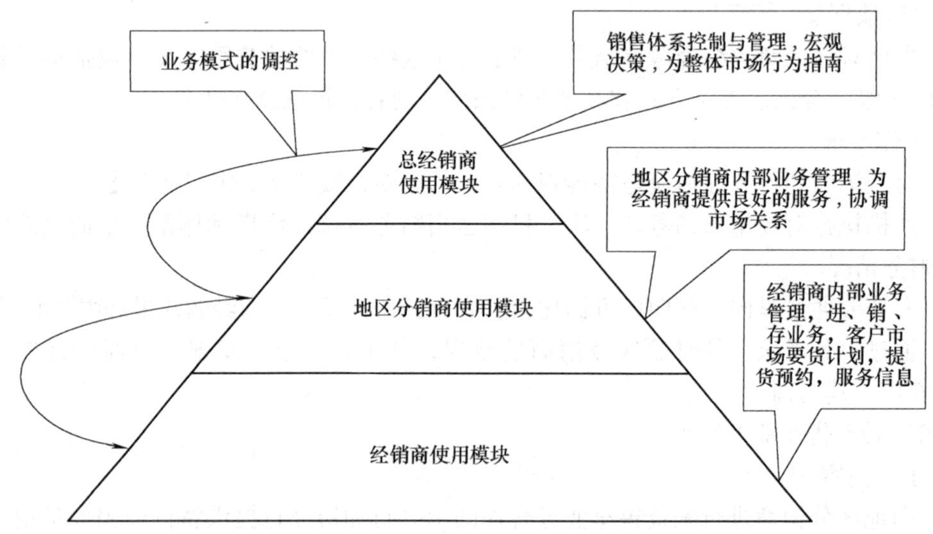

图 9-9 信息系统的模块结构

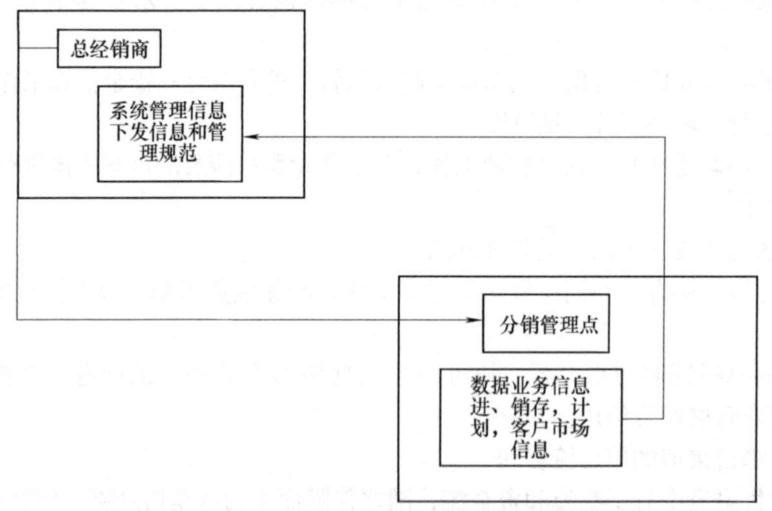

图 9-10 信息系统的运作结构

2. 信息系统的优势

1）具有可靠的安全机制，方便、实用和廉价的通信方式。

2）同 OFFICE 软件实现无缝连接，报表格式定义及打印更为灵活方便。

3）各地工作不会因线路问题而受到影响，数据的存储、查询和安全性得到充分的保障。

4）系统应用界面美观、简捷，易操作，易培训。

5）系统只需要简单的安装即可实施运作。

3. 对现有业务模式的影响

（1）利益

1）信息的沟通将变得迅速而容易。

2）管理将逐步迈向正规。

3）系统将有助于获得更高的工作效率。

（2）问题

1）新的管理模式会给目前的经营模式带来风险。

2）系统试运行期间工作量将会增加。

3）系统的模式与现有模式之间的差异和冲突可能让你困惑。

目前，对我国汽车行业来说，分销管理方面还有待完善。随着全球经济一体化的加快，汽车分销管理方面也要尽快了解和掌握国际上的先进经营思想、管理技术和运作方式，同时建立起企业内部的信息管理系统。首先，要跟踪研究先进的分销管理模式，加快管理人才的培养；第二，要利用先进的信息技术，进行业务流程重组；第三，要建立科学、合理、优化的配送网络。然而，目前我国核心汽车制造企业没有很强的自主配套能力，同时还存在企业信息化建设、信息共享涉及的安全及诚信等问题，所以我国汽车分销管理现代化的进程还不能一蹴而就。

思 考 题

9-1　汽车分销的概念和类型有哪些？汽车分销渠道由哪些流程构成？

9-2　举例说明汽车销售的体制有哪两种类型？各自的特点是什么？

9-3　举例说明我国汽车现有销售模式有哪几种？各自特点是什么？

9-4　汽车分销的中间商及类型？

9-5　影响分销渠道选择的因素有哪些？

9-6　汽车分销渠道中物流、资金流和信息流如何管理？

9-7　举例分析某品牌汽车的分销渠道。

第十章　汽车促销策略

第一节　汽车促销与促销组合策略

一、促销及促销组合概述

1. 促销及促销组合的概念

促销是促进产品销售的简称。从市场营销的角度看，促销是企业通过人员和非人员的方式，沟通企业与消费者之间的信息，引发、刺激消费者的消费欲望和兴趣，使其产生购买行为的活动。

促销组合是促销形式根据营销目标的要求，进行搭配、调整，形成一套针对选定的目标市场的促销策略。它体现了整体决策思想，即将各种促销方式有目的、有计划地组合起来，形成整体效果最优的促销决策。

现代企业的促销方式主要有：人员促销、广告、营业推广和公共关系。

2. 促销的作用

促销工作的核心是沟通信息。促销的一切活动都以信息传递为起点，完成销售，最后又以信息反馈为终点。促销的目的是引发、刺激消费者产生购买行为。促销可以激发用户的购买兴趣，强化购买欲望，甚至创造需求来实现最终目的。

促销活动有以下四种重要作用：

（1）提供商业信息　通过促销宣传，可以使用户知道企业生产经营什么产品，有什么特点，到什么地方购买，购买的条件是什么等，从而引起顾客注意，激发并强化购买欲望，为实现和扩大销售作好舆论准备。

（2）突出产品特点，提高竞争力　促销活动通过宣传企业的产品特点，提高企业的知名度，加深顾客的了解和喜爱，增强信任感，也就提高了企业和产品的竞争力。

（3）强化企业的形象，巩固市场地位　恰当的促销活动可以树立良好的企业形象和商品形象，能使顾客对企业及其产品产生好感，从而培养和提高用户的忠诚度，形成稳定的用户群，不断地巩固和扩大市场占有率。

（4）刺激需求，影响用户的购买倾向，开拓市场　这种作用尤其对企业新产品推向市场，效果更为明显一些。企业通过促销活动诱导需求，有利于新产品打入市场和建立声誉。促销也有利于培育潜在需要，为企业持久地挖掘潜在市场提供了可能性。

二、促销的方式

促销的方式有人员促销和非人员促销两类。人员促销亦称直接促销或人员推销，主要适用于消费者数量少、比较集中的情况下进行促销。非人员促销又称间接促销或非人员推销，是企业通过一定的媒体传递产品或劳务等有关信息，以促使消费者产生购买欲望、发生购买行为的一系列促销活动，适合于消费者数量多、比较分散的情况下进行促销。通常，企业在促销活动中将人员促销和非人员促销结合运用。汽车产品常见的促销类型有以下四种。

1. 人员推销

人员推销即企业利用推销人员推销产品，也称为直接推销。对汽车企业而言，主要是派出推销人员与客户直接面谈沟通信息。人员推销方式具有直接、准确、推销过程灵活、易于与客户建立长期友好合作关系以及双向沟通的特点。但这种推销方式成本较高，对推销人员的素质要求也较高。

2. 广告

广告是通过报纸、杂志、广播、电视和广告牌等广告传播媒体的形式向目标顾客传递信息。采用广告宣传可以使广大客户对企业的产品、商标和服务等加强认识，并产生好感。我国2003年汽车广告投入量达到47亿元。广告的特点是可以更广泛地宣传企业及其商品，传递信息面广，不受客户分散的约束，同时广告还能起到倡导消费、引导潮流的作用。

3. 公共关系

公共关系简称公关或PR，也称公众关系。它是指企业在从事市场营销活动中正确建立企业与社会公众的关系，以便树立企业的良好形象，从而促进产品销售的一种活动。公共关系是一种创造“人和”的艺术，不以短期促销效果为目标，通过公共关系使公众对企业及其产品产生好感，树立良好的企业形象，并以此来激发消费者的需求。它是一种长期的活动，着眼于未来。

4. 营业推广

营业推广又称销售促进，是指企业运用各种短期诱因鼓励消费者和中间商购买、经销或代理企业产品或服务的促销活动。其特点是可有效地吸引客户，刺激购买欲望，可以较好地促进销售。

上述每种促销手段都具有各自的特点，具体如表10-1所示。

表10-1 各种促销手段的比较

促销方式	优点	缺点
人员推销	方法灵活，有利于深谈，容易激发兴趣，促进当时成交	费用较大，影响面较窄，难以有效管理，不易培养及寻找合适的人才
广告	信息覆盖面广，容易引起注意，可重复使用，信息可艺术化	说服力小，信息反馈慢，不易调整，难以迅速导致购买行为
公共关系	影响面大，容易得到信任，效果持久	企业难以控制传播过程，见效较慢
营业推广	吸引力大，能及时改变传播对象的购买习惯	容易引起怀疑，自贬身价

三、促销组合策略

促销组合策略，是企业在指定时期内以广告、人员推销、营业推广、公共关系等促销手段混合运用，激励和诱导目标市场消费者购买行为的策略。汽车促销组合的各种工具分别有着不同的影响力，例如“公共关系”在消费者认知阶段有强烈的影响力，可形成客户对汽车企业或汽车产品的好感，但产品的立即“采用”方面影响力较弱；而“人员推销”由于面对面的口头诉求，在评价、试用、催促和采用阶段，就有重大影响力。因此，不同的促销方式在消费者购买的各个阶段和产品生命周期的各个阶段所产生的作用是不同的。

如图10-1所示，广告与营业推广在购买者决策过程的最初阶段是最具成本效应的，人员推销和营业推广应在顾客购买过程的较晚阶段采用效果最好。

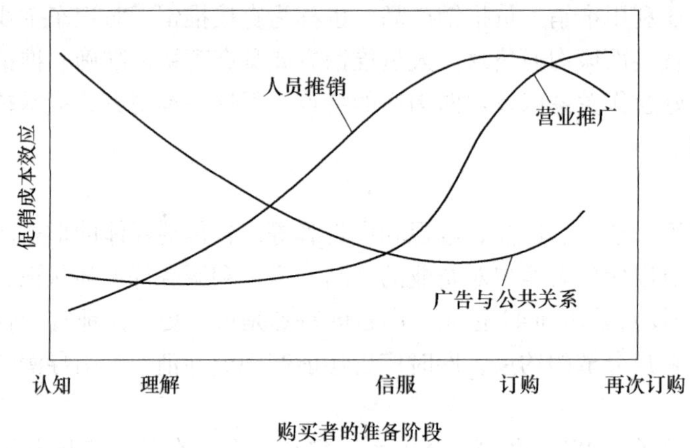

图 10-1 购买准备阶段各促销方式的影响

如图 10-2 所示，在引入阶段，广告与公共关系具有很高的成本效应，随后是人员推销、营业推广，以推动产品试用。

在成长阶段，由于消费者的相互传告，需求保持其增长的势头，因此所有促销工具的成本效应降低了。

在成熟阶段，营业推广比广告的成本效应更大，广告的成本效应比人员推销更大。

在衰退阶段，营业推广的成本效应继续保持较强的势头，广告与公共关系的成本效应则降低了，而销售人员只需给产品最低限度的关注便可。

促销组合的运用还要考虑汽车产品的属性与特殊性，例如，一种专用车（如银行的运钞车）也许全部依赖人员推销；相反，对于以家用轿车为主的生产厂商，可能以广告促销为主。对一家企业有效的方法，对另一家可能毫无用处。这就要求营销人员在运用促销组合时，充分考虑不同汽车产品、不同环境、不同客户或消费对象，进行灵活调配及合理组合。

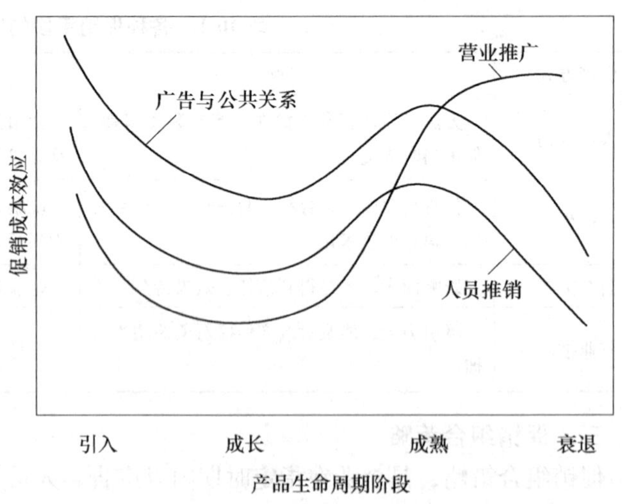

图 10-2 产品生命周期各促销方式的影响

汽车促销组合从总体策略上看，包括推动策略和拉引策略。推动策略，是以中间商为促销主体，企业更多地采用人员推销的方式，通过说服中间商进货达到销售的目的。小企业促销经费有限，往往采用此方法。拉引策略，是以消费者为促销主体，通过轰炸式广告吸引消费者，由此推动中间商进货。广告的费用大，一般大企业较多地使用拉引策略；如果从促销的效果来看，拉引策略与推动策略并用最佳。这两种策略的促销过程如图 10-3 所示。

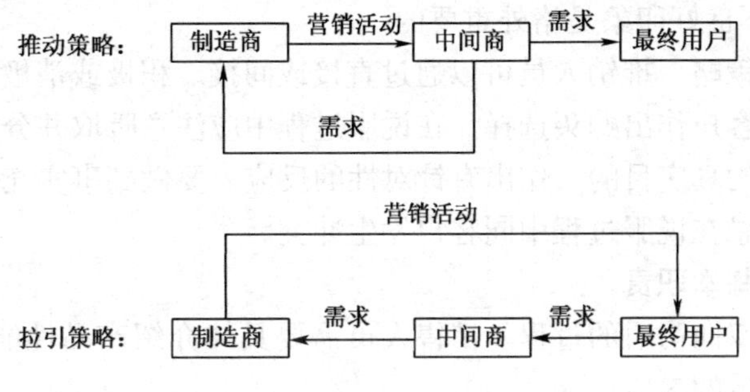

图 10-3　两种策略的促销过程图

在促销实践中，这两种策略既可混合使用，也可单独使用。一般来说，采用推动策略往往靠人员推销，而拉引策略则往往使用广告和营业推广。

第二节　汽车人员推销与推销管理

一、人员推销的概念、形式及策略

1. 人员推销的概念和特点

人员推销是指企业的推销员直接与顾客或潜在顾客接触、洽谈，介绍产品，以达到促进销售的活动过程。它具有以下四个特点：

1）最具灵活性；

2）最具有针对性；

3）具有信息传递的双向性；

4）较注重人际关系。

2. 人员推销的形式

（1）走访推销　人员推销的基本形式是，由汽车推销人员携带汽车产品的说明书、广告传单和订单等走访顾客，推销产品。这种形式是一种积极主动的、名符其实的“正宗”推销形式。

（2）接待推销　接待推销也是人员推销的基本形式。汽车企业在适当地点设置固定的门市、专卖店等，由营业员接待进入门市的顾客，推销产品。与走访推销刚好相反，这是等客上门式的推销方式，是等商。优点：可以帮你尽到地主之谊，使对方产生感激之情和报偿心理；而且可以根据推销对象的特点，创设有利于推销的情景气氛，使推销朝着成功的方向发展。

（3）会议推销　会议推销是利用各种会议向与会人员宣传和介绍产品，开展推销活动，如汽车展览会。这种推销形式接触面广，推销集中，可以同时向多个对象推销产品，成交额较大，推销效果较好。

3. 人员推销的策略

（1）寻找新客户策略　坐等客户上门的策略，适用于处于成熟期的知名品牌；以攻为守的策略，适用于新产品、竞争激烈的情况。

（2）接近客户策略　准备工作，主要包括：调查客户情况，了解企业及其产品的最新情况等，做到知己知彼。“销售从不被拒绝开始”（丰田汽车公司销售人员手册中雷塔曼的名言），所以给客户留下良好印象是格外重要的。

（3）说服客户的策略　推销人员可以通过直接或间接、积极或消极的提示，激发客户购车的欲望，由此促使客户作出购买选择。在说服过程中应注意听取并分析客户的意见，找出问题的关键点和客户的真实目的，作出有针对性的反应。要做到事实充分、证据有力、态度诚恳和不卑不亢，切忌在说服过程中同客户发生冲突。

二、人员推销的基本职责

人员推销是信息双向沟通的过程。销售人员需要具体介绍产品性能、特点和使用方法。人员推销取决于推销员的素质。

（1）开拓市场　把某一种产品推销出去是销售人员的首要任务。为此，推销人员必须具有相当的开拓能力，善于发现机会，能够成功地找出潜在客户，并通过真诚的工作将产品推荐给顾客。20 世纪 60 年代因创造推销世界纪录而荣登吉尼斯世界大全的乔·吉拉德指出，诚实是推销之本。只有以真诚的态度与顾客接触，才能使顾客对推销员产生信赖。在当代商业社会，真诚与善于识别机会合在一起才是开拓市场的有效工具。

（2）信息沟通　销售是销售人员的首要任务，但并不是唯一的任务，因为销售任务是长期的。信息沟通的目的是为了促进长期销售，销售人员通过向顾客介绍企业的产品特点和服务，在顾客心目中树立良好的产品形象和商誉；销售人员通过顾客的反应，可以获得有关本企业产品、竞争性产品以及整个市场的有关信息，了解顾客的消费态度、文化观念、对产品的改进意见，向顾客介绍产品的具体使用方法等等。销售人员在销售过程中获得的这些信息，是企业情报资源的一个基本来源。

（3）提供服务　服务是对产品设计、产品性能的一种调整和改进。众多的顾客对同一产品往往有不同的要求，大规模生产只能提供标准化的产品，销售服务就是将标准化的产品略作调整以符合顾客的不同需求。例如，技术咨询工作是对产品性能方面的调整；资金融通是经济方面的调整。做好服务工作是增加产品价值、提高产品竞争力的重要手段。

三、人员推销过程的步骤

（1）寻找目标顾客　推销人员要本着 MAN 原则——拥有购买力（Money）的人、购买决定权（Authority）的人、购买需求（Need）的人——来寻找顾客。不要在无购买能力、无购买需求和无购买决定权的人身上花费太多时间。

（2）准备工作　推销之前，必须具备产品知识、顾客知识和竞争者知识这三类基本知识。同时，要选择最佳接近方式和访问时间。

（3）进行推销　这是推销过程的中心，推销人员用各种方法引发顾客的购买欲望和行为，通过介绍产品、排解异议从而达成交易。策略一般有两种：一是提示说服。通过直接或间接、积极或消极的提示，将顾客的购买欲望与商品特性连接起来，使顾客作出购买决策。二是演示说服。通过产品、文字、图片、音响、影视和证明等样品或资料去劝导顾客购买商品。其中，推销员的仪表、开场白和随后讨论的内容很重要。

（4）跟踪服务　这是人员推销的最后环节，但也是推销工作的又一始点。跟踪服务加深顾客对企业和商品的信赖，促使顾客重复购买或为其宣传。同时，通过跟踪服务可获得反馈信息，为企业决策提供依据，也为推销员积累经验，从而为开展新的推销提供广泛而有效的途径。

四、汽车推销的管理

1. 招聘推销人员

1）推销员应该对所从事促销岗位充满热爱，忠诚于公司的事业，兢兢业业地做好每件事。

2）推销员应具备热情主动的服务态度、对顾客购买心理的敏锐的观察力和深邃的洞察力。

3）推销员应具备高超的语言沟通技巧和谈判技巧。

4）推销员应具备良好的心理素质。这很关键，因为在促销过程中要承受各种压力、挫折，没有良好的心理素质是不行的。

2. 培训推销人员

1）熟悉企业情况及产品的情况。

2）了解顾客与竞争者的特点，如了解顾客需要一部怎样的汽车、他的经济能力、竞争者的策略与产品特点等。

3）精通推销技巧，如推销的基本原理、方法和技巧，企业的推销哲学等。同时，还要具备必要的法律知识和商务知识。

4）掌握基本工具，如时间有效利用、合理选择推销路线、合理使用推销费用以及撰写推销报告等。

培训的方法可以是讲授、角色扮演和在职训练等。通过培训，可以提高推销人员的业务水平，扩大知识面，增强推销的实效。

3. 推销人员的配置

通常有以下四种配置方法：

1）按地区配置。对于汽车经销商来说，只对分布在各地的最终消费者消费汽车这一种产品，这时候的促销人员结构比较简单，一般按区域结构来安排销售人员，即对市场进行区域划分后，每个地区按照当地汽车市场情况安排一定数量的推销人员；

2）按产品配置，即每类产品由一定数量的推销人员负责；

3）按顾客配置，即按用户行业或专为大用户单独配置推销人员。

4）复合配置。当汽车公司在一个区域内向许多不同类型的顾客推销多种汽车产品时，可以将以上三种推销人员结构根据不同情况加以综合采用，充分发挥各种结构的优点。

4. 推销人员的监督与评估

（1）评估资料的来源　这些资料来自于推销工作报告、推销实绩、主管人员考察、顾客和其他推销员意见等。

（2）绩效评估　绩效评估有三个方面，一是横向评估，即在推销人员间进行比较；二是纵向评估，即对推销员现在的绩效与过去的绩效进行对比；三是工作评价，包括对企业、产品、顾客、竞争者、本身职责的了解程度，也包括推销员的言谈举止、修养等个性特征。

5. 推销人员的激励与报酬

对推销人员的激励有多种形式，如加薪、提升、给予某种头衔、受到表扬、改善办公条件、享受带薪休假以及公费旅游等。

推销人员的报酬有以下三种形式：

（1）薪金制　推销人员按时得到固定的薪金，销售情况的好坏对薪金的多少无影响

（至少在短时间内如此）。这种制度的优点是推销人员的收入稳定，也有利于企业的管理与控制。但这种方法没有把报酬与推销成果结合起来，缺乏对推销人员的激励力量。

（2）佣金制　推销人员根据销售量提取一定比例的报酬。报酬与工作成果紧密联系在一起，利于鼓励销售员努力工作；但企业较难对推销员管理与控制，同时易造成推销员为提高销售量而非法推销，损害企业声誉。

（3）薪金与佣金混合制　先确定固定的薪金，然后推销人员根据其推销成果提取一定比例的佣金。这种方式结合两种制度的长处，克服了它们的短处，既可以使推销人员有基本的收入保障，又能刺激推销人员努力工作，也利于企业的管理与控制。其关键是确定固定薪金与佣金的合理比例。这是大多数公司常用的报酬制度，如爱丽舍推销人员就是这种报酬制度。

第三节　汽车广告决策

一、广告概述

广告是通过付款的方式，有计划地利用各种传播媒介沟通信息，树立企业形象，指导消费，推销产品或服务的活动。

1. 汽车广告的形式

按照广告的内容和媒介，可以把广告划分为产品广告、公关广告、网络广告和实物广告四种类型：

（1）产品广告　是一种通过传播产品信息、提高产品信誉和完善产品形象的方式，直接促进产品销售的广告形式。产品广告是一种古老的广告形式。

（2）公关广告　是一种通过传播企业信息、提高企业信誉和完善企业形象的方式，间接促进产品销售的广告形式，是一种崭新的广告形式。

公关所传达的并非产品信息，而是汽车厂家在理念、行为、结构和标志等方面的特点。产品广告是“卖产品”，可以导致直接的购买行为，产生短期和局部的经济效益；公关广告则是“卖企业”，不但可以间接促销，而且可以产生长期和全面的社会效益。“品牌广告”是公关广告的经典形式，如“驾驭时代，引领未来”（奔驰广告词），“大胆、前卫、敢为天下先”（凯迪拉克广告词）。

（3）网络广告　即通过互联网发布的广告。欧洲著名广告公司施普林格公司在谈到他们所成立的“七象”网络广告公司时说：“传统广告是为了怂恿顾客去购买一辆轿车，而网络广告也许是为了诱使顾客去研究某款轿车，然后在网上订购。”而德国广告业协会的托马斯·多克斯说：“电视观众喜欢娱乐，而网络用户主要是搜寻信息。”那么，将两者结合起来，在电视上发布信息，在网络上搜集信息，既可以使用户获得更多的信息，也可以使用户参与广告的过程，从而获得更加理想的广告效果。

（4）实物广告　所谓实物广告，是指企业借助有形物体传播的信息。最具有实质意义的广告，当然是汽车本身。从认识论的角度看，凡是作用于我们的感觉器官，并进入我们头脑的东西，都是信息。比如，汽车展览会、展销会、博览会、博物馆以及试驾试乘和仿真车模等，都能对消费者的购买行为产生影响。

2. 广告目标

企业进行广告活动的目的不外乎两个方面：一是提升企业形象，吸引人才和社会各界投资，强化企业生存发展环境，有利于企业发展，这是一种战略目标；二是促进产品销售，这是一种战术目标。但归结起来都是为了增强企业实力，获得最大的经济效益。

具体到某一个企业，其广告目标策划则更具企业目标并应满足营销计划的要求，经过充分的调查分析，确定本次广告要达到的目的，由此形成广告目标。

广告目标在于形成企业整体性的良好形象，当企业需要吸引人才和社会各界投资、强化企业内外部环境时，应选择这种目标方式，这是一种战略性、长期性的目标。广告的目标主要有以下三个：

（1）创牌广告目标　当需要开发新产品和开拓新市场时，可选择此目标。通过对产品特性的翔实宣传，提高知名度，达到促销的目的。

（2）保牌广告目标　巩固现有市场时，可选择此目标。通过连续不断的宣传，加深消费者的认知度和责任感，稳定良好的销售机会。

（3）竞争广告目标　同类产品的竞争威胁强烈时采取的目标。通过对本产品个性进行深刻细致的描绘，向消费者展示本企业产品的独特之处和优越性，从竞争中求得更好的发展。

二、汽车广告的设计及策略

营销学认为，广告促销必须坚持“AIDA”基本模式，即注意（Attention）、兴趣（Interest）、购买欲望（Desire）和购买行为（Action）。以上四种因素的实现，既取决于广告的设计，也取决于广告的传播。

1. 汽车广告的设计

汽车广告设计主要包括广告主题的设计和广告形式的设计两个方面：

（1）广告主题　广告主题是广告的内涵，也称为广告概念，即对广告产品进行定位，为它确定一个受目标市场欢迎的特殊形象。广告主题既是广告的特点，也是广告的卖点。汽车的广告主题可以以性能定位，或者以形象定位等等。一般来说，高档轿车卖的是成功和身份、中档轿车卖的是性能的话，微型轿车卖的就是品牌个性。

（2）广告形式　广告形式是广告的外延，也可以称之为广告定义，即将广告概念确定的产品形象，用最具吸引力的广告用语或广告画面表现出来。广告形式应当具有便于传播、便于记忆、简洁生动、诱发联想的特点。广告形式的设计，不但要符合传播学和心理学的基本规律，特别是注意、记忆、思维、想象等方面的心理规律，而且要造成认知冲突，以“戏剧化”的形式表现出来。奇瑞QQ都市篇系列平面广告就把产品与时尚男女组合到一起，并给出了极具个性的广告语：“风景——我正勾画，时尚——我来执笔。”作为一款微型车，QQ的三大卖点中的一大卖点就是“使汽车变为时尚潮流”。奇瑞公司“小QQ，大智慧”——QQ新车型系列电视广告为我们展示了这样的画面——在一片看上去时尚俏皮的楼群街景间，一辆小车伴着轻快、可爱的口哨声悠然而来，还是那张永远迷人的笑脸，还是那双充满灵性的大眼睛，它在都市中穿梭，它在车流中游走，它在梦幻的背景中与现实中的观众暗送秋波……QQ产品的成功与这样量身定制、极其符合其个性的广告是分不开的。

2. 汽车广告的策略

汽车广告的传播艺术主要包括广告媒体、广告模特、广告强度和广告费用等四个方面的选择策略：

（1）广告媒体　需要综合考虑企业的特点、产品的特点、目标市场的特点和传播媒体的特点等，是个多因素的决策过程。

(2) 广告模特　广告模特既是宣传产品的“直观媒介”，也是代表产品的“形象大使”。由于模特的社会影响和人格魅力，通过她或他们的现身说法等，可以产生锦上添花的广告效果。

(3) 广告强度　“记忆是一种把前后两种感觉联系起来的力量。”这是著名心理学家谢切诺夫的名言。这种力量既包括刺激的强度，也包括刺激的频率。其中，以刺激强度形成记忆者，称之为高强度轰动效应；以刺激频率形成记忆者，称之为低强度渗透效应。

(4) 广告费用　广告也是投资，必须讲究成本和效益。创造性地使用广告费用，可以产生“以少胜多”的效果。

一项调查显示，2003 年中国的汽车广告投入达 46 亿元，比 2002 年翻一番；2004 年的投放量再翻一番，超过 106 亿元。进入 2005 年后，整体广告花费虽然较去年同期出现下降，但统计显示，奥迪 A6、帕萨特、雅阁等品牌一年的广告费都超过了 1 亿元，平均每辆车的广告投入超过了 1000 元。迅速增长的广告投放中，跨国公司在华合资企业占了相当大的比重，而丰田汽车公司作为全球盈利水平最高的汽车公司，对其广告业务更具有典型意义。作为丰田汽车公司在中国量产投放的第一款车，威驰在 2002 年上市之前，为了在中国市场一炮走红并塑造丰田汽车的新形象，丰田公司在广告创意、制作及推广上都花费了不少心思。威驰实际上是一款只有 1.5L 的小车，但广告不光要代表车，而且要代表丰田品牌，他们选定了张艺谋和范伟、吴彦祖、徐筠三名当红的演员来造势，以张艺谋的电影模式拍摄了一部只在央视一套播一次的广告宣传片。在宣传片播放之前，又在各大媒体上为前期宣传做了大量广告，包括在网上票选女主角，在网上评选主题曲，还让张艺谋与威驰的总设计师进行对话等。造势引起了人们的广泛关注，长达 5min 的宣传片播出后，“让生活乐在新风”的口号及主题曲在大江南北刮起阵阵旋风。

三、评价汽车广告的效果

广告所要传达的信息和受众对画面的理解是有一定距离的，为了调查专门设计的广告是否准确有力地揭示了主题，需要等广告信息传递给公众之后，及时对广告效果进行评价，以修正和改进广告目标和预算。广告效果的评价一般有两种方法：一是传播效果评价；二是销售效果评价。

1. 传播效果评价

汽车广告的传播效果，即汽车广告对于消费者知晓、认知和偏好的影响，是衡量汽车广告效果的重要方面。传播效果的评价可在广告发布之前或广告发布之后进行。其方法有：

(1) 直接评分法　直接评分法即要求消费者对广告依次打分。

(2) 组合测试　组合测试即请消费者观看一组广告，然后请他们回忆所看过的广告，看他们能记住多少内容，以此来评价一个广告是否突出主题及其信息是否易懂易记。

(3) 实验室测试　实验室测试即利用仪器来测量消费者对于广告的心理反应的情况，如心跳、血压、瞳孔的变化等现象，以此来测量广告的吸引力。不过，此类试验只能测试广告的吸引力，而无法测量受众对广告的信任情况、所持态度和意图。

2. 销售效果评价

一般来说，汽车广告的销售效果比其传播效果更难以测量。因为除了广告因素之外，销售还受到许多因素的影响，如产品性能、价格、售后服务、竞争对手的行为等。通常，用历史分析法和试验分析法来衡量汽车广告的销售效果。

（1）历史分析法　历史分析法即运用统计技术将过去的销售和过去的广告支出与当前的销售和当前的广告支出联系起来分析，以此来评价广告的效果。

（2）试验分析法　在某些地区广告支出高些而在另一些地区低些，如果高开支试验导致销售量大增，说明广告开支过少；如果高开支试验没有增加销量或者低开支试验没有导致销量下降，说明广告开支过大。这种方法必须保持足够的时间，以观察改变广告开支水平后的滞后效应。

第四节　汽车销售中的公共关系

一、公共关系的概念和作用

公共关系，是指社会组织运用沟通手段使自己与公众相互了解和相互适应，以争取公众的理解、支持和协作的一系列管理活动。

1. 公共关系的对象

公共关系的对象是广大的人民群众，包括个人、各类团体和组织等。

2. 公共关系的作用

（1）建立知名度　公共关系利用媒体来讲述一些情节，吸引公众对汽车产品的兴趣。

（2）树立可信度　公共关系可通过社论性的报道来传播信息，以增加可信性。如“一汽汽车质量万里行”的报道，获得了公众的认可和信任，极大提升了企业形象。

（3）刺激促销人员和经销商　公共关系有助于提高促销人员和经销商的积极性。新车投放市场之前先以公共关系宣传的方式披露，便于经销商将新车促销给目标消费者。

（4）降低促销成本　公共关系的成本要比广告的成本低得多，企业可以较多地运用公共关系，以便获得更好的宣传效果。

3. 公共关系的形式

公共关系促销的形式主要有用户关系、产销关系、政府关系、社区关系以及金融界关系等。

（1）用户关系　用户关系也是关系促销的基本形式和基本内容，因为用户不但是企业产品的消费者，而且是企业利润的提供者。

（2）产销关系　商家是企业的“合作伙伴”。中间商不但是产品扩散的渠道，而且是产品促销的力量。同时，商家也离不开厂家，离开厂家提供的产品和服务，商家不但会失去利润的来源，而且会失去存在的基础。企业与商家互为“依托”，存在着共存共荣、互利互惠的伙伴关系。

（3）政府关系　在市场经济条件下，“政企分开”，企业拥有经营自主权，并不意味着政府放弃或削弱了对企业的领导。过去是微观控制，现在是宏观指导；过去是行政干预，现在是政策调节。同时，由于政府职能的“人格化”，也会使这种领导因人而异。或宽或严、或繁或简、或快或慢、或轻或重，都会受到政府关系的影响。

（4）社区关系　由于企业生产和生活的许多方面，如交通、水电、公安、消防以及职工招聘、物资供应、医疗保健和学校教育等，无不依赖地方各级组织机构的支持，因此社区关系如何，必然会对企业的生产和生活产生或积极或消极的影响。社区是企业之“根”，只有根深蒂固，才能取得枝繁叶茂的成功。

（5）金融界关系　企业经营的过程，在本质上就是资本经营的过程。无论是企业筹资、营销投资还是利润分配，都离不开金融界的广泛参与。特别是当分期付款、消费贷款、按揭贷款、汽车赊销等信用消费成为营业策略的时候，与金融界搞好关系则更是非常必要的。随着金融企业的市场化，汽车企业与金融界的联系将越来越紧密。

二、公共关系的手段和策略

汽车企业公共关系的策略可分为三个层次：一为公共关系宣传，即通过各种传播媒介向社会公众进行宣传，以扩大企业影响；二为公共关系活动，即通过支持和组织各种类型的社会活动来树立企业在公众心目中的形象，以获得观众的好感；三为公共关系意识，即企业营销人员在日常经营活动中所具有的树立和维持企业整体形象的意识。公共关系意识的建立，能使公众在同汽车企业的日常交往中对企业留下深刻的印象。

1. 公共关系的手段

具体来讲，汽车企业营销活动中的公共关系通常采用以下九种手段：

（1）新闻发布会　当汽车企业在技术上有重大突破，或有新产品问世等重大事件要向外界发布时，企业可以通过广告的方式把信息传递出去。但是由于媒体的费用提高，广告效果下降等因素，人们越来越倾向于利用新闻媒体。通过新闻发布会的方式把企业想传达的信息传达出去，不仅费用低而且更具有说服力。比如，福特汽车公司的金全垒打在上市之前，针对新闻媒介的发布会极具创新性和新闻性，因而引起广泛关注。媒体不仅作图文并茂的介绍，甚至创造了话题，使该新车未上市先轰动。

（2）研讨会　汽车企业可以把用户请来，召开一些与自己产品应用相关的研讨会，如某产品或某车型在顾客心目中的印象或如何改进为主题的研讨会。一般把会议地址定在有纪念意义的地方或旅游胜地。通过研讨会传达企业信息，加强与用户的联系，更好地为客户服务等；同时也可通过召开一定层次的研讨会树立形象并合理合法地回报用户，如满足用户旅游的需求等。

（3）交流会　交流会与研讨会性质类似，但一般来说规格略低。比如，一些汽车企业把使用者召集在一起，通过交流或竞赛等方式使使用者更好地掌握使用技术，借此达到拉近关系、树立形象、回馈用户的目的。

（4）企业峰会　通过发起企业峰会，引起人们瞩目，树立企业形象。通过企业峰会，行业领导者可以强化领导者形象，而行业追随者可以建立与行业领导者平起平坐的形象。比如，发起一个邀请行业前十大企业参加的峰会，讨论行业市场走向或如何应对入世后挑战的问题等。

（5）行业宣言　通过发起行业宣言，引起公众瞩目，树立美好形象。比如，宝马公司通过行业自律宣言强调自己是一家发起行业质量保证的企业等。

（6）意见领袖　通过某种方式，如通过赞助行业协会、给某些领导型企业以优厚条件、或者聘请业内专家担任企业顾问等形式，使对企业销售有影响力的组织或个人成为意见领袖。另外，企业培养窗口用户的做法也应属于用户领袖，即通过给用户某些待遇，使该用户成为该地区企业产品的展示窗口。该用户有义务接受其他用户的参观，并讲解产品的优点。

（7）顾问用户　公司聘请对企业发展有影响力的大用户作为自己的顾问，借此树立以用户为中心的企业形象，拉近与用户的关系，同时得到必要的支持。例如，公司可以把自己的前十大用户聘请为自己的顾问用户，参与公司重大决策或产品研发等。

（8）创造新闻　通过策划创造有利于企业、公司产品和公司人物的新闻。这要求公共人员不仅要有创造新闻的技巧，而且要和新闻媒体建立良好的关系。

（9）公众服务活动　通过做公益事业树立企业的良好形象，增强人们对公司的好感。

2. 公共关系的策略

公共关系不以短期促销效果为目标，通过公共关系使公众对企业及其产品产生好感，并树立良好的企业形象，如报告文学、电视剧和支持社会公益活动等公关手段的效果就很好。企业公共关系的目的不仅在于促销，还具有为企业的生产经营创造更为和谐的营销环境的特点。公共关系策略主要有以下四种形式：

（1）越境联销　越境联销是一种超越国界的，即通过不同国家之间的企业联盟进行促销的策略。越境联销，是西方汽车公司最先使用的促销策略。以代理或者买办的形式越境联销，迅速实现了类似于“有路必有丰田车”的促销效果。

（2）越界联销　越界联销是一种超越行业的，即通过不同行业之间的企业联盟进行促销的策略。由于汽车技术与信息技术的发展，汽车产业与信息产业的联盟当然是顺理成章之事，如网络销售。

（3）合作销售　所谓合作销售，也可称为“共同销售”或“共生销售”。狭义的合作销售，仅指厂家与厂家的合作；而广义的合作销售，则扩大到厂家与商家之间、商家与商家之间的合作。数量可以不等，性质也可以不同。

（4）合资销售　合资销售是合作销售的特殊形式。其特点是共同投资进行促销，同时，也按照投资比率分配利润。显然，这是一种比合作销售更为具体的促销策略。

一汽大众公司在公共宣传方面投入较大，从赛车推广到奥运营销，一汽大众公司的这种促销方式起到了很大的作用。一汽大众公司还是推广中国赛车事业的先驱。从 1996 年开始，捷达相继参加在中国举办的各类国内、国际拉力赛事，获得多项殊荣；1999 年 3 月，捷达 GTX 成为“中国第一辆跻身国际标准赛车行列的国产轿车”；2005 年 4 月，高尔夫轿车获得全国拉力赛分站冠军；2004 年协办“一箱油穿越千里无人区”挑战赛事，并成功主办了出租车城市挑战赛。一汽大众公司更是各种体育赛事积极的赞助者，早在 2002 年就以宝来赞助了 CUBA 中国大学生篮球联赛；2004 年 6 月，大众汽车公司正式成为“北京 2008 年奥运会汽车合作伙伴”，奥运营销成为了一汽大众品牌传播的核心。一汽大众公司和上海大众公司携手合作，与大众汽车（中国）投资有限公司已组成了三方联合体“大众汽车集团（中国）”，为北京 2008 年奥运会实现“绿色奥运”、“科技奥运”和“人文奥运”理念付出实际行动。从 2004 年 6 月开始，他们已经在广告中整合奥运信息，启动“携手奥运”促销活动，并于 2005 年 4 月推行“奥运胸针”计划。

三、公共关系的评价

1. 公关评估方法

（1）民意测验法　选择一定数量的目标公众，通过问卷等形式征求他们对公关活动的意见，并加以分析、统计来说明公关工作的效果。

（2）专家评估法　请有关专家对公关工作提出自己的意见和观点，从不同角度来分析公关工作的效果。

（3）访问面谈法　由公关人员通过个别交谈和集体访谈的方式，了解公众对公关工作的意见和看法，借以评估公关工作的效果。

（4）观察法　公关人员通过观察目标对象对公关工作的反应，来评估公关工作的结果。

（5）资料分析法　通过对企业生产经营资料、销售数据的变化来征询公关工作的效果。

2. 公关计划的评价

由于公共关系常与其他促销工具一起使用，故其使用效果很难衡量。汽车营销公关的效果通过展露度、公众理解和态度情况、销售额和利润贡献三方面来衡量。

（1）展露度　计算出现在媒体上的展露次数，这种方法简单易行，但无法真正衡量出到底有多少人接受了这一信息及对他们购买行为的影响。

（2）公众理解和态度情况　这是指公共宣传活动引起公众对汽车产品的品牌理解、态度方面的前后变化水平。

（3）销售额和利润贡献　公共关系通过刺激市场、同消费者建立联系，把满意的消费者转变成为品牌忠诚者，提高了销售额和利润。计算销售额和利润贡献率，是衡量公共关系效果的最科学的方法。

第五节　营业推广

一、营业推广概述

1. 营业推广的概念

所谓营业推广，是指“除了人员推销、广告宣传和公共关系以外的，刺激消费者购买行为和经销商效益的各种市场营销活动，如陈列、示范、表演、展览等以及推销努力。”（美国市场营销协会定义委员会的定义）。简言之，所谓营业推广，就是通过营业和推广两种途径来促进产品销售的活动。

2. 营业推广的特点

营业是一种通过开设店堂来推销产品的形式；而推广则是一种通过展销来推销产品的形式。它们的共同点都在于“以销促销”。它既不同人员推销注重“推销”的务实特点，也不同于广告宣传和公共关系注重“拉销”的务虚特点，而是一种推拉并重、实虚兼顾的促销方式，兼有“推式”策略和“拉式”策略的双重特点。

它的特点主要表现为营业性和推广性、固定性和流动性、经常性和偶然性以及广泛性和针对性四个方面的结合。其中，营业性和推广性相结合是营业推广的本质特点。它的基本任务是推销产品，却兼有推广产品的功能。作为前者，它需要开办销售网点；作为后者，它又需要举办产品展销。而在许多情况下，两者是结合在一起的。

3. 汽车营业的形式

汽车营业的形式主要是店堂式营业，它是一种通过销售店堂进行营业的方式。店堂式营业的内容包括开业策划、店堂策划、场景销售和现场促销。

（1）开业策划　开业是营业的起点，也是影响销售的重要因素。科学的开业策划，不但可以提高企业的知名度和美誉度，而且可以提高产品的知名度和美誉度，从而为营业推广的成功奠定基础。一般来说，开业策划应当产生“于无声处听惊雷”的效果。借助开业策划产生的轰动效应，增进消费者对产品的认知，引起他们的购买选择。

（2）店堂策划　营业是为店堂促销。销售店堂作为外在的环境刺激，必然会引起消费者的心理和行为反应。

（3）场景销售　这里的场景是指购物气氛。可以营造购物气氛的因素，既包括产品陈列、店堂色彩、店堂音响、服务设施等“硬件”，也包括服务态度、促销策略等“软件”。

（4）现场促销　是店堂销售的基本形式。心连企业，情系用户，销售人员的促销艺术对于汽车销售的成功具有十分重要的影响。

4. 汽车推广的形式

汽车推广的形式似乎具有无限丰富的内容，包括展销会、订货会以及邀请参观、通报信息、汽车大赛、知识竞赛、无偿赠车、免费用车、组合商店和窗口公司等等。

（1）展销会　即通过展览来进行促销。展销会是一种面向社会公众的汽车推广形式。

（2）订货会　是一种面向重要客户的汽车推广形式。一般来说，订货会都是由企业自办或行业联办，邀请那些用量较大的直接用户，或者销量较大的中间商等莅临会议，向他们发布信息、介绍产品，与他们联络感情、建立联系，并通过洽谈来达到争取订单、推广产品的目的。

（3）汽车大赛　既是竞技体育的形式，也是汽车推广的形式。由于汽车大赛关注者多、传播得远，并且具有刺激强烈、印象深刻的特点，或胜或负，都可以大大提高企业及其产品的知名度和美誉度。

（4）知识竞赛　是通过竞赛方式宣传汽车知识的活动。但是，汽车生产厂家组织的知识竞赛，由于内容的选择性和问题的导向性，所以具有汽车推广的意义。

二、汽车营业策略

汽车营业的策略主要包括信用消费、租赁消费、组合销售、分解销售、以物易物、以旧换新、试驾试乘和有奖销售等等。

（1）信用消费策略　汽车属于高值耐用产品，即便在西方经济发达国家，也常常要采取信用消费的形式购买汽车。

（2）组合销售策略　即搭配销售，是指将汽车与其他产品结合在一起，组合成一个销售单元，红花绿叶、相得益彰，从而产生组合效应的促销策略。

（3）分解销售策略　即拆零销售。但是，这里所说的拆零，并非将汽车大卸八块，而是以通过部件先行、消费积累等措施带动汽车销售的策略。

（4）以物易物策略　其实就是以物换车。一定意义上说，生产者也是消费者。汽车厂家通过购买原料和能源等来从事生产，同时，也通过销售产品和服务等来获得利润。既然如此，我们也就找到以物易物的基础。如果消费者拥有生产汽车所需的物资，而又缺乏消费汽车所需的资金，汽车厂家采取“以物易物”的变通之策，显然也可以进行促销。

（5）试驾试乘策略　是指通过用户的尝试驾驶和乘坐体验，加强他们对汽车的了解，培养他们对汽车的情感，从而激发其购买动机的促销策略。

（6）有奖销售策略　是指通过设置奖项和中奖概率，激发消费者购买动机的促销策略。

（7）其他策略　主要包括二手车置换，降价补偿等等。

三、汽车推广策略

汽车推广的策略似乎也具有无限丰富的内容，包括突出卖点、因时制宜、因地制宜、横延展示和纵延展示等等。

（1）突出卖点策略　卖点即形象定位，或称参展主题，是参展汽车集中表现的风格和特点。展品的形象定位与众不同，可以独占或大或小的细分市场；展品的形象定位异口同声，则只能共享某一或某些细分市场。

（2）因时制宜策略　成功讲究天时、地利、人和。所谓天时，即“因时制宜”在最恰当的时间展开推广，可以取得事半功倍的效果。

（3）因地制宜策略　所谓地利，即“因地制宜”。借地生辉，在最恰当的地点进行推广，也可以取得事半功倍的效果。

（4）横延展示策略　是一种将汽车展延伸到展览或展销会以外的策略。

（5）纵延展示策略　是一种将汽车展延伸到展览或展销会以后的策略。

思　考　题

10-1　什么是促销？什么是促销组合？

10-2　汽车促销方式主要有哪些？各有什么特点？

10-3　什么是促销组合策略？

10-4　汽车人员推销过程中需要注意哪些问题？

10-5　汽车广告促销策略有哪些？举例分析说明一个成功的汽车广告。

10-6　公共关系的概念、形式和手段？公共关系策略主要有哪几种形式？

10-7　汽车营业推广的概念、特点和形式？营业策略主要有哪些？推广策略主要有哪些？

第十一章　汽车服务与客户满意战略

第一节　汽车服务的概念

一、汽车服务的定义

著名营销学家菲利普·科特勒对服务这样定义："服务是一种能够向另一方提供的以无形的和不导致任何所有权转移为基本特征的行动或表现。它的生产既可能与某种有形产品相关联，也可能与之毫无关系"。

汽车服务指由汽车生产及服务性企业（如汽车制造商、汽车销售商或汽车维修企业）向汽车用户提供的与汽车相关的各项活动、利益或满足感。

二、汽车服务的内容及特征

汽车服务的内容十分广泛，主要包括汽车技术咨询服务，汽车广告，汽车融资与保险，汽车租赁服务，汽车零配件供应，汽车售后调试、维修、维护、养护、美容、改装和送货服务，汽车抢修、紧急援助和拖车服务，二手车交易、回收服务，代缴税费、代办证件，汽车旅游，汽车影院，智能化交通系统的建立，信息发布等。汽车服务包括售前、售中和售后服务三部分，其中售后服务最为关键。

服务不同于商品，它主要有以下六个特征：

（1）无形性（immateriality）　指服务不具备形状或实体，消费者在购买之前无法通过视觉、听觉、嗅觉、味觉和触觉等物理特征感受到服务。服务本质上是提供商向顾客作出的一种承诺。

（2）不可分离性（inseparability）　指服务的生产过程与消费过程同时进行。同时消费者对服务提供商的感知会转变成消费者对服务本身的感知。

（3）非均匀性（heterogeneity）　指由于服务环境、服务标准和服务人员素质等方面的不同，使得服务质量差别很大。

（4）不可储存性（perishability）　指服务提供商无法维持服务性存货，服务本身是不可能储存的。

（5）时效性（time essentiality）　服务及时、快捷一直是服务部门不变的追求。对于汽车消费者来说，JIT（just in time）服务是最棒的。

（6）不确定性（uncertainty）　在服务的开发和分销中，消费者常常扮演重要的角色。由于消费者的需求是多样的，会随时间不断发生变化，因此服务产品的交易经常需要买卖双方的相互合作，而消费者的建议则是服务部门最好的发展方向。

为提高服务质量，汽车企业必须科学制定营销策略。首先，提高员工服务意识，倡导人性化服务。所谓人性化服务就是真诚地关心客户，了解他们的实际需要，使整个服务过程富于"人情味"。其次，实施服务质量考核与激励机制，树立服务典型，引导员工实现人性化服务。采取物质奖励与精神奖励两手抓的方式改变员工的服务意识，变被动为主动，变消极为积极。再次，从细微处入手，完善服务项目。服务无小事，与顾客接触的每个环节都会反映出服务水平，汽车企业必须注重服务过程中的每一个细节，尽可能达到甚至超越客户的服务期望。如24小时接听客户咨询电话，并做到及时接听；耐心解答客户的咨询；对常见客户点一下头、给予一个微笑和多一声问候；雨雪天及时提醒客户注意等，都能反映出员工对客户的关心程度，对于提高汽车企业的美誉度至关重要。

三、汽车服务品质

在20世纪80年代，质量革命在美国公司中蓬勃开展起来。今天，质量承诺已延伸至服务业、非营利组织以及政府机构和教育部门。我国的汽车服务产业虽还处在萌芽阶段，但显然服务品质的提高仍是取得市场成功的关键。图11-1显示了质量改进是如何从内、外两个方面影响一个企业的。

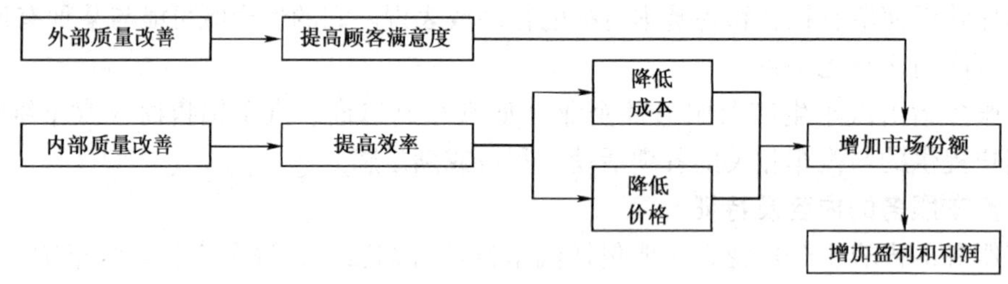

图11-1　品质的重要性

第二节　汽车服务营销管理

一、汽车服务质量管理

（一）服务质量的概念

服务质量分为预期服务质量与感知服务质量。预期服务质量是顾客对服务企业所提供服务的预期，感知服务质量是顾客的实际感知水平。当企业的服务质量较高时，顾客对服务的感知水平等于或高于预期水平，满意度较高；反之满意度较低。因此，服务质量是顾客的预期服务质量与感知服务质量的比较。

预期服务质量是顾客形成整体服务质量感知的重要前提。如果顾客的预期服务质量过高，即使企业提供的服务水平很高也很难使他们感到满意。影响预期服务质量的因素有：市场沟通、企业形象、顾客口碑和顾客需求。

市场沟通可以直接为企业所控制，包括广告、公共关系以及促销活动等；企业形象和顾客口碑只能间接被企业控制；顾客需求则是企业的不可控因素。顾客需求千变万化，企业只能在一定程度上加以引导。

（二）服务质量的构成要素

服务质量由服务的技术质量、职能质量、形象质量和真实瞬间构成。它既是服务本身特性的总和，也是消费者感知的反映，同时由感知质量与预期质量的差距所体现。

技术质量是指服务过程的产出，即顾客从服务过程中所得到的东西；职能质量是指服务人员在履行职责时，其行为、态度、穿着、仪表等给顾客带来的利益和享受；形象质量是指企业在社会公众心目中形成的总体印象，包括企业的整体形象和企业所在地区的形象两个层次；真实瞬间是服务过程中顾客与企业进行服务接触的过程。

对于技术质量，顾客容易感知，如顾客可通过感受维修后汽车的运行状况或参观维修设备判断汽车企业维修技术水平；职能质量取决于顾客的主观感受，难以进行客观的评价；技术质量和职能质量构成了感知服务质量的基本内容。企业形象通过视觉识别系统、理念识别系统和行为识别系统多层次地体现。顾客可从企业的资源、组织结构、市场运作、企业行为方式等多个侧面认识企业形象。企业形象质量是顾客感知服务质量的过滤器；真实瞬间发生在一个特定的时间和地点，它是服务质量构成的特殊因素，且是有形产品质量所不包含的因素。

（三）服务质量测定

1. 服务质量测定的标准

服务质量的测定是服务企业对顾客感知服务质量的测算和认定。从管理角度出发，优质服务必须符合以下标准：

（1）规范化和技能化　指汽车销售企业提供的服务规范，销售人员技术全面，知识丰富，能为顾客排忧解难。

（2）名誉和可信性　指顾客对服务供应者的信赖，相信所得到的服务“物有所值”。让顾客感到“物超所值”应是汽车销售企业不懈追求的目标。

（3）态度和行为　指在服务接触过程中，让顾客切实感受到工作人员的友好热情不做作。

（4）可靠性和忠诚感　指顾客确信无论发生什么情况，他们都能够依赖服务供应者。这就要求汽车销售企业必须遵守承诺，全心全意为顾客服务。

（5）可接近性和灵活性　指汽车销售企业的地理位置方便、营业时间合理、职员和营运系统的设计和操作便于服务，并能灵活地根据顾客要求随时加以调整。

（6）自我修复　指顾客无论何时发生意外，汽车销售企业都能迅速有效地采取行动，控制局势，寻找新的可行的补救措施。

以上六项标准中，规范化和技能化与技术质量有关；名誉和可信性与形象有关；其余四项标准与服务过程有关，代表了职能质量。

2. 服务质量的测定方法

服务质量一般采取评分量化的方式进行测定，共分为八个步骤：

1）选取服务质量的测定标准。

2）对各条标准确定权数。

3）针对每条标准设计具体问题，一般为4～5道。

4）制作问卷。

5）发放问卷，请顾客评分。

6）统计问卷结果。

7）测算预期质量和感知质量。

8）评价服务质量，感知质量离预期质量的差值越大，质量越差；反之，质量越好。

（四）服务质量管理

1. 服务质量管理的基本思路

服务质量管理的目标是降低顾客流失率。若要成功实施服务质量管理，企业必须做到以下两点：

1）必须将降低顾客流失率作为整个企业各个层次员工的共同奋斗目标。

2）培养一流的一线员工队伍，营造良好的工作环境。

2. 服务质量差距的管理

汽车销售企业可以根据图 11-2 来进行服务质量的差距分析与管理。

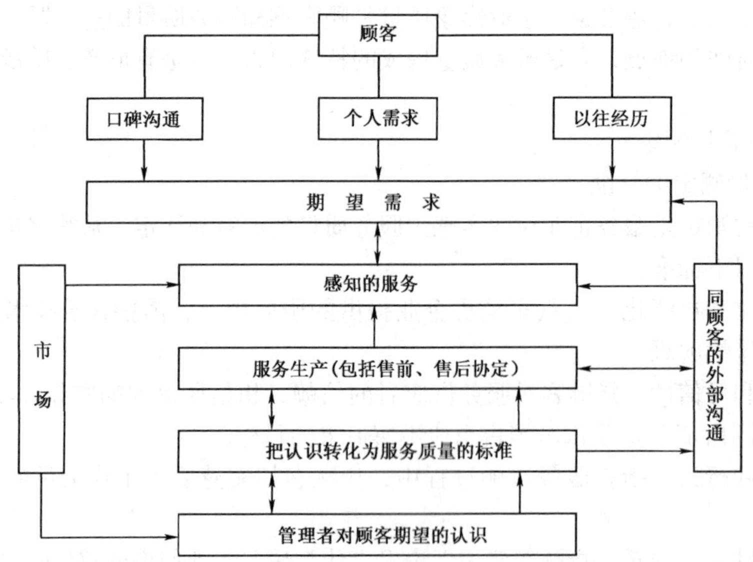

图 11-2　服务质量的理论模型——差距分析模型

图 11-2 是美国服务问题专家建立的一个差距分析模型，专门用来分析质量问题的根源。从图 11-2 中可以看出，服务质量差距主要包括五个方面：

（1）管理者认识的差距　这个差距指管理者对期望质量的感觉不明确。产生的原因有：

1）对市场研究和需求分析的信息不准确。

2）对期望的解释信息不准确。

3）没有需求分析。

4）从企业与顾客联系的层次向管理者传递的信息失真或丧失。

5）臃肿的组织层次阻碍或改变了在顾客联系中所产生的信息。

若问题是由管理引起的，则通过改变管理或改变对服务竞争特点的认识来解决问题，后者一般更为合适。

（2）质量标准的差距　这个差距指服务质量标准与管理者对质量期望的认识不一致。产生的原因有：

1）计划失误或计划过程不够充分。

2）计划管理混乱。

3）组织无明确目标。

4）服务质量的计划得不到最高管理层的支持。

最高管理层是否保证服务质量的实现是影响这一差距的关键因素。在现代服务竞争中，顾客感知的服务质量成为企业成功与否的关键，因此汽车销售企业的生产者和管理者要对服务质量达成共识，缩小质量标准差距。

（3）服务交易的差距　这个差距指在服务生产和交易过程中员工的行为不符合质量标准。产生的原因有：

1）标准太复杂或太苛刻。

2）员工对标准见解不同。

3）标准与现有的企业文化发生冲突。

4）服务生产管理混乱。

5）内部营销不充分或根本没有。

6）技术和系统没有按照标准为工作提供便利。

通常引起服务交易差距的原因是错综复杂的，很少只有一个原因在单独起作用。只有质量标准制定得具体详尽才能减少这类差距的产生。

（4）营销沟通的差距　这个差距指营销沟通行为所作出的承诺与实际提供的服务不一致。产生的原因有：

1）营销沟通计划与服务生产没统一。

2）传统的市场营销与服务生产之间缺乏协作。

3）服务人员没有按照营销沟通活动提出的标准完成工作。

4）服务企业有故意夸大其辞和承诺太多的倾向。

针对上述原因，企业可以建立一种使外部营销沟通活动的计划和执行与服务生产统一起来的制度，以达到两个目标：第一，市场沟通中作出的承诺更加准确和符合实际；第二，外部营销活动中作出的承诺能够做到言出必行。此外，企业还要不断完善营销沟通的计划，避免在营销沟通过程中承诺过多。

（5）感知服务质量的差距　这个差距指感知或经历的服务与期望的服务不一样，会导致以下后果：

1）消极的质量评价（劣质）和质量问题。

2）口碑不佳。

3）对公司形象的消极影响。

4）丧失业务。

第五个差距也可能产生积极的结果，它可能导致相符的质量或过高的质量。

通过差距分析模型，可以发现服务提供者与顾客对服务观念存在的差异，进而指导管理者发现引发质量问题的根源，并寻找适当的消除差距的措施。汽车销售企业明确了这些差距后，可以制定战略、战术保证期望质量和现实质量的一致。

3. 影响服务质量的因素分析

服务质量来源于设计、生产、交易及与顾客的关系，这些方面的管理方法也影响着顾客感知的质量。

产品或服务的设计影响着技术质量，这是职能质量的一个来源。如果企业在设计产品和服务时征求顾客的意见和建议，顾客就会觉得企业对他们很重视，从而对企业形成良好的印象。

生产决定着技术质量，是影响服务质量的重要因素。顾客可能会偶然地接触生产过程，例如生产设备和生产过程可能向顾客演示。先进的生产设备和过程可以给顾客留下良好的印象。顾客与生产、生产资源、生产设备、生产过程的相互作用的认识方式对职能质量产生一定的影响。

交易或多或少是全部生产过程的一部分。顾客通过产品的交易感受到了产品的技术质量。此外，交易的方式对服务质量也有一定的影响。

买卖双方的关系在制造行业和服务行业都是质量形成的原因，这种关系对质量的影响主要是与职能过程方面有关。工作人员在与顾客关系中越是具有顾客意识和服务导向，买卖关系对质量的影响就越有利。

汽车销售企业管理者必须研究和理解企业各种职能对质量的影响。在设计、生产、交易中以及计划和管理组织中参与买卖交易的工作人员，对技术和职能两方面都不能顾此失彼。

4. 服务承诺制

服务承诺亦称服务保证，是一种以顾客为尊、以顾客满意为导向，在汽车服务产品销售前对顾客许诺若干服务项目，以引起顾客的好感和兴趣，招徕顾客积极购买汽车服务产品，并在服务活动中忠实履行承诺的制度和销售行为。服务承诺一般包括：服务质量的保证、服务时限的保证、服务附加值的保证、服务满意度的保证等。

实行服务承诺制一般采取以下措施：

1）制定高标准，可以是无条件的满意度保证，也可以针对单项服务，这样可使顾客所期待的与实际得到的服务保持一致。

2）不惜付出相当的赔偿代价，这样可以激励企业汲取失败的教训。

3）提供简洁的保证。汽车销售企业的服务保证，必须言简意赅，让顾客一看便知。

4）简化顾客申诉的程序。申诉过程简单易行，才能提高处理问题的效率，不至于因此流失顾客，企业还可以在顾客申诉中改善服务。

5）注重重大情况公关。如果出现重大情况，应及时通知企业的高层领导人出面处理，将大事化小，并消除隐患，避免造成严重后果。

二、汽车服务产品的供求管理

对汽车服务企业来说，正确地调节供求是搞好企业经营、取得最佳经营效益的关键。调节供求，使供求趋于平衡可从两方面入手。

1. 汽车服务需求管理

对服务需求的管理是指在保持供给稳定的前提下，采取有效的措施调节（刺激或抑制）需求，达到供求基本平衡。汽车服务企业的供求状况主要有以下四种，如图 11-3 所示。

1）需求超过汽车销售企业的最大供给能力，一部分顾客的需求得不到满足，从而失去市场机会。

2）需求超过汽车销售企业的正常生产能力，而低于最大供给能力，顾客的需求基本都可以得到满足，但企业的设备、人员紧张，服务质量难以保证。

3）供给与需求正好平衡，设备、人员处于最佳运转状态，服务质量最有保证。

4）需求低于企业正常供给能力，造成设施和人员闲置，服务能力浪费。

显然，供求平衡是最理想的状态。汽车销售企业可通过采取以下措施来保证汽车服务产品的供求平衡。

1）运用差别定价，即在需求大于供给时将服务价格定得高一些；反之，则定得低一些。这样可以使企业的设施和人员得到均衡的利用。

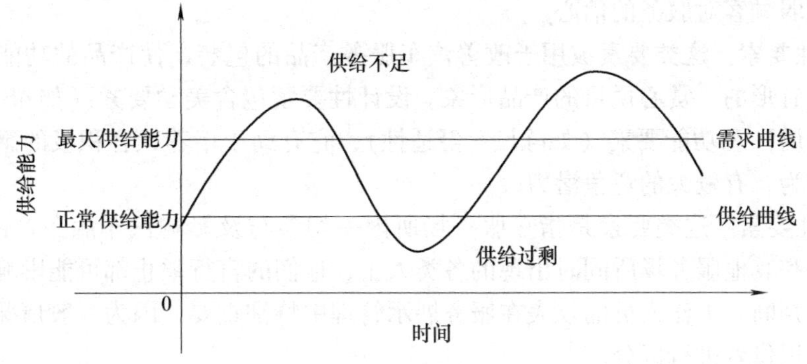

图 11-3 服务市场供求曲线

2）拓展低谷期的业务，即在服务需求的低谷期加设一些特别的或新的服务项目。

3）提供辅助性服务，即在需求高峰期时提供一些临时的辅助性服务，让等待中的顾客享用，以此缓解供不应求的状况。

4）开展预售服务。通过预售，汽车销售企业可以及时了解需求的状况，并能对高峰期和低谷期的需求进行综合平衡。

2. 汽车服务供给管理

对汽车服务供给的管理，就是根据服务需求的变化情况，及时调整汽车销售企业的服务供给量，达到服务供求的基本平衡，减少服务能力的损失，提高汽车销售企业的经营效益。调节企业服务供给的主要措施有：

1）调整汽车服务供给时间和地点，改变分销渠道。

2）在需求高峰期，在保证服务质量的前提下，只提供主要服务项目，省去次要的服务内容，以提高服务的供给程度。

3）雇佣临时员工。汽车服务企业可以在平时维持一定数目的基本员工，在高峰期供给紧张时雇佣一部分临时性的兼职员工，以增加高峰期的服务供给量，减轻基本员工的工作压力。

4）加强对企业员工的交叉训练，使企业每个部门的员工都成为一专多能的多面手，这样企业各个部门之间可以相互协助，既减少了营业费用，又使得汽车服务的供给过程更加顺畅。

三、汽车服务有形展示的类型及管理

在服务营销中，与服务有关的有形线索对顾客的购买决策有极其重要的影响。一切可传达服务特色及优点的有形组成部分都称作“有形展示”。汽车销售企业可以通过管理这些有形展示，建立服务产品和企业形象，支持有关营销策略的推行。

1. 有形展示的类型

从构成要素的角度对有形展示进行划分，可分为三种要素类型：实体环境、信息沟通和价格。

（1）实体环境　实体环境有三大类型：周围要素、设计性要素、社会性要素。

1）周围要素。这类要素通常被顾客认为是构成服务产品内涵的必要组成部分，如 4S 店空气的质量、气温、湿度、通信情况、噪声、气氛及整洁度等。如果这些要素达不到顾客的期望，就会削弱顾客对服务的信心。

2）设计性要素。这类要素被用于改善汽车服务产品的包装，使产品的功能更为明显和突出，以建立有形的、赏心悦目的产品形象。设计性要素包含美学要素（如4S店儿童娱乐区的设计、布局）和功能要素（如陈设、舒适性），它有助于培养顾客积极的感觉，且鼓励其采取接近行为，有较大的竞争潜力。

3）社会性要素。这类要素是指在服务场所内一切参与及影响汽车服务产品生产的人，包括服务员工和其他服务场所同时出现的各类人士，他们的言行举止都可能影响顾客对服务质量的期望和判断。工作人员的仪表在服务展示管理中特别重要，因为一般情况下顾客并不对服务和服务提供者进行区分。

（2）信息沟通　信息沟通是另一种服务展示形式，这些沟通信息来自汽车销售企业本身以及其他引人注意的地方，如顾客的评论、广告等。有效的信息沟通有助于强化企业的市场营销战略。

（3）价格　价格也是为顾客提供的有关服务产品的一个线索，它是对服务水平和质量的可见性展示，可以增强或降低顾客对产品的信任。因此，对汽车销售企业来说，对其服务产品进行正确定价至关重要。

2. 有形展示的管理

（1）服务有形化　服务有形化就是使服务的内涵尽可能地附着在某些实物上。例如，某些汽车企业对其售后服务实行会员制，顾客成为会员后凭借会员证（卡）可享受一定的优惠，这样顾客在看到会员证（卡）时就会想到相关的服务项目。

（2）服务环境设计　顾客在接触服务之前，最先感受到来自服务环境的影响。因此，服务环境的设计是汽车销售企业营销努力的重点。

所谓服务环境是指汽车销售企业向顾客提供服务的场所，它不仅包括影响服务过程的各种设施，还包括许多无形的要素。概括地说，凡是会影响表现水准和沟通的任何设施都包括在内。汽车销售企业应该深入了解顾客的需求，根据目标顾客的实际需要进行设计，这样才能达到满意的营销效果。此外，服务环境还包括服务员工的仪表、行为、态度和谈吐等社会性因素，它们对企业服务质量乃至整个营销过程的影响不容忽视。因此，汽车销售企业还应从改变员工形象来着手改善企业形象，提高顾客对服务的依赖度。

第三节　汽车服务市场组合策略

物质产品市场营销中的4PS策略在服务营销中仍然具有一定的适用性。

一、汽车服务产品策略

服务产品的决策直接影响和决定其他市场营销组合因素的管理。服务产品策略有以下特点：

1）尽可能多地为顾客提供服务的有形线索。由于服务是以行为方式存在的，使得消费者在接受服务前难以直观地感觉到某种服务。而消费者只有弄清了要买什么服务，为什么要买这种服务才会作出购买决策。因此，为了刺激顾客购买本企业服务的欲望，必须主动为顾客提供服务的有形线索。

2）做好服务商标的注册、保护和宣传工作。消费者除了根据一些有形线索来鉴别服务水平的高低外，还会根据服务的商标来判断服务的质量和可靠性。因此，争创品牌商标是有效的服务产品策略的一个重要方面。如天津一汽骆驼店就是我国汽车4S店的典范，它凭借优质服务和良好信誉赢得了汽车消费者的信赖，走进天津提起“骆驼店”人人皆知。

3）将提供的服务标准化。由于服务的对象和环境不尽相同，服务本身不断变化，因此提供标准化的服务难度很大。但服务企业若能将其提供的服务标准化，会很容易加快服务的发展。即使将所提供的服务部分标准化，也有利于服务企业自身的发展。

4）善于将提供的服务推陈出新。变化是服务行业永恒的主题，“顾客是上帝”是现代企业的经营宗旨。顾客的建议永远是服务企业最好的发展方向。勇于推陈出新，企业才会有新起色、新发展。

汽车销售企业主要通过两种途径引入新服务：

1）通过购买或特许经营的方式从外部获得。

2）企业自主进行新型服务内容的开发，如上海大众公司于2005年9月2～4日推出的“大众走近您，关爱零距离，汽车周末免费检测暨销售推广活动”、北京吉普公司推出的“零时有约”特色服务、福田公司推出的“金牌服务”特色服务以及一汽马自达公司推出的“全新管家”特色服务，都是汽车企业自主开发的新型服务内容。

二、汽车服务定价策略

服务定价在确定服务价值方面有重要意义，并且起到了树立服务形象的作用。因此，汽车服务企业必须重视定价在服务营销中的战略地位。

1. 服务定价的基本依据

按照价格理论，影响企业定价的因素主要有成本、需求和竞争三个方面。成本决定着产品价格的最低界限，如果价格低于成本，企业便无利可图；市场需求影响顾客对产品价值的认识，它决定着产品价格的上限；而市场竞争状况调节着价格在上限和下限之间不断波动并最终确定产品的市场价格。

（1）成本要素　对汽车服务产品来说，其成本可以分为固定成本、变动成本和准变动成本。固定成本指不随产出而变化的成本，在一定时期内表现为固定的量，如房租和正式员工的基本工资等。变动成本指随服务产出的变化而变化的成本，如业余职工的工资、电费等。准变动成本指介于固定成本和变动成本之间的那部分成本。它们既与顾客的数量有关，又与服务产品的数量有关，比如清洁费、加班费等。

（2）需求因素　在通常情况下，服务的价格与需求呈反比例关系：价格上升，需求量减少；价格下降；需求量增加。因此，汽车销售企业要科学定价，确定出最佳销售规模的合理价格。

服务的需求价格弹性是指因价格变动而相应引起需求量变动的比率，它反映了需求量变动对价格变动的敏感程度。需求弹性一般用需求价格弹性系数表示，需求价格弹性系数是服务需求变化百分比与价格变化百分比的比值，其计算公式为

$$需求价格弹性系数=需求量变动的百分比/价格变动的百分比$$

在一般的情况下，由于服务的需求量与价格呈反方向的变动关系，需求价格弹性系数为负数；但如果价格上升，导致某些服务的需求量也上升，则需求价格弹性系数为正值。在需求的价格弹性系数为负值的情况下，如果价格变动的百分比小于需求量变动的百分比，也即需求弹性系数的绝对值大于1，就说这种服务是有弹性的或富有弹性的。如果服务的需求量

变动的百分比小于价格变动的百分比，也即需求价格弹性系数的绝对值小于1，就说这种服务是缺乏弹性的。由于汽车产品具有很高的技术性和专业性，维修等服务只有专业人员才能进行，因此，相对而言汽车服务产品属于缺乏弹性的服务产品。

（3）竞争因素　市场竞争状况也直接影响着企业定价。汽车服务产品差异性较小，加之大量私人汽车服务店的存在，使得汽车服务市场竞争激烈。汽车销售企业在价格方面的活动余地就相应减小。为了取得竞争优势，企业必须做到“知己知彼”，充分分析竞争对手的服务成本、服务价格等方面的信息，制定相应的竞争策略。

2. 服务定价的方法

汽车销售企业在实践中常用的定价方法有：

（1）成本导向定价法　服务企业根据服务产品的营销成本，加上相应的利润目标来制定服务产品的销售价格。

（2）竞争导向定价法　竞争定价具体又有两种定价方法：

1）通行价格定价法，即以某种服务的市场通行价格作为本企业的价格。通行价格定价法有以下优点：①平均价格易于为人们接受；②避免与竞争者激烈竞争；③能为企业带来合理、适度的盈利。

2）进取型定价，即主动竞争型定价，目的是维持或增加市场占有率。

（3）声望定价法　它是指汽车销售企业根据其声望高低和市场定位目标来制定相应的价格水平。这种定价方法主要利用了服务产品的质量难以客观评价的特点和顾客相信价高质必优的心理特征。采取这种方法制定价格时，必须考虑本企业的知名度以及目标顾客所愿意支付的价格水平，避免把价格定得过高，导致失去市场份额。

（4）分等级定价法　分等级定价法是指企业把其服务分成若干个档次，给每个档次分别制定价格。这种定价方法可以从价格上反映出服务产品的质量差别，以满足不同档次消费者的需要。这种定价方法适于经营多档次汽车产品的汽车销售企业，如汽车超市。

三、汽车服务分销策略

汽车销售企业的分销策略主要体现在地理位置策略和中间商分销策略两个方面。

1. 汽车服务的地理位置策略

由于汽车服务经营企业必须与顾客直接接触，因此服务企业的地理位置非常重要。俗语云“一步差三市”，这种说法充分说明了地理位置的重要性。

汽车销售企业在选择设置地点时应注意两方面的问题：

1）地点设立应尽可能接近顾客，还要考虑同行竞争者的集中情况以及交通等便利条件。

2）在决定地点时，必须按“地域——地区——地点”的顺序考虑。先要对服务的销售地域、地区的现状和发展前景进行认真分析，选择地区发展前景好、地点的条件也优越的地理位置作为服务设置的地点。

汽车企业设置服务点常采用位置分散战略，即通过增设网点来扩大目标市场，增加市场机会，增强企业竞争力。

2. 中间商分销策略

汽车企业往往采用此种策略销售其产品，即通过经销商分销其产品。4S店销售模式就是分销策略的典型代表，但这种销售模式在我国发展得还不够成熟。2004年，由于对我国汽车市场估计不足，各大汽车厂商纷纷开设4S店，汽车4S店如雨后春笋般涌现出来，瞬间遍布中华大地，最终导致汽车“价格大战”，许多经销商血本无归。

四、汽车服务促销策略

促销策略的核心作用有两个：

1）对服务进行定位。

2）进行服务与其他关键市场的沟通。

促销可以增加服务的重要性，也可以增加有形性并帮助顾客对服务水平作出更好的评价。服务促销组合包括人员推销、广告宣传、营业推广、公共关系和口头传播等多种元素。在汽车服务营销活动中，最常用的促销策略是人员推销和广告宣传。

1. 人员推销策略

汽车服务企业的职工既是生产者又是推销员，他们是处理好与顾客关系的关键，也是推销服务产品最有效的途径。因此，训练和激励每个职工做好推销工作是服务企业服务促销决策的重点。在服务营销的背景下，对销售人员的主要指导原则有：

1）注重与顾客的个人关系。公司员工与顾客之间良好的个人接触，可以使双方相互满足和信任。企业不能仅以广告方式表达对顾客利益的重视，还必须通过市场上的销售人员兑现对顾客的承诺。

2）提供专业化服务。企业只有提供专业化的服务才能得到顾客的认可。这就要求销售人员不仅要有较高的业务素质，言行举止更要得体，争取给顾客留下“服务一流，业务专业”的良好印象。

3）提供多样化的销售服务。如果企业在提供核心服务的同时提供一系列辅助性服务，不仅会使企业获得更多的利益，还会使顾客采购变得简易、便利，如大多数4S店在售车的同时也代办牌照和保险。

4）树立企业的良好形象。有效的营销依赖于良好形象的创造与维持。公司树立的形象只有与顾客心中所期望的形象一致，才会赢得顾客的好感，受到顾客的欢迎。企业及员工的形象在很大程度上影响着现有顾客和潜在顾客的购买决策。

5）简化购买过程。顾客购车的程序一般较为复杂，简化购买过程既可以提高工作效率又可以使顾客在购车时身心愉悦，留下服务专业、优质的良好印象。比如，北京亚运村汽车交易市场，提供一站式的汽车销售服务，用最短的时间解决顾客购车的所有问题。

2. 广告宣传的原则和策略

广告是服务企业使用的非人格化沟通的主要形式之一，其作用是建立服务意识，增加顾客对服务的了解；目的是说服顾客购买服务。

（1）广告宣传的原则　服务广告不同于有形产品广告，要遵守以下几项原则：

1）信息明确。服务广告要求文字、图形简洁明了，准确传达所提供服务的领域、深度、质量和水准。但有些广告又必须作详尽的解释，过于冗长啰嗦则会干扰广告效果。因此，如何创造出简明精炼的言辞、贴切地把握服务内涵的丰富性和多样性，是服务广告首先要解决的难题。

2）强调服务利益。广告只有强调利益才能引起注意。但应注意所强调的利益应与顾客寻求的相一致，这就要求广告中所使用的利益诉求必须建立在充分了解顾客的基础上。

3）诚实守信。广告中只能承诺所能提供的和顾客能得到的服务。同时服务企业在现实中必须兑现承诺。在经济迅速发展的现代社会，伴随着物质利益的逐步满足，人们对“诚信”的呼声也越来越高，社会的健康发展需要“诚信”，失去“诚信”，企业也将无法立足。

4）提供有形线索。服务广告应尽可能使用有形线索作为提示，以增强人们对某项服务的联想记忆，如利用名人做广告。

5）发展广告的连续性。广告的连续性可以增强人们对广告内容的记忆，汽车企业在推出新车型时往往采取此种广告策略。

6）突出企业形象和个性。广告中要尽量对企业的经营状况、价值、所提供服务的特殊之处以及所开展的各项活动作简明扼要的介绍。

（2）广告宣传的策略　汽车服务企业的广告宣传一般采用以下两种策略：

1）形象化宣传策略。企业在提供服务时，尽可能多地使用有形的设备，加强形象的宣传，在“无形服务”之外，加上“有形服务”的陪衬，可以增强顾客对服务的信心。

2）企业形象宣传策略。汽车服务企业要重视自身形象的设计与宣传。企业本身的声誉可以反映出其服务水平，因此，良好的企业声誉可以增强顾客对其所提供服务的信心。

第四节　顾客满意战略

一、顾客满意战略的定义及意义

1. 顾客满意战略的定义

顾客满意战略就是通过对影响顾客满意度的因素进行分析，发现影响顾客满意度的因素、顾客满意度及顾客消费行为三者的关系，从而通过最优化成本有效地提升影响顾客满意度的关键因素，以改变消费者行为，建立和提升顾客忠诚度，减少顾客抱怨和顾客流失，增加重复性购买行为，创造良好的口碑，提升企业的竞争能力与盈利能力。这是一种经营管理战略。

2. 顾客满意战略的意义

据美国《财富》杂志对“全球500强企业”的跟踪调查，企业的顾客满意度指数同“经济增值”和“市场增值”呈明显的正比关系。企业的顾客满意度指数若每年提升一个点，则5年后该企业的平均资产收益率将提高11.33%。对汽车销售企业而言，“满足顾客的要求和期望”将取代追求质量合格或服务达标而成为企业所追求的最高目标。顾客满意战略对汽车销售企业的意义表现在以下几个方面：

（1）调整企业经营战略，提高经营绩效　通过实行顾客满意战略，可以使企业尽快适应从“卖方”市场向“买方”市场的转变，意识到顾客处于主导地位，确立“以顾客为关注焦点”的经营战略。在提高顾客满意度、追求顾客忠诚的过程中显著提高经营绩效。

（2）塑造新型企业文化，提升员工整体素质　通过实行顾客满意战略，对外可以使员工了解顾客对产品的需求和期望，了解竞争对手与本企业所处的地位，感受到顾客对产品或服务的不满和抱怨，这使员工更能融入企业文化氛围，增强责任感；对内可以使员工的需求和期望被企业管理层了解，可以建立更科学完善的激励机制和管理机制，以最大限度发挥员工的积极性和创造性。

（3）促进产品创新，利于产品/服务的持续改进　通过实行顾客满意战略，可以使企业明确产品或服务存在的急需解决的问题，并识别顾客隐含的、潜在的需求，利于产品或服务创新和持续改进。

(4) 增强企业竞争力 经营战略、企业文化和员工队伍的改善，创新机制的推进，可以显著增强汽车销售企业的适应能力和应变能力，提高市场经济体制下的竞争能力。

二、顾客满意度的衡量与实施

顾客满意度的衡量与实施过程分为三个主要步骤：了解顾客满意度的影响因素、获取顾客信息反馈以及制定维系顾客满意度计划，如图 11-4 所示。

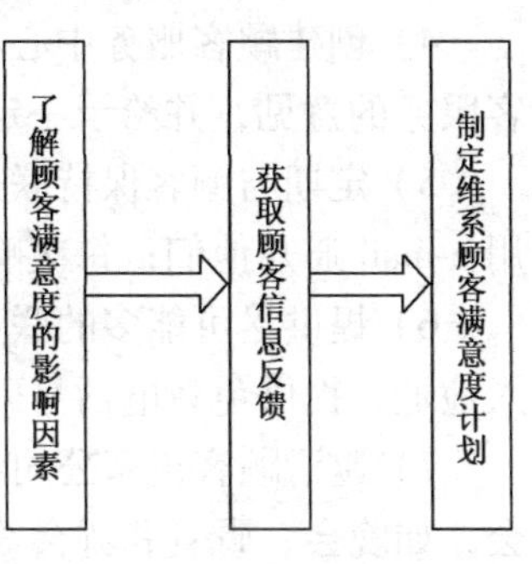

图 11-4 顾客满意度的衡量与实施过程

(一) 了解顾客满意度的影响因素

顾客满意度的影响因素很多，总体来说，主要包括服务质量、产品质量、产品价格以及条件因素和个人因素。其中，服务质量是由交互过程质量、服务环境质量和服务结果质量决定的；而基本的服务质量又可以用可靠性、响应度、可信度、热情度和有形性来衡量。这些因素之间的关系可以用图 11-5 来表示。

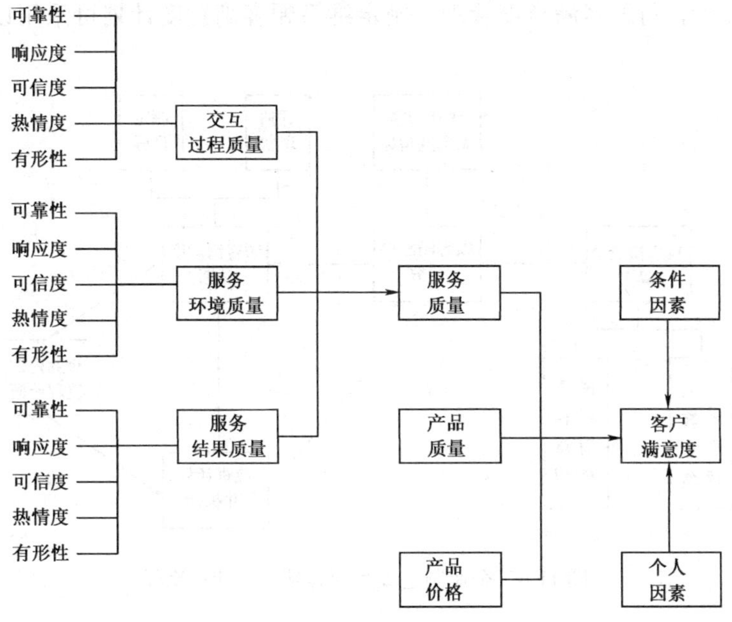

图 11-5 顾客满意度的影响因素模型

（二）获得顾客信息反馈

衡量顾客满意度的第二步是汇总有关产品或服务的现有性能的顾客反馈信息。汽车销售企业可通过以下七种方法取得顾客反馈信息：

1）定期采用调查表及问卷，可以用多种方式公布调查表，如发布在企业网站、电子刊物、新闻通讯、直邮资料以及放置在产品包装箱内等，也可以张贴在网上信息公告板、电子邮件讨论列表或新闻组中。

2）为顾客创建在线社区，包括聊天室、公告板和讨论组等，定期了解顾客对企业业务的谈论和看法。

3）为你的网站访问者提供免费的在线产品。这些产品可以是电子书籍、搜索引擎登记、

e-mail 咨询、网站设计等，作为回报，请他们填写一个关于你的网站、产品或服务和顾客服务等的简短的调查表。

4）创建顾客服务中心小组。邀请 10 ~ 12 个最忠诚的顾客定期会面，请他们提供改进顾客服务的意见，并给予一定的酬劳。

5）定期与顾客保持联系，为顾客订阅免费的电子刊物；询问顾客他的网站更新时是否用 e-mail 通知他们；每次购买之后，继续了解顾客对购买是否满意。

6）提供尽可能多的联系方式。把企业的 e-mail 地址作超级链接设置，以免顾客重新输入地址，提供免费电话号码和传真号码，这样方便顾客表达他们的意见。

7）邀请顾客出席公司会议、午宴，参观车间或参加讨论会。为顾客创造特别的参与机会，如晚会、野餐和舞会等，在这些活动中企业员工与顾客可以相互交流，得到对公司业务有价值的反馈信息。

（三）制定维系顾客满意度计划

汽车销售企业推行顾客满意度管理，制定维系顾客满意度计划可采用以下流程，如图 11-6 所示。

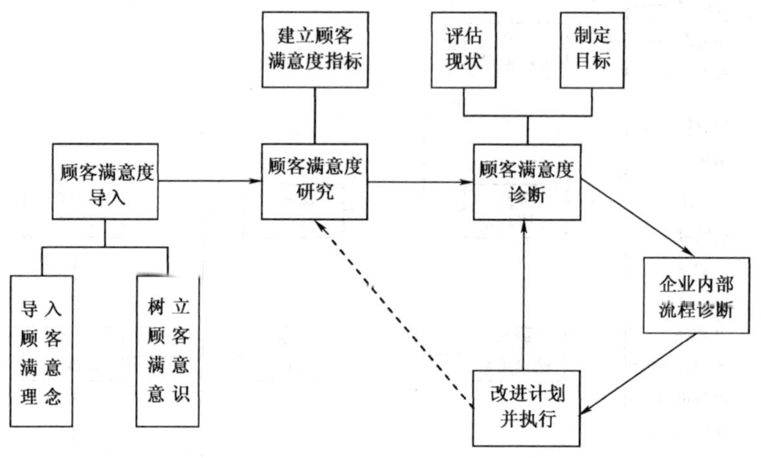

图 11-6　企业制定维系顾客满意度计划流程

1. 顾客满意度导入

汽车销售企业推行顾客满意度管理，首先需要导入顾客满意理念，引导员工树立顾客满意意识，建立以顾客为中心的服务理念。

需要注意的是，引入顾客满意需要在企业内部打破“顾客满意度管理是客户服务部的事情”的观念。顾客满意是企业全体员工的事情，是一种企业管理思想，不仅是客户服务思想。根据哈佛教授和其他咨询人员提出的“服务——赢利链”的模型（图 11-7）：首先，要让内部员工感到满意，这样才能充分保证企业为消费者提供的产品和服务是高质量的；其次，要保证企业的产品和服务的质量，这样才能使消费者感到满意，才能使顾客成为企业长期的、忠诚的顾客；再次，顾客的满意和忠诚能使企业获得满意的利润和增长；最后，企业既获得满意的利润和增长又为吸引员工、增加员工的自豪感和获得晋升机会提供了一定的保障，从而促使员工满意和忠诚。这样就形成了一个良性的循环。

由此可见，企业要有效推行顾客满意度管理，必须从企业的每一个员工包括董事会与各个职能部门一起共同来推行，共同树立为顾客（服务外部顾客与内部顾客）服务的思想。

汽车销售企业通常可以通过外部机构培训、组织内部讨论、领导人推介来导入顾客满意意识，促使企业员工了解、认识什么是顾客满意，顾客满意的作用与推行顾客满意度管理的意义，从而在企业员工心目中有效地树立“以顾客为中心”的管理理念。

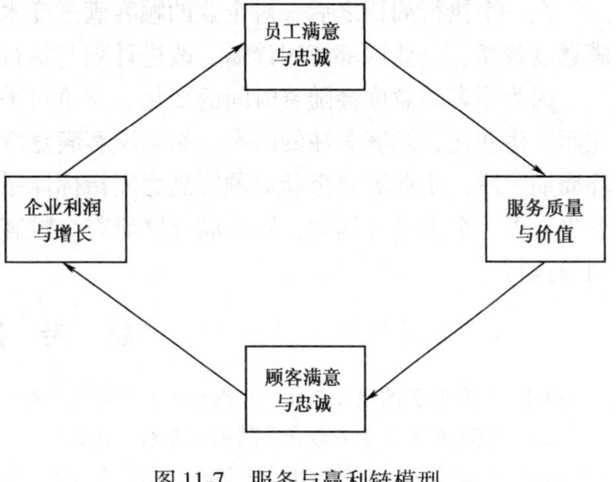

图 11-7　服务与赢利链模型

2. 顾客满意度研究

在企业员工认识到推行顾客满意度管理的重要性和必要性后，企业需要进一步认识、了解影响顾客满意度的主要因素，并建立顾客满意度指标的评价体系。

汽车销售企业可以自己进行顾客满意度研究，设立顾客满意度评价体系，也可以委托一个专业的研究机构进行顾客满意度评价体系的研究。

3. 顾客满意度诊断

顾客满意度诊断分为以下两步：

（1）评价现状　对应顾客满意度评价体系，客观评价目前企业的顾客满意度水平。同时对应同行业企业的情况，尤其是主要的竞争对手，了解顾客满意度水平在行业中的地位，从而了解企业需要迫切提高和解决的问题，为顾客满意度管理的目标打下坚实的基础。

为了全面客观地了解和评价目前的顾客满意度水平，除了采用上述的顾客满意度指标体系进行衡量之外，还有必要设立一些辅助评价指标作为参考的依据，如顾客的推荐度、品牌的转换率等。

（2）制定目标　在建立顾客满意度评价指标和客观评价企业的顾客满意度水平后，参照竞争对手的实际水平、顾客的需求与产业发展的基础，制定顾客满意度的目标。

4. 企业内部流程诊断

在制定了顾客满意度目标之后，首先企业需要检测自己的企业流程，是否是以方便顾客、更好地服务顾客为目的的。在以“更好地服务顾客，一切为顾客服务”的指导原则下展开内部检测，找出不符合顾客满意度管理的流程。

进行内部检测经常采用神秘顾客法（主要是与外部顾客相关的流程），轮岗/换岗法，内部讨论法等。

5. 改进计划与执行

在确定了顾客满意度的目标和进行了企业内部流程的诊断后，制定企业的改进方案，并组织企业员工实行。在组织实施计划的过程中，一般需要按 PDCA 程序执行：P（Plan）——计划；D（Do）——执行；C（Check）——检查；A（Action）——行动，对总结检查的结果进行处理；对成功的经验加以肯定并适当推广、标准化；对失败的教训加以总结；未解决的问题放到下一个 PDCA 循环里。以上四个过程不是运行一次就结束，而是周而复始地运行，一个循环完了，解决一些问题，未解决的问题进入下一个循环，这样阶梯式上升的。

在一个执行周期之后，对企业的顾客满意度水平进行重检测量和评价，进入下一个顾客满意度诊断、企业内部流程诊断、改进计划与执行的循环。

因为顾客满意度会随着时间的变化、竞争对手的变化、产业的变化、人民生活水平的变化而发生变化，顾客关注的因素、影响顾客满意度的因素也会随之改变。因此，在若干个循环周期之后，企业需要重新对顾客满意度指标体系进行研究：是否需要调整，如何调整；接着进入下一个大循环周期：顾客满意度研究、顾客满意度诊断、企业内部流程诊断、改进计划与执行。

思 考 题

11-1　汽车服务的定义是什么？汽车服务有哪些特征？

11-2　汽车服务质量的概念及其构成要素是什么？

11-3　汽车服务质量的差距主要体现在哪几个方面？应分别采取怎样的措施加以消除？

11-4　试简要分析汽车服务的 4P 策略。

11-5　顾客满意战略对汽车企业有何重要意义？

11-6　试结合某一汽车企业具体分析顾客满意战略的实施过程。

第十二章　汽车营销实务

第一节　4S店汽车营销

汽车4S店是指将四项功能集于一体的汽车销售服务企业，它包括汽车的整车销售（Sale）、零配件供应（Spare part）、售后服务（Service）和信息反馈（Survey）等业务。汽车4S店作为一种整体服务方式，是于1999年以后传入我国的，这种方式现在越来越受到客户和经销商的青睐。

一、整车销售

整车销售是汽车营销工作的核心，是汽车销售公司的基本职责。在销售工作中，要尽最大努力使客户感到满意，这样才能发展出忠实的客户，开发客户在此再次购买汽车的潜力，并创造稳定的收入。4S店拥有的忠实客户越多，销售成本就越低；忠实客户将成为经销商生存的基础，不断发展忠实客户将是事业发展的基础。据统计，满意的客户将会把他对产品的满意传达给3个熟人，不满意的客户会把他对产品的不满意传达给10个以上的熟人。因此，要热忱为顾客服务，不能不负责任地把汽车产品塞给用户，甚至欺骗和蒙蔽用户。在取得合理的经济效益的同时，也应取得很好的社会效益。

整车销售一般包括：进货、验车、运输、储存、定价、促销和销售等环节。

1. 进货

进货就是汽车销售公司通过某种渠道获得销售所需的商品汽车。一般来讲，第一手货源，也就是直接从生产厂或生产厂主管的汽车销售公司进货，进价较低。因此，最好要减少商品车的中间流通环节，把从工厂直接进货作为主渠道。除从生产厂进货外，也可发展横向联系，从各地的汽车销售公司进货，这就是第二手货源或第三手货源。商品转手的次数越多，一般而言价格就越高，但这要根据本公司的具体情况，如地理位置、运输成本、与厂家和其他进货商的合作关系等，具体情况具体分析，其原则就是要控制商品车的进货价格。

另外，销售部门必须在头一年年底或当年年初，由整车销售部门根据市场信息和顾客的需求，编制《汽车年度销售计划》，经总经理批准后进行采购。同年每月根据年度计划和实际情况制定下个月的订车计划单。

进货订货时，供应和销售双方在充分协商的基础上，最后签订供货合同。双方应履行合同条款的各项规定，按合同办事。

2. 验车

销售公司根据合同票据规定的时间，计算车辆到达时间，做好接车的准备工作。

新车的运输如果是专业运输商负责运到本公司，销售部在接车过程中要严格按照相应《车辆发运交接单》的内容进行检查。运输商确认后，双方在《车辆发运交接单》上签字认可。检查出的在运输过程中产生的问题，应由运输商负责修复或承担全部费用。

销售公司对供货方所提供的商品车进行检查和验收的工作，一般要由服务部门完成。因为服务部门的专门人员熟悉汽车技术，有经验。验收的核心问题是：对于第一手货源，检查质量是否有问题；对于第二手货源或第三手货源，主要辨别是真货还是假货，是新车还是旧车，质量有无问题，防止上当受骗。对商品车主要做好以下各项验收工作：

1）核对发动机号、底盘号与合格证是否一致。

2）检查备胎、随车工具是否齐全。

3）检查随车附件、文件是否相符并齐全。

4）检查全车漆面是否有损伤。

5）检查四门及前后玻璃是否完好。

6）检查各种灯罩是否完好。

7）检查轮胎、轮辋是否完好、统一、紧固。

现在世界各国的汽车公司生产的汽车大都使用了 VIN（Vehicle Identification Number），车辆识别代号编码。“VIN 车辆识别代号编码”由一组英文字母和阿拉伯数字组成，共 17 位，所以又称 17 位识别代号编码，它是识别一辆汽车不可缺少的工具。按照识别代号编码的顺序，从 VIN 中可以识别出该车的生产国别、制造公司或生产厂家、车的类型、品牌名称、车型系列、车身型式、发动机型号、车型年款、安全防护装置的型号、检验数字、装配工厂名称和出厂顺序号码等。在汽车验收时要特别注意。

另外，还应核对说明书、维修卡等文档材料。若从第二货源或第三货源进货，还应逐车验收。验车应严格按有关手续进行，检查合格后，将商品车入库保管，填写相关商品车交接验收单据，并请发运人员签字。

3. 运输

汽车从货源地运到销售公司所在地即为车辆的运输。所用方法根据路途远近和具体情况，可以是委托生产厂订铁路运输的车皮，并帮助发货；也有委托当地储运公司把商品车提出后，由储运公司订车皮，发货；此外，还有由生产厂派驾驶员或自雇驾驶员通过公路长途运送；还可以用汽车专用运输车辆，一次可装运 4 ~6 辆整车，经公路运抵目的地。

无论采用哪种方式运输都要上保险，以防在运输途中出现问题，造成不必要的损失。

4. 储存

在储存移送车辆时，注意采用合适的方法搬运移动，防止因振动、磕碰、划伤而造成车辆损坏，销售部接车后负责将车辆清洗干净，由仓库保管员将待售商品车驶入规定的区域有序停放。商品车入库后，售出前的这一段时间为仓库保管期。这一期间应精心保管，防止意外情况的发生。储存时，要做好维护保养工作，避免风吹、日晒和雨淋；定期检查，防止蓄电池失效。若保存期较长，则对某些部件还要作防锈养护。冬天要注意放水防冻。

定期维护商品车，保证商品车处于最佳状态，可随时提出进行销售；在移动商品车过程中，应保证两人参与，确保商品车不受损伤；商品车按“先入先出”的原则排列有序，钥匙按次序放好，以便准确、及时地开启调出车辆。

汽车销售过程中若发现质量问题，经验证确实需要索赔时，应积极按照相关索赔管理的规定程序进行索赔。

要及时、准确编制商品车入库单。自己无储运仓库，则要租借储运仓库储存。事先要订好储存合同，预先约法三章，防止以旧换新、以假乱真，或动用商品车跑运输赚钱，或搞其他运输工作。

5. 定价

一般销售单位的汽车销售价常用下式表示

汽车销售价 = 进货价 + 商品流通费 + 销售利润

商品流通费包括营销费用、管理费用和财务费用等。销售利润根据市场情况有很大波动，畅销时偏高，滞销时较低。

6. 销售

汽车销售有零售交易和批发交易两种：

(1) 零售交易　零售交易多为个人购车，要凭个人居民身份证，并要作一些项目的登记，以便联系。零售交易也有单位购车的，要凭单位介绍信，并留下作凭证。单位购车一般使用汇票，本市可使用支票。用支票一般都要交银行查验，并在划拨车款后才能提车，以防支票有假或为废票。

(2) 批发交易　进行批发交易时，客户必须有汽车营销许可证，应查验客户的营业执照，签订好合同，在合同中明确交易的车型、数量、价格、交货期、交货方式和付款方式等有关内容。这里要坚守一条，收款后方可交车，以避免不轨行为和“三角债”。

销售公司实施分期付款的方式销售车辆的初期，由于保障制度、手续等方面还不很严密，个别不法之徒就钻了空子，把车提走后转手销售，携款潜逃，销售公司因此而蒙受了损失。目前，已有了规范的制度和保障措施，这种销售汽车的方式已在全国各地开展，为汽车销售创造了很好的条件。通过分期付款的方式销售车辆，已经成为汽车销售领域一项重要的销售形式和手段。它能够促使潜在客户转变为现实客户，提高销售量，为公司创造更大的经济效益。对需要分期付款购车的客户，销售顾问要为其详细讲解有关分期购车的利与弊；为其计算首付款、月还款；解释有关保证保险、律师费、验车费等全部费用的缴纳情况。客户在销售部认可报价并选定车辆后，由销售顾问带其到客户服务部办理后续贷款手续。

二、零配件供应

零配件供应是搞好售后服务的物质基础。首先应保证汽车保质期内的零、部件供应，其次应保证修理用件。生产厂对零、部件的生产量，要超出整车生产量的20%，以满足各维修部及配件商店的供应。配件定价要合理，按物价部门的规定定价，不得在配件供应紧张时涨价，借机捞取不义之财。

三、售后服务

售后服务包括以下两大部分：

1）客户付清车款之后销售服务店帮助办理上路之前各种手续的有偿或无偿服务。

2）汽车在使用中的维修和维护保养服务。4S店中的售后服务更侧重于后者。因为汽车除价位较高外，还是一种高技术性产品，一般人较难全面了解和掌握。因此，售后服务就成了汽车营销过程中的一个重要环节，也是4S汽车销售服务店利润的主要来源。

汽车是一种高附加手续费用的商品。客户付清车款之后到上路之前，还须办理其他各种手续。为了方便客户，各汽车销售服务公司实行一条龙服务，代办各种手续。4S汽车销售服务店要把好诚信关，加强对其员工的管理，不能让一些“车虫”有机可乘，利用顾客不懂程序怕麻烦的弱点，在办此类手续或贷款等手续的过程中欺骗客户，获取不义之财。

通常客户付清车款之后到上路之前要办理的手续（以北京市为例）主要有：工商验证、办理移动证、缴纳附加税、上保险、验车、领取车牌照、缴纳养路费、领取正式行车执照以及缴纳车（船）使用税共九项。

（1）工商验证　付了购车款之后，带好购车发票到市工商局所属的机动车市场管理所办理验证手续，并加盖验证章。进口车还需交验由经销商提供的海关货物进口证明或罚没证明书及相关申领牌照手续。

（2）办理移动证　没有牌照的车辆是不能上路的，因此，验证之后本地居民还得到当地交通大队（或其驻场代办处）办理车辆移动证，出京车辆则须先到检验场验车并办理临时牌照方准许上路。

（3）缴纳附加税　汽车为高档消费品，因此，还必须到交通部门指定的车辆购置附加税征稽管理处缴纳购置附加税。一般国产车购置附加税的计算公式为：购置附加税 = ［购车款/（1 + 17%）］×10%。进口车为售车价的10%。

（4）上保险　汽车出事概率较高，容易给他人带来危害。因此，购买新车必须承保第三者责任险，这是国家的强制保险。另外，各家保险公司开办的车辆保险的险种很多，客户可在保险公司或市场内、4S销售服务店的保险代办处缴纳保费。4S销售服务店代办保险可以从保险公司收取一定的提成。

（5）验车　新车须经车辆检测场检验合格才能领牌。验车场由车管所指定。检验合格后填发由驻场民警签字的机动车登记表。验车时须带齐所需证件：车主身份证、车辆合格证；进口车还需出示商检书、进口单和车管所核发的准验单。有的车如捷达、桑塔纳、富康、夏利和奥拓等，已列入环保目录并已大批量生产的轿车，属于免检车辆。

（6）领取车牌照　以上程序完成后，就可到指定的车管所领牌。领牌需带以下证件：购车发票、车辆合格证、身份证及以上三项的复印件、保险单、购置附加税证、验车合格的机动车登记表。单位购车还须带上法人代码，并须在机动车登记表上加盖单位公章。诸证齐备方可领取车牌照、临时行车执照和检字牌。私车牌证须车主本人亲自前往，他人不得代领。

（7）缴纳养路费　以上手续办完后，到车主所在地养路费征稽处缴纳养路费。

（8）领取正式行车执照　准备新车照片两张，凭照片、临时行车执照、备案卡和养路费凭证到换牌照的车管所换正式行车执照；再到附加费征稽处建档，并在附加费证上加盖已建档戳记。

（9）缴纳车（船）使用税　在地税务局（或购车时在其驻场代征处）缴纳车（船）使用税及印花税，领取税字牌。这样就办好了所有手续，汽车可以上路了。

面对以上较为繁琐的手续，4S汽车销售服务店应该作好提车后的各种代办服务，使客户乘兴而来，满意而归。

客户在汽车使用过程中，还会出现这样那样的问题或故障，4S汽车销售服务店售后服务着重在维修服务的任务上。维修服务不仅要在质量保证期内作好服务，而且还应在质量保证期外做好维修工作。当客户需要时，迅速到达服务现场，为客户解决问题。主动走访客户，跟踪服务。现在很多4S汽车销售服务店开展了救援服务，一旦客户的车辆坏在路上，一个电话，维修救援人员就会尽快赶到，解顾客之所急。这样的售后服务更能体现出人文关怀，也只有这样周到的服务，才能够培养出忠实的客户，才能获取源源不断的利润。

4S汽车销售服务店应该不断开展技术培训，对用户的驾驶技术和维修人员的技术进行培训，以提高有关人员的使用、维修技术水平。

4S 汽车销售服务店的销售顾问在车辆售出后，要将客户车辆第一次进行维护保养的预约情况通知售后服务部，以编制首保计划。销售顾问还要协助接待首保的顾客，及时将客户档案资料移交售后服务部门，以便提供后续服务。

四、信息反馈

信息反馈主要是指4S 汽车销售服务店的工作人员向汽车制造企业反馈汽车各方面的信息。因为汽车整车销售、零配件供应、售后服务人员整天与客户打交道，了解车辆的实际情况，对汽车投放市场后的质量、性能、价位、客户评价和满意程度以及与其他车辆对比的优势和劣势都了如指掌。搜集这些信息，并及时反馈给制造企业的产品设计部门、质量管理部门、制造工艺的设计部门以及企业的决策领导层，对提高产品质量，开发适销对路的新产品，提高市场占有率等都有重要意义。

此外，4S 汽车销售服务店的工作人员作为桥梁，要将汽车制造企业和销售公司、本品牌车辆的最新信息、促销和活动开展等等情况反馈给消费者。这对提高服务质量，进一步开拓市场是十分有用的。

第二节　汽车销售的基本法则和技巧

一、汽车销售的基本法则

销售公司要告诫每一个员工：利润来源于客户的满意度。客户满意度越高，获得或即将获得的利润就越高。因此，销售服务店全体人员时刻要为赢得客户的满意而努力，以把每件事都尽可能做到尽善尽美为宗旨，为客户提供高质量的服务。

1. 销售过程中的基本法则

为了赢得客户的满意，在汽车的销售过程中应注意做到以下几点：

1）第一次就将工作做好。第一印象很重要，对初次打交道的客户要认真并竭尽全力地对待。

2）要有控制问题的能力。

3）要有积极主动而自信的心态。

4）按客户的要求去做并尽量做得更好。

5）不要轻易放弃任何一个客户。

6）解决问题时，应注意团队智慧和经验，发扬集体协作的精神，寻求解决问题的最佳方案。

7）不要只是被动地应付问题，要能够预计问题的发生。

8）做好每一件事，都需要一定的程序，按部就班，有条不紊。

9）客户来到展厅不久即受到礼貌的欢迎和问候，并说明如果客户需要，展厅内有销售顾问可以为客户提供帮助。

10）表现出对客户的兴趣，倾听客户的谈话，建立起咨询关系，以确定客户的要求；对每一个客户都应尽量提供一次试驾的机会。

11）保证客户得到了全面的解答，以及愉快的没有压力的购买经历。

12）使用一份交车清单，销售顾问在商定的日期把车完好地交给客户。

13）销售顾问把客户介绍给维修和配件人员。

14）对每一个购买了汽车的客户，销售顾问应在客户购买后一周之内与他们联系，以保证客户完全满意。

2. 售后服务中的基本法则

售后服务应该遵循的基本法则如下：

1）对保养及维修服务提供方便的预约。

2）提供周到的服务（运输服务、休息室、24h 急救服务等）。

3）客户来到维修部门即开始接待程序，并在开始进行保养及维修工作之前对汽车进行检查。尽量同客户一起检查。

4）认真确定维修项目，按照维修顺序作准确记录，正式及礼貌地向客户说明将要进行的工作。在开始维修工作之前，向客户提供一份估价单。

5）尽快开始汽车的维修工作。

6）在商定的时间将汽车准备好。

7）保证客户得到有关维修工作和费用的详细解释。

8）在保养或维修工作完成后的一周内主动与客户联系，保证客户完全满意。

二、汽车销售的基本技巧

1. 埃达（AIDA）销售技巧

AIDA 即注意（Attention）、兴趣（Interest）、欲望（Desire）和行动（Action）。

1）“注意”就是向客户展示汽车或汽车的宣传资料，让客户触摸或试驾，以引起客户的注意。

2）“兴趣”就是介绍宣传该品牌汽车的特性、优点及好处，列举其他客户购买的例子等，以提高客户的兴趣。

3）“欲望”就是强调产品如何适合客户的独特要求，强调产品的畅销程度，强调产品品牌的知名度等，以激发客户的购买欲望。

4）“行动”就是主动询问客户需要哪种款式、颜色的汽车，主动介绍其配套产品，以确定购买行动。

2. 埃德玛思（AIDMAS）销售技巧

AIDMAS 即注意（Attention）、兴趣（Interest）、欲望（Desire）、记忆（Memory）、行动（Action）和满意（Satisfaction）。

1）“注意”就是向客户展示汽车或汽车的宣传资料，让客户触摸或试驾，以引起客户的注意。

2）“兴趣”就是介绍宣传该品牌汽车的特性、优点及好处，列举其他客户购买的例子等，以提高客户的兴趣。

3）“欲望”就是强调产品如何适合客户的独特要求，强调产品的畅销程度，强调产品品牌的知名度等，以激发客户的购买欲望。

4）“记忆”就是通过展示车辆、各种宣传促销手段等，在客户脑海中留下深刻的记忆。

5）“行动”就是主动询问客户需要哪种款式、颜色的汽车，主动介绍其配套产品，以确定购买行动。

6）“满意”就是在客户购车之后为其提供配套的跟踪服务，如代办手续、维护修理服务等，以确保顾客满意。

第三节　汽车营销业务流程

汽车营销业务流程包含汽车销售流程和汽车服务流程两方面的内容。其中，汽车销售流程共分9步，分别为：客户开发、接待、咨询、车辆介绍、试驾、协商、成交、交车、跟踪；汽车服务流程共分10步，分别为：预约、接待、咨询、派工、诊断、客户认可追加项目、维修、质检、交车以及跟踪。

一、汽车销售流程

1. 客户开发

客户是汽车企业生存的基础，因此，汽车销售流程应从客户开发开始。客户开发是指汽车销售企业通过广告宣传等方式培养潜在客户，使潜在客户转变为现实客户，以及从竞争对手那里吸引新客户的过程。对于潜在客户的开发，最重要的是通过了解潜在客户的购买需求来和他建立一种良好的关系。当销售人员确认关系建立后，就可以对潜在客户进行邀约了。

2. 接待

销售人员接待客户时要为客户树立一个正面的第一印象。由于客户通常预先对购车经历抱有负面的想法，因此殷勤有礼的专业人员的接待将会消除客户的负面情绪，为购买经历设定一种愉快和满意的基调。

若是接答电话，则应注意这样几点：礼貌而友好、不打断对方、需要了解对方的问题时做到简洁有效。若是接待来访客户，则销售人员在客户一到来时即应以微笑迎接，即使正忙于帮助其他客户时也应如此，避免客户因无人理睬而心情不畅。这是因为客户往往会有这样的期望"我想销售人员在我走进展厅时至少会给我一个招呼"；"我不希望在参观展厅时销售人员老是在我身旁走来走去，如果有问题我会问销售人员"。因此，销售人员在迎接客户后就应立刻询问能提供什么帮助，了解客户来访的目的，并进一步消除其疑虑不安的情绪，同时注意不要多位销售人员毫无意义地围着一名客户。这样，由于客户消除了疑虑，就会在展厅停留更长时间，销售人员也就有更多的时间与他交谈。

3. 咨询

客户在进行咨询时会有这样的期望"我希望销售人员是诚实可信的，并能听取我的需求和提供给我所需要的信息"；"我希望销售人员能帮助我选择适合我的车，因为这是我的第一部新车"。因此，销售人员提供咨询服务的重点是建立客户对销售人员及经销商的信心。对销售人员的信赖会使客户感到放松，并畅所欲言地说出他的需求，这是销售人员和经销商在咨询步骤通过建立客户信任所能获得的最重要的利益。

当客户咨询时，销售人员应仔细倾听客户的需求，让他随意发表意见，而不要试图去说服他买某辆车。如果销售人员采取压迫的方法，将使客户对你失去信任。销售人员应了解客户的需求和愿望，并用自己的话重复一遍，以使客户相信他所说的话已被销售人员所理解。这样，由于客户对销售人员的信任，他会畅所欲言地道出购车动机，这使销售人员更容易确定所要推荐的车型，客户也会更愿意听取销售人员的推荐。

4. 车辆介绍

销售人员进行车辆介绍时，应该有的放矢，针对客户真正的需求，针对销售卖点，以建立客户的信任感。销售人员必须通过传达直接针对客户需求和购买动机的相关产品特性，帮助客户了解一辆车是如何符合其需求的，只有这时客户才会认识其价值。在车辆介绍过程中，要坚决避免以下情况：夸夸其谈，说得太多；夸大其词，过分吹嘘；提供毫无根据的比较信息，一味贬低他人；不能解答客户提出的问题；强调客户不感兴趣的方面等。

介绍车辆的方法有以下三种：

（1）六方位介绍法　从车辆前部、发动机室、乘客一侧、后部、驾驶员一侧、内部六个方位依序介绍，突出各角度的卖点。在介绍时细心观察和回应客户，以适合并突出客户的兴趣点。

（2）目录介绍法　按照说明书的介绍，口语化、按部就班地介绍汽车。这种方法更适用于拜访客户时使用。

（3）问题对应法　客户提出问题，销售人员进行有针对性的回答。

5. 试驾

试驾是很好的展示车辆的方式，可以让汽车自己推销自己，客户可以通过试驾获得有关车的第一手资料。在试驾前，应确保车辆整洁、工作正常且燃油充足，办好路上所需的保险和执照。试驾客户必须有驾驶证，并签试驾协议以确保安全。试驾时间一般以 20 ~ 30min 为宜。在试驾过程中，销售人员应让客户集中精神对车进行体验，避免多说话。销售人员应针对客户的需求和购买动机进行解释说明，以建立客户的信任感。

6. 协商

汽车交易过程中协商的目的是为了最终达成交易，因此，不管是批发还是零售，双方都要在平等互利、协商一致、互谅互让的原则下进行。为了避免在协商阶段引起客户的疑虑，对销售人员来说，重要的是要使客户感到他已了解到所有必要的信息并控制着这个重要步骤。如果销售人员已明了客户在价格和其他条件上的要求，然后提出销售议案，那么客户将会感到他是在和一位诚实和值得信赖的销售人员打交道，会全盘考虑到他的财务需求和关心的问题。

价格协商是协商过程的重要一环，销售人员在与客户进行价格协商时应注意以下问题：一般在解释完车辆的所有配置、装备、附赠品之后确定协商的价格，也可以在价格僵持的过程中为了促成交易略施小惠，如赠送小礼品等；销售人员应向客户解释汽车总价的具体构成，以使客户明了，并有实惠之感；价格清单务必要书写清楚；除非有促销活动的安排，否则销售人员不应主动提及价格优惠；销售人员应充分利用和执行价格权限，特殊情况要上报销售经理；价格谈判应在小会议室进行，以避免影响其他客户。

7. 成交

在成交过程中，重要的是要让客户采取主动，并保证客户有充分的时间作决定，同时加强客户的信心。这时，销售人员应对客户的购买信号保持敏感，一个双方均感满意的协议将为交车铺平道路。

8. 交车

交车过程是令客户感到兴奋的时刻，如果汽车经销商可以使客户有愉快的交车体验，那么就为发展经销商与客户的长期关系奠定了积极的基础。在交车时，客户一般会期望“我的新车能按时交货”；“我需要有足够的时间和帮助来了解我必须了解的有关操作与维护的全部问题”。因此，销售人员必须按约定的日期和时间交车，万一有延误必须和客户联系以避免使客户感到不快。销售人员还应确保交车时服务经理或服务顾问在场，这是为了方便客户了解有关售后服务的问题，同时这也是客户和经销商之间长期关系的起点。这样，客户在感到满意的同时，又增强了他对经销商的信任感，更愿意为经销商介绍其他客户，而且客户还可能和服务部门就未来服务和购买零件等问题进行联系，因为他已和服务部门建立了关系。

9. 跟踪

客户在交车后会有这样的期望“我希望在我离开之后仍能感受到经销商对我的关心”。因此，在交车后，参与该次交车的服务经理或服务顾问应核实客户的联系方式，在两天之内与客户进行联系，询问他对车是否满意。对客户进行跟踪的要点是在客户购买新车与第一次维修服务之间继续促进双方的关系，以保证客户会返回经销商处进行第一次维护保养。新车出售后对客户的跟踪是联系客户与服务部门的桥梁，因而是十分重要的，汽车企业服务部门应该充分重视这项工作。如果客户和经销商建立了良好的关系，他就更有可能介绍别的客户，或再次购买；由于客户自己认识服务部门的人员，因此他就更有可能回来进行维护服务或购买零件，这就为汽车销售企业的生存与发展奠定了良好的基础。

二、汽车服务流程

1. 预约

预约指客户需要某一项或几项汽车服务时，提前与汽车企业服务部门就时间等进行约定。有效的预约系统能使客户容易在其方便的时候获得服务，也可最大限度减少客户在接受服务时等待的时间。服务部门安排预约时，要尽量避开峰值时间，以便使服务接待有更多的时间与客户接触。预约可以消除客户的疑虑，让他了解将会受到怎样的接待。

2. 接待

在客户来访的最初时刻，最重要的是使他放心。服务接待在客户到来时应报以微笑，以缓解客户的不安情绪，这能让服务接待人员更容易地与客户进行交流并理解其要求。

3. 咨询

这是整个服务流程中最重要的步骤之一，服务接待人员可利用这一机会建立客户对服务人员和服务部门的信心。客户在接受服务前会有这样的期望“我希望有人能仔细倾听我的描述，并了解我目前所面临的问题”；“我想知道这究竟需要多少钱，以及为什么这是物超所值的”。因此，服务接待人员首先要通过表现乐于助人、待人真诚的职业素质，传达为其提供所需服务的意愿以及给予客户所希望的个人关注来赢得客户的信任。具体地说，服务接待人员应仔细倾听客户的需求，并按照客户所述如实填写“维修工单”。“维修工单”必须让客户过目，确认所要执行的工作，以消除客户的疑虑。服务接待还应提供维修费用和完工时间方面的信息。这有助于消除客户的疑虑和不安，并能让他更坦率。一旦客户的疑虑被消除，他将会更坦率地描述他及其车辆所遇到的问题；对客户需求的了解将使服务站一次修复车辆；消除客户的疑虑，也可避免交车时引起客户不安，因为他已了解了维修工作和价格。

4. 派工

派工是指汽车企业指派专业人员对客户车辆进行诊断、维修等工作。这是企业内部流程，一般不与客户直接接触。

5. 诊断

诊断是指汽车企业专业人员对客户车辆所发生的故障进行分析、判断。这是企业内部流程，一般不与客户直接接触。

6. 客户认可追加项目

在诊断和维修步骤中，有时可能会发现一些出乎意料的追加服务项目。发生这种情况时，服务接待人员需和客户联系，讨论对所要执行的工作和交车时间的改动。服务接待人员此时应表现出诚挚、坦率和真诚的态度，以使客户确信这一追加工作是必需的，避免客户产生疑虑。

7. 维修

维修是指汽车企业专业人员根据故障诊断结果对客户车辆进行排除故障的处理。这是企业内部流程，一般不与客户直接接触。

8. 质检

质检是指汽车企业专业人员对维修结果进行质量检测，以确保客户车辆所发生的故障已被排除且不存在其他故障和隐患。这是企业内部流程，一般不与客户直接接触。

9. 交车

客户在取车前会有这样的期望“我希望我所确定的服务和维修工作能按预定日期完成”；“我希望知道对我的车做了一些什么工作，并用我所能理解的语言解释其原因”。因此，服务接待人员必须在约定的日期和时间交车，万一有延误，必须提前和客户联系。服务接待人员应以客户能理解的词语向其说明所做的服务和维修工作，说明全部的工时费、零件费以及总费用，还应询问客户是否需要详细解释零件和工时费用。同时，为了确保和客户的长期关系，汽车企业服务人员应在交车步骤中紧密合作，确保交车所需的全部信息与文件完全准备好，客户车辆的车况良好，以及客户对交车经历和他在服务流程中所获得的接待感到完全满意。同理，一旦客户感到他与经销商已建立长期关系，就会更愿意介绍新客户；如果客户对所做的工作感到满意，就更可能再回来进行维修和购买零部件。

10. 跟踪

在取车后，客户还会有这样的期望“我希望他们把我作为一位有价值的客户对待”；“我想知道我要向谁表达满意或不满”。因此，服务接待人员应在交车后两天之内与客户联系，确认客户对维修服务是否满意，应将解决客户关切和投诉的问题作为首要工作。这样做的目的在于促进与客户关系的持续发展。客户关系发展是否顺利，对于经销商的稳健经营至关重要，这关系到客户是否愿意回来寻求以后的维修服务和购买零部件，以及是否愿意介绍新客户。跟踪可保证双方关系的发展，同时服务部门也能借此确认一些难以发现的客户服务问题。只要经销商反应快速又可信赖，即使客户有某些抱怨或担忧，双方关系的持续发展仍是有保证的。

从上述对汽车营销业务流程的分析和介绍可以看出，汽车营销业务的每一步都是紧紧围绕客户满意进行的，也只有当汽车企业所提供的产品和服务能够得到客户的认可，赢得客户的满意时，汽车企业才能继续生存，才能获得更大的发展空间。

第四节　客户管理战略

客户管理战略是一种以“客户关系一对一理论”为基础，旨在改善企业与客户之间关系的新型管理机制。“客户关系一对一理论”认为，每个客户的需求是不同的，每个客户对企业的价值也是不同的，只有尽可能地满足每个客户的特殊需求，特别是满足重要客户的特殊需求，企业可与每个客户建立起长期稳定的客户关系，客户同企业之间的每一次交易都使得这种关系更加稳固，从而使企业在同客户的长期交往中提高竞争力，获得更多的利润。

汽车企业实施客户管理战略应从三方面着手：

1）优化服务管理，提高服务水平。

2）建立有效的问题处理机制。

3）关心客户，实现双赢。

一、优化服务管理，提高服务水平

通过优化服务管理，汽车企业可以建立统一各种服务的、拥有先进系统支持的客户服务平台，通过该平台可以实现对客户的个性化营销和服务，提供让客户满意的解决方案，吸引和保持客户，达成持续销售的目的；可以和客户更加有效地交流，达到优化客户体验，提升客户满意度和忠诚度的目的；可以了解客户现有和潜在的需求，为汽车企业管理部门制定运营策略提供依据；可以宣传汽车企业的新产品、新业务，贯彻汽车企业的营销策略；使汽车企业主管部门对各业务部门的服务质量的监控和管理系统化、规范化。

优化服务管理、提高服务水平的步骤与内容如下所述。

1. 建立个性的解决方案

1）整合客户档案数据库，建立客户关系管理系统。

2）按照客户需求量体裁衣，有计划、有步骤、主动地为客户提供全面的解决方案。

2. 设计最佳的服务管理流程

1）将客户服务流程与汽车企业使命、总体目标相联系。

2）排除组织中会妨碍客户服务的障碍，简化客户服务流程，分享资源，为客户提供整合性的服务。

3）建立清楚的服务目标并及时与客户沟通，处理客户抱怨，同时监督服务品质。

4）利用多元化的渠道收集及运用对于汽车企业在客户服务方面的意见，例如，将与客户接触的员工当做观察站。

5）研究客户如何正确或错误地使用汽车产品，以建立服务信息。

6）利用信息科技整合客户服务的所有资源，如电话、电子邮件和传真等等。

7）设计优化的销售策略，细分服务种类，满足客户对于实时性、信赖感及便利性的需求。

3. 客户服务跟踪管理

1）针对销售出去的汽车商品，客户可以进行服务请求或投诉。

2）服务请求实现工作流自动化，对服务请求的产生、分配、处理、反馈客户和请求升级等环节进行追踪，每个环节处理要留下历史记录，方便追溯。

3）服务经理可完整监控整个服务进程。

4）可以对客户的反馈进行处理，并可以设定条件自动生成客户关怀记录，提醒服务人员进行及时的客户服务。

4. 客户服务作业规范

汽车企业客户服务作业规范包括客户服务行为规范、客户服务操作规范、建立客户服务档案、跟踪访问四方面内容，通过对客户服务的作业规范，推动汽车企业健康迅速地发展。

（1）客户服务行为规范

1）对客户要友善、耐心并注重礼仪。

2）要注重小节，从细微之处做起，不给客户增添任何麻烦。

3）讲求时效。

4）得知客户需求，要立即作出反应，能够马上解决的，立即提供解决办法。

5）需要到现场解决的，在承诺的时间内到达现场提供服务。

6）现场服务迅捷，不拖沓，力求在最短的时间内解决问题。现场无法解决的，要承诺出最快的解决时间。

7）作详细的工作记录。

（2）客户服务操作规范

1）制定服务计划。根据服务合同的内容和要求，制定切实可行的服务计划，并按照计划实施服务。

2）服务计划内容，一般包括客户基本情况，服务方案，服务计划的跟踪落实，计划的执行进度，记录计划当前的进展情况，计划的调整，记录调整原因、调整方法，调整后的计划执行情况。

（3）建立客户服务档案　为了客户服务工作的顺利进行，更好地为客户提供服务，同时使客户信息档案共享，需要为客户建立内容详尽的信息档案。档案内容一般包括：

1）各类服务合同。

2）汽车产品要素文本，一般包括评估报告、流程方案、组织机构调整方案、汽车企业运作规范、员工行为规范和培训方案等。

3）汽车服务实施记录。记录服务的实施情况以及服务费的收取情况；对于没有签订服务合同的用户，则记录每一次提供服务的情况及收费情况。

4）各阶段服务计划及执行情况记录。

5）客户问题及解决情况。记录典型的客户问题及解决情况、走访记录，包括电话记录、工作单、错误单及电话记录等。

（4）跟踪访问　跟踪访问是指销售顾问或其他工作人员为了达成交易或为了提高顾客的忠诚度，运用客户跟踪服务和访问技巧，主动在售前或售后跟进客户，获取信息，促成交易，提供服务，确保客户满意，使之成为忠实客户。

跟踪访问包括售前访问及售后跟踪回访。二者都是提高客户满意度的有效途径，可以让客户充分了解汽车企业的品牌，从而增加汽车企业的利润。

1）售前访问。售前访问需向顾客传递的信息包括：向客户适时、适度地传递产品及品牌信息；引导客户关注汽车企业品牌的媒体广告、电视、平面及网络广告等；邀请客户参加一些特殊活动，如试驾、巡展、大型展示会、客户交流座谈等；及时向客户反馈有关市场、产品及价格等方面的新动态。

售前访问方式一般包括电话、电子邮件、传真、直接邮寄及对特殊客户的登门拜访等。

售前访问的主要目的有：①了解客户的真正需要，根据具体情况促成交易；②帮助客户选择最能满足其要求的汽车产品；③通过与客户沟通，加深客户对本企业汽车产品和品牌的了解，使客户产生信任感，增强购买意向；④鼓励潜在客户选择本企业的品牌；⑤提高汽车企业和汽车产品品牌的知名度。

销售人员在售前与客户接触的过程中应做到：

①在客户第一次光顾销售店时，引起客户注意，提高客户兴趣，激发客户购买欲；②了解客户情况和购买意向，取得客户信息；③尽量通过其他途径掌握其他意向购车或准购车客户信息；④将需要的客户信息整理、归类，建立客户管理数据库，充分挖掘潜在商机。

在与客户接触之后，将从销售店客户档案中挑选出的潜在目标客户分为三类：

A类：购车意向明确的，还可细分为1~2周内购车、1个月内购车以及2~6个月内购车的客户。

B类：6个月内购车意向不明的客户。

C类：至少6个月内无购车意向的客户。

汽车企业应把A类客户作为重点目标客户，他们通常表现得十分主动热情，亲自挑选汽车产品，仔细询问车辆情况，多次到销售店看车或多次打电话询问。

2）售后跟踪回访。售后跟踪回访可以解决客户购车后产生的这样一些担忧：“在购车之后汽车企业销售服务店是不是就撒手不管了”；“汽车在遇到故障或有疑问时，和谁联系”；“若参与购车的销售人员辞职，销售服务店还会不会遵守承诺”等。

售后跟踪回访方式一般包括电话、电子邮件、普通邮寄、登门拜访等。

售后跟踪回访的主要目的有：提高客户满意度，强化客户忠诚度；了解汽车产品质量信息，消除客户忧虑，及时为客户提供售后服务，提高汽车产品美誉度；延续客户对汽车产品的满足感，提高品牌知名度。

售后跟踪回访的主要内容包括：表达对客户的谢意；了解客户整车使用后的感受、质量反馈及附加维护和修理项目；帮助客户解决问题；传递汽车企业最新信息等。

（5）知识管理

1）知识库记录与销售、服务、市场方面相关的知识信息。

2）可以对知识库进行多级分类管理。

3）产品缺陷库记录汽车产品的缺陷及其解决方案。

4）对各类汽车服务缺陷和汽车产品缺陷进行详细的分类统计。

5）文档附件是知识库系统中所有文档的集合。

6）通过搜索引擎，可以查询到系统中各种需要的知识信息。

二、建立有效的问题处理机制

1. 客户问题类型

汽车企业销售部门会遇到的客户问题可分为两大类：正常请求问题、客户投诉问题。

（1）正常请求问题　正常请求问题包括汽车产品咨询、汽车产品使用维护问题和汽车服务问题。

1）汽车产品咨询，是客户对汽车企业汽车产品及售前服务信息的咨询。

2）汽车产品使用维护问题，是客户反映在使用汽车企业汽车产品过程中遇到的问题。

3）汽车服务问题，是客户对汽车产品售后服务的各种问题的咨询。

（2）客户投诉问题　客户投诉问题包括汽车产品维修问题、汽车服务质量问题。

1）汽车产品维修问题，是客户反映汽车产品维修后存在的各种问题。

2）汽车服务质量问题，是客户反映汽车企业提供的服务质量存在的问题。

2. 客户问题受理方式和客户问题记录

（1）客户问题受理方式　汽车企业销售部门受理客户问题的方式包括：

1）电话/传真方式。通过企业免费800或其他电话受理客户问题，也可通过传真受理客户书面问题。

2）EMAIL/访问企业网站方式。通过电子邮件或访问企业网站受理客户问题。

3）现场投诉。通过走访客户，在客户现场受理客户问题。

4）客户意见定期调查。定期进行市场意见调查，对最终客户的满意度、汽车产品使用效果、汽车服务情况等内容的客户意见进行调查。

（2）客户问题记录

1）在受理客户问题时，销售服务人员应详细询问客户问题并准确填写“客户问题记录”。销售服务人员在受理客户请求时，应注意了解客户的单位名称、联系人、联系电话、传真和EMAIL，以建立客户有效的联系方式。

2）对于问题请求内容的描述，销售服务人员应确定理解了客户的请求和期望，对于复杂问题必要时可要求客户将问题通过传真或邮件提交客户服务中心，作为客户问题详细内容的附件。销售服务人员根据客户问题确认问题的类型（正常请求问题或客户投诉问题）。

3）区分客户问题严重程度，可以按客户问题紧迫程度分为一般问题、紧迫问题、十分紧迫问题。对不同紧迫程度的问题按不同方式处理。

3. 客户问题处理

（1）客户正常请求问题处理　汽车企业销售服务人员根据客户的具体情况，将“客户问题记录”递交相关人员或部门，负责跟踪客户问题的办理情况。

对于客户的正常请求问题，汽车企业服务部门在具体办理过程中应明确预计解决问题的时间和计划采取的措施，并填写“客户问题记录”和“客户问题反馈记录”，同时还应采取措施监督客户问题的处理情况。

（2）客户投诉问题处理　客户投诉问题应交汽车企业销售服务部门负责人处理。销售部门负责人在受理客户投诉问题后，应首先代表企业向客户道歉，然后协调有关人员解决客户投诉问题，并对办理过程实施监督，最后将处理结果亲自告知客户。

汽车企业销售服务人员在对待客户投诉时应遵循以下原则：

1）虚心聆听客户的投诉、意见和建议，并须明确投诉的内容。

2）分析和确认问题的关键所在及其原因，提出解决方案。

3）在收到客户投诉时，必须对客户的每一个投诉给予回复时间。

4）在预定的时间内回复客户。

5）将投诉按对汽车产品、汽车服务和工作人员进行分类。

对于每一个重要的投诉，汽车企业销售服务人员都应以客户意见和建议书文件方式进行记录，同时向销售经理汇报，并在客户档案里留档。

三、关心客户，实现双赢

汽车企业通过关心客户，关注客户关系，可以发现真实的利润机遇，进而将客户关系转变为双方价值的增加，达成双赢的结局。

汽车企业要想实现双赢，应从以下三方面入手。

1. 提高客户满意度

汽车销售企业获取和提高客户满意度的方法包括：

1）防止自满和冷漠的态度出现，重视客户因自身因素及外界影响而作出的变化。

2）重视抱怨，提高自身素质……客户对企业的态度极大程度地决定着企业的兴衰成败。

3）做好客户需求预测工作，不断对双方的关系状况和客户的满意度进行评估，迅速解决客户的问题。

4）找出自身不足，修正自身行为。汽车销售企业只有采取积极有效的措施修正自己的行为，才能取得经济效益较高的客户满意度，同时还可以降低企业营销成本，提高企业销售收入和客户购买的市场份额。

5）汽车销售企业的一切活动都应体现其对客户的有形或无形的尊重。只有动机出于对客户的信任和尊重，真诚地视客户为朋友，才能最终赢得客户。

2. 提高客户忠诚度

汽车企业获取和提高客户忠诚度的方法包括：

（1）从思想上认识到客户的重要性。

（2）赢得汽车销售企业员工的支持　汽车销售企业要想赢得客户，必须先赢得员工。这就要求汽车销售企业首先要赢得员工在工作中的忠诚，同时不断地培养与提升员工素质，制定严格的监督政策，让每个员工都拥有良好的职业道德和“客户第一”的意识。

（3）赢得客户的满意和信赖

1）提高客户对本企业产品的兴趣。

2）与客户有意接触并发现他们的需求，如主动发函给客户，询问客户的需求和意见；时常召开客户见面会或联谊会等。

3）建立反馈机制，倾听客户的意见。建立有效的反馈机制非常重要，因为汽车销售企业面临的是与客户的长期合作，每一次交易的结束都是下一次新合作的开始，友善而耐心的倾听能够极大地拉近企业和客户之间的距离。

4）妥善处理客户的抱怨。客户的抱怨是汽车企业自身发展的新机会，也是赢得客户的重要机遇。客户的抱怨反映了汽车产品或服务的某些不足，汽车企业正可借此完善自己，增强汽车产品和服务的竞争力。

为妥善处理客户的抱怨，汽车企业应该经常检验如下问题：①企业是否鼓励客户抱怨和说出自己的不满？②客户是否能够得到这样的机会说出自己的不满？③企业的高层领导是否注意到这些抱怨对企业的价值？④企业是否制定了良好的计划解决那些从根本上引起客户不满的问题？⑤客户是否知道企业对于这些不满的处理结果？

以上五步相互影响，循环作用，汽车企业需要同时开展这些工作，以赢得客户信任，提高客户忠诚度。

3. 避免客户流失

汽车企业客户流失可分为四种类型：自然流失、恶意流失、竞争流失和过失流失。下面分别予以分析：

（1）自然流失　这种类型的客户流失不是人为因素造成的，如客户生命终结或原集团客户转型等。

对于自然流失，汽车企业几乎无能为力，但对于转型的原集团客户，汽车企业可通过开发新产品来满足他们的新需求。

（2）恶意流失　这种类型的客户流失是从客户的角度来讲的，一些客户为了满足自己的某些私利而选择了背离汽车企业。这种情况通常表现为以信贷方式买车进行诈骗。

对于恶意流失，汽车企业可以通过建立完善的客户信用管理机制加以避免。在与客户初次合作时，就应做好客户基本信息登记和客户信用调查工作，建立详细的客户信用档案。同时，在开展业务时，要持续进行客户的信誉评定。

（3）竞争流失　这种类型的客户流失是由于汽车企业竞争对手的影响而造成的，是最为常见的客户流失方式。

对于竞争流失，汽车企业应该积极应对，通过不断提高自身汽车产品和服务的质量加以避免；同时汽车企业还应意识到，在当前日益激烈的市场竞争中，企业首先要考虑的是保住自己现有的客户，然后再去吸引和争取新的客户。

（4）过失流失　这种类型的客户流失是对汽车企业而言的，因为这些客户的流失都是由于汽车企业自身工作中的过失造成的。这种类型的客户流失通常是占客户流失总量比例最高的，带给企业影响最大的，也是最需要重点考虑的。

为避免造成客户的过失流失，汽车企业可以采取以下措施：

1）以优质的标准为大客户提供“一对一”的超值服务。“一对一”的超值服务可以使客户的满意度达到最大，进而建立客户忠诚，不会造成大客户的轻易流失。

2）与客户建立伙伴关系。汽车销售企业要经常与客户沟通，为他们提供资讯，与他们建立感情，提高客户的品牌忠诚度，这是留住客户的最佳手段。

3）给予客户适当的长期承诺。这样，一方面汽车销售企业和客户之间约定互惠及违约责任；另一方面建立汽车销售企业与客户之间的良好和更多的结构性纽带，以提高机会成本，增加持续销售的可能，达到留住客户的目的。即使由于汽车企业的失误让客户有些许不满，但双方的长期承诺会给汽车企业赢得弥补和调整的空间。

4）建立良好的企业形象。良好的企业形象有助于增强客户对汽车企业的信心。

5）号召全企业共同努力。只有汽车企业的所有部门、所有人员都意识到留住客户的重要性，汽车企业才能够真正赢得客户的信任，获取客户满意和忠诚，将客户牢牢“拴住”。

思　考　题

12-1　整车销售过程具体包括哪些环节？

12-2　汽车营销业务流程具体包括哪些内容？

12-3　客户管理战略对汽车企业有何重要意义？

12-4　试运用本章所学内容对某一汽车企业的客户管理战略进行分析。

第十三章　二手车贸易

第一节　二手车市场现状与发展

一、我国二手车市场现状

1. 我国二手车市场发展历程

回顾我国二手车市场发展历程，大体上可分为以下四个阶段：

第一阶段为1985年以前，二手车交易极少，市场化交易方式尚未形成。当时我国处于计划经济时期，国家对汽车生产、分配和消费实行计划管理，产量和保有量很低，党、政、军机关，国有企业，事业单位为消费主体。

第二阶段为1985年~1992年，二手车流通需求开始出现，二手车交易量呈缓慢上升的趋势。当时国家经济体制由计划经济向有计划的商品经济过渡，一部分先富裕起来的人们将目光转向了汽车消费。

第三阶段为1993年~1998年，二手车流通行业有了较快的发展，初步实现了由分散交易向集中交易、无序交易向有序交易转变。党的十四届三中全会通过了《中共中央关于建立社会主义市场经济体制若干问题的决定》，以市场为导向的经济体制改革的步伐加快，人民生活水平得到较大幅度提高，社会购买力大大增强，汽车消费已成为高收入阶层的消费时尚。同时，二手车的高额经营利润，吸引了大批企业进入二手车流通行业，极大地激发了二手车市场的活力。1998年原国内贸易部制定颁布了《旧机动车交易管理办法》（内贸机字1998第33号），这是我国关于二手车市场的第一个法规性文件，它标志着我国二手车交易开始走向规范化。

第四阶段为1998年以后，我国二手车市场发展迅速，区域特性明显。2005年8月10日，商务部发布《汽车贸易政策》。2005年10月1日，《二手车流通管理办法》正式实施，这有助于加强二手车流通管理，规范二手车经营行为，保障二手车交易双方的合法权益，促进二手车流通健康发展。2002年，二手车交易量为93.0万辆；2004年，二手车交易量为134.1万辆，同比增长20.2%，首次超过新车销量的增长率。从二手车交易量分布来看，主要区域集中在华东、中南、华北和西南。其中，北京、上海和广东等重点区域的二手车交易更为活跃。北京、上海、广东、浙江和辽宁是2004年二手车交易量的前五名。同时，部分区域的增长快于中心城市，如河北承德、山西晋城、河南平顶山和陕西榆树等地区。在消费结构上，各地也存在明显的地域差异，如北京、天津和武汉二手车交易中，私人交易量占总交易量的80%以上；而在上海和杭州，公车交易量则占总交易量的60%以上。

2. 我国二手车市场特点

我国二手车市场具有以下鲜明的特点：

（1）发展速度快、潜力大　统计数据表明，2002年发达国家汽车拥有量为每千人600辆，我国仅为15.98辆，是发达国家的2.66%。2003年我国汽车销售量同比增长34.21%，达到439.08万辆；其中，轿车销售量达到197万辆，同比增长高达75.28%。2004年二手车交易量首次超过新车销量的增长率。经济学家预言，中国的汽车市场将有较长的增长发展期，国内外众多企业一致看好这一最具潜力、最有活力的市场。随着政府、企业、事业单位公务车辆改革，车辆更新换代频率加快，二手车市场必将随着汽车市场需求的增长和社会汽车保有量的提高而大幅增长，发展空间非常广阔。

在发达国家，初次购买汽车的人80%以上选择买二手车，在消费习惯上与我国有很大区别。随着汽车作为普通商品逐渐进入家庭，消费者的消费理念逐步成熟，将会有更多的购买者首选二手车，二手车的购买群体会越来越大。

据统计，2004年二手车交易量约为134万辆，新车交易量约为507万辆；2005年二手车交易量约为145万辆，新车交易量约为575万辆。从上述数据可以看出，我国现阶段二手车与新车交易比不足1/3；而在发达国家，二手车交易量通常为新车交易量的2~3倍。因此，我国的二手车市场还处在刚刚起步阶段，发展潜力巨大。

（2）交易区域相对集中，流向趋势明显　二手车交易主要区域集中在华东、中南、华北和西南。其中，北京、上海和广东等重点区域的二手车交易更为活跃。二手车流向呈现四大趋势：一是从城市流向乡镇；二是从东部流向西部；三是从经济发达地区流向经济相对落后地区；四是从高收入者流向中低收入者。

（3）二手车交易市场功能日趋完善　二手车交易市场是我国现阶段二手车流通的主要渠道，经过几年的培育和发展，已初具规模，主要有以下几个特点：

1）为供需双方提供集中交易场所，使消费者在一个交易市场内就能够对本地二手车市场行情一目了然。

2）政府相关职能部门统一现场办公，实行“一站式”服务，为消费者提供方便。

3）市场制定相关的管理办法和交易程序，保证了入场交易车辆的合法性。

4）市场通过加强对经纪公司的管理，规范经纪公司的交易行为，在一定程度上有效地保护了消费者的权益。

（4）经纪公司的桥梁作用　一批具有较高文化层次的二手车执业者通过培训获得了经纪人资质，组成了具有法人地位的经纪公司，变过去无组织的“拼缝”为有组织、有章程和有法则的经纪行为。二手车经纪人由于长期从事二手车交易活动，掌握着大量的信息资源，买卖双方通过经纪公司的中介服务，实现二手车所有权的转移。经纪公司充当了买卖双方的桥梁，活跃了市场。

（5）二手车拍卖越来越受到青睐　二手车竞价拍卖，以其交易成本低、交易周期短、兑现快的优势赢得了批量售车企业和消费者的青睐。由于通过定期和不定期地组织二手车现场拍卖和网络竞价，提高了二手车交易的速度，降低了交易成本，限制了人为因素导致的不正常交易行为，使售车单位和个人快捷地实现了由商品向货币的转化。

（6）二手车市场固有格局正在被打破，汽车厂商相继进入　截止2004年底，全国已成立的二手车交易市场近500家。从布局上看，省会及计划单列市二手车交易市场150多家，地级市市场总数为190多家，县级市市场总数为140多家。从规模上看，传统的二手车交易市场仍然是二手车交易的绝对主体。

但《汽车贸易政策》出台以后，二手车拍卖公司、二手车连锁机构和汽车厂商等诸多经营主体纷纷加快扩张步伐，并开始陆续进入二手车领域。2005年4月，全球著名的二手车批发拍卖公司——美国 Manheim 公司正式在上海成立了办事处。2005 年 6 月 25 日，由上海协通公司与日本五大二手车销售公司之一的 QUINLAND 公司共同投资组建的全国首家二手车合资经营公司——上海协通二手车公司成立。2005 年 6 月 29 日，首家获许经营的全国性二手车经营网络——“艾普二手车”正式投入运营。与此同时，国内主要汽车厂商相继在国内推出品牌二手车。2002 年 9 月，上海通用公司开始着手打造国内第一个二手车品牌——“诚新二手车”。2004 年 8 月，上海大众公司在全国有 30 个城市 50 个经销商进行“特选二手车”业务。2004 年 9 月，一汽—大众公司在北京、上海和广州正式启动奥迪“3A 二手车”业务。此时，东风雪铁龙公司二手车置换业务正式启动，并率先在成都的 2 个龙腾网点启动试点。2005 年 4 月，广州本田公司在北京、上海和广州等中心城市尝试开展二手车置换业务。到目前为止，国内主要汽车厂商基本都已将二手车经营作为未来重点发展的业务方向之一。

3. 我国二手车市场存在的主要问题

随着二手车市场的高度发展，一些问题逐渐显露出来，有些已经成为二手车市场进一步发展的严重阻碍。

1）交易市场功能单一，缺乏现代营销手段，主要依赖收取的交易费生存。

2）受新车降价影响，二手车经销商经营风险加大。二手车定价在一定程度上依赖于新车的市场价格，近年来，新车持续降价，必然会增大二手车经销商的经营风险。

3）二手车的相关法规滞后，时效性不强。从 1998 年起国家有关部门相继出台了《旧机动车交易管理办法》、《关于加强旧机动车市场管理工作的通知》、《关于规范旧机动车鉴定评估工作的通知》和《二手车流通管理办法》等相关文件和规定，对推动二手车市场发展，规范二手车交易行为起到了积极的作用。但总的看来，现行管理办法仍不能满足二手车流通发展的需要。

4）行业诚信缺乏有效的监督。目前二手车交易市场专业评估鉴定人员缺乏，对二手车的评估鉴定操作不规范，主观色彩浓厚，这就使得一些“车虫”有机可乘，搞“拼缝”活动，导致二手车交易过程缺乏公平、信用。

5）尚无完善的全国性二手车交易市场信息网络系统。

二、我国二手车市场的发展趋势

我国二手车市场的发展趋势可以概括为以下几点：

（1）发展前景广阔　从二手车市场的宏观环境来看，四大趋势刺激了用户的换车需求，二手车市场将呈现良好的增长势头。

1）人均收入增长，富裕人群增加。

2）新车竞争激烈，刺激消费者换车。汽车企业的激烈竞争给市场带来了更多更好的车型、更便宜的价格和更完善的服务，使消费者觉得现在买车比过去“划算”，于是部分车主开始甚至经常换车。

3）不稳定收入群体换车频繁。国内大城市外来人员比重增大，这些人在赚钱的时候购买汽车作为商业用途，需要现金投资的时候则出售车辆进行周转。他们成为现阶段很大的换车消费群。

（2）多种主体并存的局面初具规模　从二手车市场的经营主体来看，二手车市场多种主体并存的局面即将形成。尤其是那些具有外资背景的汽车拍卖公司，已经纷纷在国内寻找合作伙伴，并终将对国内二手车市场的现有格局产生现实冲击。

（3）品牌二手车置换将逐步得到认可　汽车厂商基于新车销售店建立的品牌二手车置换将更加有效地满足消费者需要。同时，二手车业务将促进汽车厂商的新车销售，提高品牌忠诚度，并在一定程度上增加利润。得天独厚的4S网络优势，多年品牌保证和专业价值评估技术，提供售后服务质量保证和增值服务，低成本、快捷的交易手续，这些优势将使得品牌二手车置换业务的发展如日中天。

（4）汽车销售流通体系向纵深发展　在我国目前的汽车销售产业链中，只有新车销售、配件销售和售后服务三个环节。随着二手车市场的不断发展，在现有新车销售和配件及服务的基础上，汽车销售流通体系将进一步整合二手车和汽车金融等相关业务，实现产业链的不断完善和发展。

第二节　二手车评估与定价

一、二手车鉴定估价的特点

机动车作为一类资产，有别于其他类型的资产而有其自身的特点，其主要特点为：

1）单位价值较大，使用时间较长。

2）工程技术性强，使用范围广。

3）使用强度、使用条件和维护水平差异很大。

4）使用管理严，税费附加值高。由于车辆本身的特点决定了二手车鉴定估价有以下三个特点：

（1）以技术鉴定为基础　由于机动车辆本身具有较强的工程技术特点，其技术含量较高。机动车在长期的使用中，由于机件的摩擦和自然力的作用而处于不断磨损的过程中。随着行驶里程和使用年数的增加，车辆实体的有形损耗和无形损耗加剧；其损耗程度的大小，因使用强度、使用条件、维修等水平差异很大。因此，评价车辆实物和价值状况，往往需要通过技术手段来鉴定其损耗程度。

（2）以单台为评估对象　由于二手车单位价值相差比较大、规格型号多、车辆结构差异很大，为了保证评估质量，对于单位价值大的车辆，一般都是分整车、分部件逐台、逐件地进行鉴定评估。为了简化鉴定估价工作程序，节省时间，对于以产权转让为目的、单位价值小的车辆，也不排除采取“提篮作价”的评估方式。

（3）考虑其手续构成的价值　由于国家对车辆实行“户籍”管理，使用税费附加值高，因此对二手车进行鉴定估价时，除了估算其实体价值以外，还要考虑由“户籍”管理手续和各种使用税费构成的价值。

二、二手车评估方法

（一）二手车评估的基本方法

二手车评估方法和资产评估的方法一样，按照国家规定的现行市价法、收益现值法、清算价格法和重置成本法等四种方法进行。

1. 现行市价法

现行市价法又称市场法或市场价格比较法，是指通过比较被评估车辆与最近售出车辆的异同，并将类似车辆的市场价格进行调整，从而确定被评估车辆价值的一种评估方法。

现行市价法是最直接、最简单的一种评估方法。这种方法的基本思路是：通过市场调查，选择一个或几个与评估车辆相同或类似的车辆作为参照物，分析参照物的构造、功能、性能、新旧程度、地区差别、交易条件及成交价格等，并与评估车辆一一对照比较，找出两者的差别及差别所反映的在价格上的差额，经过调整，计算出二手车的价格。

（1）现行市价法应用的前提条件

1）需要有一个充分发育、活跃的二手车交易市场，有充分的参照物可取。在二手车交易市场上，二手车交易越频繁，与被评估相类似的车辆价格越容易获得。

2）参照物及其与被评估车辆可比较的指标、技术参数等资料是可收集到的，并且价值影响因素明确，可以量化。

运用现行市价法，重要的是要能够找到与被评估车辆相同或相类似的参照物，并且参照物是近期的，可比较的。所谓近期，即指参照物交易时间与车辆评估基准日相差时间相近，一般在一个季度之内；所谓可比，即指车辆在规格、型号、功能、性能、内部结构、新旧程度及交易条件等方面不相上下。

（2）采用现行市价法评估的步骤：

1）收集资料。收集评估对象的资料，包括车辆的类别名称，车辆型号和性能，生产厂家及出厂年月；了解车辆目前使用情况、实际技术状况以及尚可使用的年限等。

选定二手车交易市场上可进行类比的对象。所选定的类比车辆必须具有可比性。可比性因素包括：

① 车辆型号。

② 车辆制造厂家。

③ 车辆来源，是私用、公务、商务车辆，还是营运出租车辆。

④ 车辆使用年限，行驶里程数。

⑤ 车辆实际技术状况。

⑥ 市场状况，指市场处于衰退萧条还是复苏繁荣，供求关系是买方市场还是卖方市场。

⑦ 交易动机和目的。车辆出售是以清偿为目的或是以淘汰转让为目的，买方是获利转手倒卖或是构建自用。不同情况下的交易作价往往有较大的差别。

⑧ 车辆所处的地理位置。不同地区的交易市场，同样车辆的价格有较大的差别。

⑨ 成交数量。单台交易与成批交易的价格会有一定差别。

⑩ 成交时间。应尽量采用近期成交的车辆做类比对象。由于市场随时间的变化，往往受通货膨胀及市场供求关系变化的影响，价格有时波动很大。

按以上可比性因素选择参照对象，一般选择与被评估对象相同或相似的三个以上的交易案例。某些情况找不到多台可类比的对象时，应按上述可比性因素，仔细分析选定的类比对象是否具有一定的代表性，要认定其成交价的合理性，才能作为参照物。

2）分析、类比。综合上述可比性因素，对待评估的车辆与选定的类比对象进行认真的分析和类比。

3）计算评估值，分析调整差异，作出结论。

（3）现行市价法的具体计算方法　运用现行市价法确定单台车辆价值通常采用直接法和类比法。

1）直接法，是指在市场上能找到与被评估车辆完全相同的车辆的现行市价，并依其价格直接作为被评估车辆评估价格的一种方法。

所谓完全相同是指车辆型号相同，但是在不同的时期，寻找同型号的车辆有时是比较困难的。一般认为，参照车辆与被评估车辆类别相同、主参数相同、结构性能相同，只是生产序号不同，并作局部改动的车辆，则还是认为完全相同。

2）类比法，是指评估车辆时，在公开市场上找不到与之完全相同的车辆，但在公开市场上能找到与之相类似的车辆。以此为参照物，并依其价格再作相应的差异调整，从而确定被评估车辆价格的一种方法。所选参照物与评估基准日在时间上越近越好，实在无近期的参照物，也可以选择远期的，再作日期修正。其基本计算公式为

评估价格 = 市场交易参照物价格 + ∑评估对象比交易参照物优异的价格差额 − ∑交易参照物比评估对象优异的价格差额

或者　　评估价格 = 参照物价格 ×（1 ± 调整参数）

用现行市价法进行评估，了解市场情况是很重要的，并且要全面了解，了解的情况越多，评估的准确性越高，这是现行市价法评估的关键。用现行市价法评估应该说已包含了该车辆的各种贬值因素，包括有形损耗的贬值、功能性贬值和经济性贬值。因为市场价格是综合反映了车辆的各种因素而体现的。由于车辆的有形损耗及功能陈旧而造成的贬值，自然会在市场价格中体现出来；经济性贬值则是反映了社会上对各类产品综合的经济性贬值的大小，突出表现为供求关系的变化对市场价格的影响。因此，用现行市价法评估不再专门计算功能性贬值和经济性贬值。

（4）采用现行市价法的优缺点　现行市价法的优点：

1）能够客观反映二手车目前的市场情况，其评估的参数指标直接从市场获得，评估值能反映市场的现实价格。

2）评估结果易于被各方理解和接受。

现行市价法的缺点：

1）需要公开及活跃的市场作为基础。然而，中国二手车市场还只是刚刚建立，发育不完全、不完善，寻找参照物有一定的困难。

2）可比因素多而复杂，即使是同一个生产厂家生产的同一型号的产品，同一天登记，由不同的车主使用，其使用强度、使用条件和维护水平等多种因素作用，其实体消耗、新旧程度都各不相同。

2. 收益现值法

（1）收益现值法及其原理　收益现值法是将被评估的车辆在剩余寿命期内的预期收益，用适用的折现率折现为评估基准日的现值，并以此确定评估价格的一种方法。

采用收益现值法对二手车进行评估所确定的价值，是指为获得该机动车辆已取得预期收益的权利所支付的货币总额。

从原理上讲，收益现值法是基于这样的事实，即人们之所以占有某车辆，主要是考虑这辆车能为自己带来一定的收益。如果某车辆的预期收益小，车辆的价格就不可能高；反之车辆的价格肯定就高。投资者投资购买车辆时，一般要进行可行性分析，其预计的内部回报率只有在超过评估时的折现率时才肯支付货币额来购买车辆。应该注意的是，运用收益现值法进行评估时，是以车辆投入使用后连续获利为基础的。在机动车的交易中，人们购买的目的

往往不在于车辆本身，而在于车辆获利的能力。因此，该方法较适用于投资营运的车辆。

（2）收益现值法评估值的计算　实际上就是对被评估车辆未来预期收益进行折现的过程。被评估车辆的评估值等于剩余寿命期内各期的收益现值之和，其基本计算公式为

$$P = \sum_{t=1}^{n} \frac{A_t}{(1+i)^t} = \frac{A_1}{(1+i)^1} + \frac{A_2}{(1+i)^2} + \cdots + \frac{A_n}{(1+i)^n} \tag{13-1}$$

当 $A_1 = A_2 = \cdots = A_n = A$ 时，即 t 从 $1 \sim n$ 未来收益分别相同为 A 时，则有

$$P = A\left[\frac{1}{(1+i)^1} + \frac{1}{(1+i)^2} + \cdots + \frac{1}{(1+i)^n}\right] \tag{13-2}$$

式中，P 为评估值；A_t 为未来第 t 个收益期的预期收益额，收益期有限时（机动车的收益期是有限的），A_t 中还包括期末车辆的残值，一般估算时残值忽略不计；n 为收益年期（剩余经济寿命的年限）；i 为折现率；t 为收益期，一般以年计；$\left[\frac{1}{(1+i)^t}\right]$ 为现值系数；$\left[\frac{(1+i)^n - 1}{i\ (1+i)^n}\right]$ 为年金现值系数。

当未来预期收益不等值时，应用式（13-1）；当未来预期收益等值时，应用式（13-2）。

例如，某企业拟将一辆万山牌10座旅行客车转让，某个体工商户准备将该车用作载客营运。按国家规定，该车辆剩余年限为三年，经预测得出三年内各年预期收益的数据，见表13-1。

表13-1　三年内各年预期收益的数据

	收益额/元	折现率	折现系数	收益折现值/元
第一年	10000	8%	0.9259	9259
第二年	8000	8%	0.8573	6854
第三年	7000	8%	0.7938	5557

由此可以确定评估值为

$$\text{评估值} = (9259 + 6854 + 5557)\text{元} = 21670\text{元}$$

（3）收益现值法中各评估参数的确定

1）剩余经济寿命期的确定。剩余经济寿命期指从评估基准日到车辆到达报废的年限。如果剩余经济寿命期估计过长，就会高估车辆价格；反之，则会低估价格。因此，必须根据车辆的实际情况对剩余寿命作出正确的评定。对于各类汽车来说，该参数按《汽车报废标准》确定是很方便的。

2）预期收益额的确定。收益现值法的运用中，收益额的确定是关键。收益额是指由被评估对象在使用过程中产生的超出其自身价值的溢余额。对于收益额的确定应把握两点：

①　收益额指的是车辆使用带来的未来收益期望值，是通过预测分析获得的。无论对于所有者还是购买者，判断某车辆是否有价值，首先应判断该车辆是否会带来收益。对其收益的判断，不仅仅是看现在的收益能力，更重要的是预测未来的收益能力。

②　收益额的构成。以企业为例，目前有几种观点：第一，企业所得税后利润；第二，企业所得税后利润与提取折旧额之和扣除投资额；第三，利润总额。

关于选择哪一种作为收益额，针对二手车的评估特点与评估目的，为估算方便，推荐选择第一种观点，目的是准确反映预期收益额。为了避免计算错误，一般应列出车辆在剩余寿命期内的现金流量表。

3）折现率的确定。首先应该明确折现的内涵。折现作为一个时间优先的概念，认为将来的收益或利益低于现在的同样收益或利益，并且随着收益时间向将来推迟的程度而有系统地降低价值。同时，折现作为一个算术过程，是把一个特定比率应用于一个预期的将来收益流，从而得出当前的价值。从折现率本身来说，它是一种特定条件下的收益率，说明车辆取得该项收益的收益率水平。收益率越高，车辆评估值越低。因为在收益一定的情况下，收益率越高，意味着单位资产增值率越高，所有者拥有的资产价值就越低。折现率的确定是运用收益现值法评估车辆时比较棘手的问题。折现率必须谨慎确定，折现率的微小差异，会带来评估值很大的差异。确定折现率，不仅应有定性分析，还应寻求定量方法。折现率与利率不完全相同，利率是资金的报酬，折现率是管理的报酬。利率只表示资产（资金）本身的获利能力，而与使用条件、占用者和使用用途没有直接联系，折现率则与车辆以及所有者的使用效果有关。一般来说，折现率应包含无风险利率、风险报酬率和通货膨胀率。无风险利率是指资产在一般条件下的获利水平，风险报酬率则是指冒风险取得报酬与车辆投资中为承担风险所付代价的比率。风险收益能够计算，而为承担风险所付出的代价为多少却不好确定，因此风险收益率不容易计算出来，只要求选择的收益率中包含这一因素即可。

每个行业、每个企业都有具体的资金收益率。因此，在利用收益现值法对机动车评估选择折现率时，应该进行本企业、本行业历年收益率指标的对比分析。但是，最后选择的折现率应该起码不低于国家债券或银行存款的利率。

此外还应注意，在使用资金收益率这一指标时，要充分考虑年收益率的计算口径与资金收益率的口径是否一致。若不一致，将会影响评估值的正确性。

（4）收益现值法评估的程序

1）调查、了解营运车辆的经营行情和营运车辆的消费结构。

2）充分调查、了解被评估车辆的情况和技术状况。

3）确定评估参数，即预测预期收益，确定折现率。

4）将预期收益折现处理，确定二手车评估值。

（5）收益现值法应用举例　某人拟购置一台较新的普通桑塔纳车用作个体出租车经营使用，经调查得到以下各数据和情况：

车辆登记之日是1997年4月，已行驶18.3万km，目前车况良好，能正常运行。如用于出租营运，全年可出勤300天，每天平均营业额为450元。评估基准日是1999年2月。

分析：从车辆登记之日起至评估基准日止，车辆投入运行已2年。根据行驶公里数和车辆外观和发动机等技术状况看来，该车辆原投入出租营运，还算正常使用、维护之列。根据国家有关规定和车辆状况，车辆剩余经济寿命为6年。预期收益额的确定思路是：将一年的毛收入减去车辆使用的各种税和费用，包括驾驶人员的劳务费等，以计算其税后纯利润。根据目前银行储蓄年利率、国家债券、行业收益等情况，确定资金预期收益率为15%，风险报酬率为5%，具体计算如下：

预计年营业额：450元×300	13.5万元
预计年支出：每天的燃油费为150元，年燃油费为150元×300	4.5万元
日常维修保养费：	0.5万元
保险、养路费及车船使用税	0.5万元
各种规费、杂费（每天150元）	4.5万元

故年收入为（13.5 -4.5 -0.5 -0.5 -4.5）万元=3.5万元。

按个人所得税条例规定，年收入在3万~5万元之间，应缴纳所得税率为15%，故年纯收入为

$$3.5\text{万元} \times (1-15\%) = 2.975\text{万元}$$

该车剩余使用寿命为6年，预计资金收益率为15%，再加上风险率5%，故折现率为20%。假设每年的纯收入相同，则由收益现值法公式求得收益现值，即评估值为

$$P = A\frac{(1+i)^n - 1}{i(1+i)^n} = \left[2.975 \times \frac{(1+0.2)^6 - 1}{0.2 \times (1+1.2)^6}\right]\text{万元} = 9.848\text{万元}$$

（6）采取收益现值法的优缺点

1）与投资决策相结合，容易被交易双方接受。

2）能真实和较准确地反映车辆本金化的价格。

采取收益现值法的缺点是：预期收益额预测难度大，受较强的主观判断和未来不可预见因素的影响。

3. 清算价格法

（1）基本概念　清算价格法是以清算价格为标准，对二手车进行的价格评估。所谓清算价格，指企业由于破产或其他原因，要求在一定的期限内将车辆变现，在企业清算之日预期出卖车辆可收回的快速变现价格。

清算价格法在原理上基本与现行市价法相同，所不同的是迫于停业或破产，清算价格往往大大低于现行市场价格。这是由于企业被迫停业或破产，急于将车辆拍卖、出售。

（2）清算价格法的适用范围和前提条件　清算价格法适用于企业破产、抵押、停业清理时要售出的车辆。

1）企业破产。当企业或个人因经营不善造成的严重亏损，不能清偿到期债务时，企业应依法宣告破产，法院以其全部财产依法清偿其所欠的债务，不足部分不再清偿。

2）抵押，是以所有者资产作抵押物进行融资的一种经济行为，是合同当事人一方用自己特定的财产向对方保证履行合同义务的担保形式。提供财产的一方为抵押人，接受财产的一方为抵押权人。抵押人不履行合同时，抵押权人有权利将抵押财产在法律允许的范围内变卖，从变卖抵押物价款中优先受偿。

3）清理，是指企业由于经营不善导致严重亏损，已临近破产的边缘或因其他原因将无法继续经营下去，为弄清企业财务现状，对全部财产进行清点、整理和查核，为经营决策（破产清算或继续经营）提供依据，以及因资产损毁、报废而进行清理、拆除等的经济行为。

在上述三种经济行为中，若有机动车辆进行评估，可以清算价格为标准。

以清算价格法评估车辆价格的前提条件有以下三点：

1）以具有法律效力的破产处理文件或抵押合同及其他有效文件为依据。

2）车辆在市场上可以快速出售变现。

3）所卖收入足以补偿因出售车辆的附加支出总额。

（3）决定清算价格的主要因素　在二手车评估中，决定清算价格的有以下几项主要因素：

1）破产形式。如果企业丧失车辆处置权，出售的一方无讨价还价的可能，那么以买方

出价决定车辆售价；如果企业未丧失处置权，出售车辆的一方尚有讨价还价余地，那么以双方议价决定售价。

2）债权人处置车辆的方式。按抵押时的合同契约规定执行，如公开拍卖或收回已有。

3）清理费用。在破产等评估车辆价格时，应对清理费用及其他费用给予充分的考虑。

4）拍卖时限。一般说时限长售价会高些，时限短售价会低些，这是快速变现原则的作用所决定的。

5）公平市价，指车辆交易成交双方都满意的价格。在清算价格中卖方满意的价格一般不易求得。

6）参照物价格，是指在市场上出售相同或类似车辆的价格。一般地说，市场参照物价格高，车辆出售的价格就会高，反之则低。

（4）二手车评估清算价格的方法主要有如下三种：

1）现行市价折扣法，指对清理车辆，首先在二手车市场上寻找一个相适应的参照物；然后根据快速变现原则估定一个折扣率，并据以确定其清算价格。

例如，一辆旧桑塔纳轿车，经调查在二手车市场上成交价为 4 万元。根据销售情况调查，折价 20% 可以当即出售，则该车辆清算价格 4 万元 ×（1 - 20%）= 3.2 万元。

2）模拟拍卖法（也称意向询价法）。这种方法是根据向被评估车辆的潜在购买者询价的办法取得市场信息，最后经评估人员分析确定其清算价格的一种方法。用这种方法确定的清算价格受供需关系影响很大，要充分考虑其影响的程度。

例如，有大型拖拉机一台，拟评估其拍卖清算价格，评估人员经过对三个农场主、两个农机公司经理和三个农机销售员征询，其估价分别为：6 万元、7.3 万元、4.8 万元、5 万元、6.5 万元和 7 万元，平均价为 6.1 万元。考虑目前年关将至和其他因素，评估人员确定清算价格为 5.8 万元。

3）竞价法，是由法院按照法定程序（破产清算）或由卖方根据评估结果提出一个拍卖的底价，在公开市场上由买方竞争出价，谁出的价格高就卖给谁。

清算价格法的应用在我国是一个新课题，还缺少这方面的实践。关于清算价格的理论与实际操作，都有待进一步总结和完善。

4. 重置成本法

（1）重置成本法及其理论依据　重置成本法是指在现时条件下重新购置一辆全新状态的被评估车辆所需的全部成本（即完全重置成本，简称重置全价），减去该被评估车辆的各种陈旧贬值后的差额作为被评估车辆现时价格的一种评估方法。其基本计算公式可表述为

1）被评估车辆的评估值 = 重置成本 - 实体性贬值 - 功能性贬值 - 经济性贬值

2）被评估车辆的评估值 = 重置成本 × 成新率

由上式可看出，被评估车辆的各种陈旧贬值包括实体性贬值、功能性贬值和经济性贬值。

重置成本法的理论依据是：任何一个精明的投资者在购买某项资产时，他所愿意支付的价钱，绝对不会超过具有同等效用的全新资产的最低成本。如果该项资产的价格比重新建造或购置一全新状态的同等效用的全新资产的最低成本高，投资者肯定不会购买这项资产，而会去新建或购置全新的资产。这也就是说，待评估资产的重置成本是其价格的最大可能值。

重置成本是购买一项全新的与被评估车辆相同的车辆所支付的最低金额。按重新购置车辆所用的材料、技术的不同，可把重置成本区分为复原重置成本（简称复原成本）和更新重置成本（简称更新成本）。复原成本指用与被评估车辆所需的全部成本。更新成本指利用新型材料、新技术标准、新设计等，以现时价格购置相同或相似功能的全新车辆所支付的全部成本。一般情况下，在进行重置成本计算时，如果同时可以取得复原成本和更新成本，应选用更新成本；如果不存在更新成本，则再考虑用复原成本。

和其他机器设备一样，机动车辆价值也是一个变量，它随其本身的运动和其他因素变化而相应变化。影响车辆价值量变化的因素，除了市场价格以外，还有：

1）机动车辆的实体性贬值。实体性贬值也叫有形损耗，是指机动车在存放和使用过程中，由于物理和化学原因而导致的车辆实体发生的价值损耗，即由于自然力的作用而发生的损耗。二手车一般都不是全新状态的，因而大都存在实体性贬值，确定实体性贬值，通过依据新旧程度，包括表体及内部构件、部件的损耗程度。假如用损耗来衡量，一项全新的车辆，其实体性贬值为百分之零，而一项完全报废的车辆，其实体性贬值为百分之百；处于其他状态下的车辆，其实体性贬值率则位于这两个数字之间。

2）机动车辆的功能性贬值。功能性贬值是由于科学技术的发展导致的车辆贬值，即无形损耗。这类贬值又可细分为一次性功能贬值和营运性功能贬值。一次性功能贬值是由于技术进步引起劳动生产率的提高，现在再生产制造与原功能相同的车辆的社会必要劳动时间减少、成本降低而造成原车辆的价值贬值。具体表现为原车辆价值中有一个超额投资成本将不被社会承认。营运性功能贬值是由于技术进步，出现了新的、性能更优的车辆，致使原有车辆的功能相对新车型已经落后而引起其价值贬值。具体表现为原有车辆在完成相同工作任务的前提下，在燃润料、人力和配件材料等方面的消耗增加，形成了一部分超额运营成本。

3）机动车辆的经济性贬值。经济性贬值是指由于外部经济环境变化所造成的车辆贬值。所谓外部经济环境，包括宏观经济政策、市场需求、通货膨胀、环境保护等。经济性贬值是由于外部环境而不是车辆本身或内部因素所引起的达不到原有设计的获利能力而造成的贬值。外界因素对车辆价值的影响不仅是客观存在的，而且对车辆价值影响还相当大，所以在二手车的评估中不可忽视。重置成本法的计算公式为正确运用重置成本法评估二手车提供了思路，评估操作中，重要的是依据思路，确定各项评估技术、经济指标。

（2）重置成本及其估算。前面讲述重置成本分复原重置成本和更新重置成本。一般来说，复原重置成本大于更新重置成本，但由此引致的功能性损耗也大。在选择重置成本时，在获得复原重置成本和更新重置成本的情况下，应选择更新重置成本。之所以要选择更新重置成本，一方面是由于随着科学技术的进步、劳动生产率的提高，新工艺、新设计的采用被社会所普遍接受；另一方面，新型设计、工艺制造的车辆无论从其使用性能，还是成本耗用方面都会优于旧的机动车辆。

更新重置成本和复原重置成本的相同方面在于采用的都是车辆现时价格，不同之处在于技术、设计、标准方面的差异。对于某些车辆，其设计、耗费和格式几十年一贯制，更新重置成本与复原重置成本是一样的。应该注意的是，无论更新重置成本还是复原重置成本，车辆本身的功能不变。

重置成本的估算在资产评估中的估算方法很多，对于二手车评估定价，一般采用直接法和物价指数法。

1）直接法。也称重置核算法，它是按待评车辆的成本构成，以现行市价为标准，计算被评估车辆重置全价的一种方法。也就是将车辆按成本构成分成若干组成部分，先确定各组成部分的现时价格，然后加总得出待评估车辆的重置全价。

重置成本的构成可分为直接成本和间接成本两部分。直接成本是指直接可以构成车辆成本的支出部分，具体来说是按现行市价的买价，加上运输费、购置附加费、消费税和人工费等；间接成本是指购置车辆发生的管理费、专项贷款发生的利息和注册登记手续费等。

以直接法取得的重置成本，无论国产或进口车辆，尽可能采用国内现行市场价作为车辆评估的重置成本全价。市场价可通过市场信息资料（如报纸、专业杂志和专业价格资料汇编等）和车辆制造商、经销商询价取得。

二手车重置成本全价的构成一般分下述两种情况考虑：①属于所有权转让的经济行为，可按被评估车辆的现行市场成交价格作为被评估车辆的重置全价，其他费用略去不计；②属于企业产权变动的经济行为（如企业合资、合作和联营，企业分设、合并和兼并等），其重置成本构成除了考虑被评估车辆的现行市场购置价格以外，还应考虑国家和地方政府对车辆加收的其他税费（如车辆购置附加费、教育附加费、社控定编费和车船使用税等），一并计入重置成本全价。

2）物价指数法。它是在二手车原始成本基础上，通过现时物价指数确定其重置成本。计算公式为

车辆重置成本 = 车辆原始成本 ×（车辆评估时物价指数/车辆购买时物价指数）

或　　车辆重置成本 = 车辆原始成本 ×（1 + 物价变动指数）

如果被评估车辆是淘汰产品，或是进口车辆，当询不到现时市场价格时，这是一种很有用的方法，用物价指数法时应注意的问题是：

①　一定要先检查被评估车辆的账面购买原价。如果购买原价不准确，则不能用物价指数法。

②　用物价指数法计算出的值，即为车辆重置成本值。

③　运用物价指数法时，如果现在选用的指数往往与评估对象规定的评估基准日之间有一段时间差，这一时间差内的价格指数可由评估人员依据近期内的指数变化趋势结合市场情况确定。

④　物价指数要尽可能选用有法律依据的国家统计部门或物价管理部门以及政府机关发布和提供的数据。有的可取自具有权威性的国家政策部门所辖单位提供的数据。不能选用无依据、不明来源的数据。

（3）实体性贬值及其估算　机动车的实体性贬值是由于使用和自然力损耗形成的贬值。实体性贬值的估算，一般可以采取以下两种方法：

1）观察法。观察法也称为成新率法。是指对评估车辆，由具有专业知识和丰富经验的工程技术人员对车辆的实体各主要总成、部件进行技术鉴定，并综合分析车辆的设计、制造、使用、磨损、维护、修理、大修理、改装情况和经济寿命等因素，将评估对象与其全新状态相比较，考察由于使用磨损和自然损耗对车辆的功能、技术状况带来的影响，判断被评估车辆的有形损耗率，从而估算实体性贬值的一种方法，计算公式为

车辆实体性贬值 = 重置成本 × 有形损耗率

2）使用年限法。其计算公式为

车辆实体性贬值 =（重置成本 - 残值）×（已使用年限/规定使用年限）

式中，残值是指二手车在报废时净回收的金额，在鉴定估价中一般略去残值不计。

（4）功能性贬值及其估算

1）一次性功能贬值的测定。对目前在市场上能购买到的且有制造厂家继续生产的全新车辆，一般采用市场价即可认为该车辆的功能性贬值已包含在市场价中了。这是最常用的方法。

在实际评估时经常遇到的情况是：待评估车辆的型号是现已停产或是国内自然淘汰的车型，这样就没有实际的市场价，只有采用参照物的价格用类比法来估算。参照物一般采用替代型号的车辆。这些替代型号车辆的功能通常比原车型有所改进和增加，故其价值通常会比原车型的价格要高（功能性贬值大时，也有价格更低的）。因此，在与参照物比较并用类比法对原车型进行价值评估时，一定要了解参照物在功能方面改进或提高的情况，再按其功能变化情况测定原车辆的价值，总的原则是被替代的旧型号车型的价格应低于新型号的价格。这种价格有时是相差很大的。评估这类车辆的主要方法是设法取得该车型的市场现价或类似车型的市场现价。

2）营运性功能贬值的估算。测定营运性功能贬值的步骤为：①选定参照物，并与参照物对比，找出营运成本有差别的内容和差别的价值；②确定原车辆尚可继续使用的年限；③查明应上缴的所得税率及当前的折现率；④通过计算超额收益或成本降低额，最后计算出营运性陈旧贬值。

例如，A、B 两台 8t 载货汽车，重置全价基本相同，其营运成本差别如下：

项目	A 车	B 车
每百公里耗油量	25L	22L
每年的维修费用	3.5 万元	2.8 万元

求 A 车的功能性贬值。

按每日营运 150km、每年平均出车日为 250 天计算，每升油价 2 元，则 A 车每年超额耗油费用为

$$\left[(25-22)\times 2\times\frac{150}{100}\times 250\right]\text{元}=2250\text{ 元}$$

A 车每年超额维修费用为（35000 - 28000）元 = 7000 元

A 车总超额营运成本为（2250 + 7000）元 = 9250 元

取所得税率为 33%，则税后超额营运成本为 9250 元 ×（1 - 33%）= 6197 元

取折现率为 11%，并假设 A 车将继续运行 5 年，已知其折现系数为 3.696。因此，A 车的营运性贬值为 6197 元 × 3.696 = 22904.11 元 ≈ 23000 元，或利用年金现值公式 $P=A\dfrac{(1+i)^n-1}{i(1+i)^n}$ 计算。

（5）经济性贬值估算的思考方法　经济性贬值是由机动车辆外部因素引起的。外部因素不论多少，对车辆价值的影响不外乎两类：一是造成营运成本上升；二是导致车辆闲置。由于造成车辆经济性贬值的外部因素很多，并且造成贬值的程度也不尽相同，所以在评估时只能统筹考虑这些因素，而无法单独计算所造成的贬值。其评估的思考方法如下：

1）估算前提。车辆经济性贬值的估算主要以评估基准日以后是否停用、闲置或半闲置

作为估算依据。

2）对于已封存或较长时间停用，且在近期内仍将闲置，但今后肯定要继续使用的车辆、最简单的估算方法是：可按其可能闲置时间的长短及其资金成本估算其经济性贬值。

3）根据市场供求关系估算其贬值。

（6）采用重置成本法的优缺点　采用重置成本法的优点：

1）比较充分地考虑了车辆的损耗，评估结果更趋于公平合理。

2）有利于二手车的评估。

3）在不易计算车辆未来收益或难以取得市场（二手车交易市场）参照物条件下可广泛应用。

采用重置成本法的缺点是工作量较大，且经济性贬值也不易准确计算。

（二）二手车评估的实际操作方法

在对二手车评估的实际操作中，通过采用以下两种方法。

1.“4321”或“54321”法

一般情况下，同样品牌、年份和级别的二手车，由于行驶里程数不同、保养程度不同等因素会卖出不同的价钱。

评估二手车价值常用的计算方法是“4321”法，即第一、二、三、四年分别耗用设备总价值的4/10、3/10、2/10、1/10。比如，一辆汽车在使用2年后的残值比例为1/10加上2/10。

针对家用轿车，“54321”法更符合实际。具体方法为：一部车有效寿命为30万km，将其分为5段，每段6万km，每段价值依照顺序为新车价值的5/15、4/15、3/15、2/15和1/15。假设新车价格为2万元，已行驶12万km，那么该车剩余的残值比例应为3/15+2/15+1/15，该车还值2万元×（3/15+2/15+1/15）=8000元。

美、日、德系的车有效寿命一般都在30万km左右，超过30万km后，维修保养费可能比车本身的价值还高。对于档次低的车，可调整其有效寿命。

2. 公式法

二手车的定价基础是现行市场新车的销售价格。

一辆汽车由产品出厂到使用报废的各个阶段，价值不相同。同一种车型由于使用、技术保养的不同，成色不同，价格也有所差异。新车的初始费用少，随着时间和行驶里程的增加，停驶周期延长，费用加大，表现在价格上就应拉开一定距离，不能以年限为唯一标准“一刀切”。另外，到报废年限终了时还要考虑残值。

将新车使用10年报废视为100分，提15%作为不折旧的固定部分残值。85%为浮动折旧值。车的使用佳期一般为中早期，表现为两头小、中间大，分三段，即3年~4年~3年来折旧。折旧率分别为11%~10%~9%。三年的每一年折11%，总折33%；四年的每一年折10%，总折40%；后三年的每一年折9%，总折27%。33%+40%+27%=100%；10年将浮动的85%全部折完，然后加残值，构成了折旧值，计算公式为

评估价=市场现行新车售价×［15%+85%×（分阶段折旧率）］+评估值

评估值——同一年份同一车型，会因不同车主的使用、保养维护而存在差别。有的车行驶几十万km后仍然很好，有的车行驶几十万km后则故障百出。评估就是针对因使用、保养维护不同造成的差异，将二手车分为（1）、（2）、（3）类，修复这些差别粗略估计为原车

价的5%、3%以及无需修理（见表13-2）。一般以制定的《交易车辆评定类别等级技术标准》为依据，对二手车进行现场评估，评出类别，合成价值，成为“评估值”。

表13-2　二手车评估参考表

100%	
15%为残值	85%为折旧
为固定值	为可变值
	1～3年折旧为11%
	4～7年折旧为10%
	8～10年折旧为9%
评估值	(1) +5%
	(2) +3%
	(3) +0

在实际评估时，一般只掌握两个依据：

1）当地市场新车售价。

2）使用年限。

例如，1997年的上户车到2001年已使用4年，还剩6年，市场现行新车售价11.3万元，则计算结果为

$$\{11.3\times[15\%+85\%(1-43\%)]+0.56\}\text{万元}=7.46\text{万元}$$

式中，43%为前三年折旧33%，加中一年折旧10%，另加上现场评估出的二手车类别，如(1)类车，需加新车价的5%（等于0.56万元）。

由于我国车辆庞杂，一种模式很难适应各种车型，在实际操作中一般会在基本因素构成公式不变的情况下，依据车辆报废年限改变分段折旧率来适用于各种不同的车型。

第三节　二手车交易

一、二手车交易与过户手续

1. 二手车交易手续

以北京花乡二手车交易市场为例，进行二手车交易时一般须办理以下手续：

(1) 进行交易的二手车必须有户头、有牌照　交易前，买卖双方要先到车辆户籍所在的车辆管理所申请临时检验；合格后，填写过户申请表，才能正式进行交易。

(2) 二手车成交前，需经机动车交易市场审核下列证件：

1）买卖双方的单位介绍信。个人买卖车辆需持有所在单位或户口所在地街道办事处或乡政府以上机关出具的证明。

2）行车执照、车辆过户申请表、营运证、车辆原始发票、旧车出售发票、车辆损失保险单，以及个体营运的营业执照、购油证、养路费收据和车辆牌号。

3）从广州、海南和福建进京的二手车，需持有准运证。

4）买方驾驶员证明。

(3) 买卖双方证明和证件齐全　交易市场审核证明和证件无误才会批准成交，出具交

易证明。批准合格成交的车辆，需按成交额缴纳一定比例的市场管理费和交易服务费，持交易凭证和有关证券到车辆管理所办理过户手续。

（4）禁止进行交易的车辆　对禁止交易的车辆，车辆管理部门不予立户，不办理牌照。不准上市交易的车辆通常有以下三种：

1）走私进口的，来源不明或手续不全的，流通环节违犯国家政策、法规的。

2）没有产品合格证，或产品合格证与产品不相符的。

3）华侨、港澳台同胞等捐赠而免税进口的。

2. 二手车过户手续

二手车过户手续办理程序如下：

1）抽取车辆底卡。带上行驶证、企业代码证或个人户口簿及身份证（对私车主不同），到所在区交通队抽取车辆底卡。

2）填表盖章。填写补领登记证申请表及过户表，单位车辆加盖公章。

3）车辆检测。携带车辆底卡、行驶证、企业代码或个人户口簿及身份证与填好的表格，将汽车开到交易市场，委托具有相应资质的经营公司或经纪公司帮助售车。拓钢印、拍照片、填写其有关表格，并将车辆交由车管所民警检验确认。

4）车辆评估。将车辆交给市场内专业评估公司进行评估并获取《评估结论书》。

5）办登记证。对未取得《机动车登记证书》（简称登记证）的车辆，先行办理登记证。

6）过户办证。主要包括工商验证、公安验证、新行驶证和车辆底卡及其他证件。

7）底卡属地归档。办妥过户手续，将新的车辆底卡交到新车主所在区交通队。

8）养路费衔接。凭原养路费缴讫证及新车主行驶证到原车主所在区养路费征收站办理衔接单，再到新车主所在区养路费征收站办理入籍手续。

9）办理保险。办理原保险变更手续或重新购买保险。

二、二手车交易流程

经过审核通过的二手车就可以进行正常交易了。以北京花乡二手车交易市场为例，二手车交易流程如下：

1）选购车辆。客户可以到二手车交易市场车辆展示区选购所需的车辆。

2）顾客选购好满意的车辆后，进行试车，交易双方达成初步协议，备齐所需手续准备进行过户。

3）所选车辆经过检验、评估后，若交易双方达成最终协议，则按相关程序办理过户交易。

4）二手车交易市场对交易车辆收取一定的过户费。

思 考 题

13-1　二手车鉴定估价的特点有哪些？

13-2　二手车的基本评估方法有哪些？各有何优缺点？

13-3　如果你想购买一辆二手车，需要办理哪些手续？

13-4　谈谈你对我国二手车市场的认识？你对我国二手车市场的发展有何建议？

参 考 文 献

[1] 枫岛，兰德．高效营销作业问案与表格［M］．广州：广东经济出版社，2001.

[2] 苏伟伦．现代企业营销策略［M］．北京：中国纺织出版社，2000.

[3] 德里克·艾伦，莫里斯·威尔伯恩．满意度的价值［M］．吕巍，等译．大连：东北财经大学出版社，2005.

[4] 邹乐群．服务营销与服务管理［M］．长沙：国防科技大学出版社，2002.

[5] 加斯·塞隆纳，安德里·谢帕德，乔埃尔·波多尼．战略管理［M］．王迎军，译．北京：机械工业出版社，2004.

[6] 梁修庆．市场营销管理［M］．北京：科学出版社，2002.

[7] 罗斯·布里南．市场营销管理案例［M］．许江萍，译．北京：中华工商联合出版社，1999.

[8] 纪宝成．市场营销学教程［M］．北京：中国人民大学出版社，1995.

[9] 郝雨风，李朝霞．大客户市场与客户管理［M］．北京：中国经济出版社，2005.

[10] 南兆旭，滕宝红．客户管理·售后服务［M］．广州：广东经济出版社，2004.

[11] 解晓悦，赵春秀．市场营销调研与策划原理［M］．北京：中国物价出版社，2001.

[12] 于萍．市场营销调研［M］．大连：东北财经大学出版社，2002.

[13] 戴维·阿克，库马，乔治·戴．营销调研［M］．魏立原，译．北京：中国财政经济出版社，2004.

[14] 路易斯 E 布恩，大卫 L 库尔茨．当代市场营销学［M］．赵银德，张璘，周祖城，等译．北京：机械工业出版社，2003.

[15] 何宝文．汽车营销学［M］．北京：机械工业出版社，2004.

[16] 栾志强，张红．汽车营销管理［M］．北京：清华大学出版社，2005.

[17] 王怡民．汽车营销技术［M］．北京：人民交通出版社，2003.

[18] 王迎军，柳茂平．战略管理［M］．天津：南开大学出版社，2003.

[19] 国家国内贸易局．旧机动车鉴定估价［M］．北京：人民交通出版社，2001.

[20] 李仉辉，项巨力．市场营销学［M］．上海：立信会计出版社，2006.

[21] 冯丽云，孟繁荣，姬秀茵．消费者行为学［M］．北京：经济管理出版社，2004.

[22] 吴健安．市场营销学［M］．北京：高等教育出版社，2000.

[23] 柳思维．市场营销学［M］．长沙：中南大学出版社，2003.

[24] 唐德才，等．现代市场营销学教程［M］．北京：清华大学出版社，2005.

[25] 吴泗宗．市场营销学［M］．北京：清华大学出版社，2005.

[26] 周盛厚．市场营销简明教程［M］．长沙：国防科技大学出版社，2005.

[27] 吕一林．市场营销学［M］．北京：科学出版社，2005.

[28] 肖国普，等．现代汽车营销［M］．上海：同济大学出版社，2002.

[29] 张欣瑞，等．市场营销管理［M］．北京：清华大学出版社，2005.

[30] 张国方．汽车营销［M］．北京：人民交通出版社，2004.

参考文献

信息反馈表

尊敬的老师：

您好！感谢您多年来对机械工业出版社的支持和厚爱！为了进一步提高我社教材的出版质量，更好地为我国高等教育发展服务，欢迎您对我社的教材多提宝贵意见和建议。另外，如果您在教学中选用了《汽车市场营销学》（徐向阳 编著），欢迎您提出修改建议和意见。

一、基本信息

姓名：________ 性别：______ 职称：________ 职务：___________

邮编：________ 地址：____

任教课程：____________ 电话：________—________（H）________（O）

电子邮件：__________________________________ 手机：____________

二、您对本书的意见和建议

（欢迎您指出本书的疏误之处）

三、您对我们的其他意见和建议

请与我们联系：

100037　北京百万庄大街22号

机械工业出版社·高教分社　赵爱宁编辑收

Tel：010—88379712（O），68994030（Fax）

E-mail：jbszan@mail. machineinfo. gov. cn

aining zhao@sohu. com

http：//www. cmpbook. com

http：//www. cmpedu. com